AF303215

DIE JERRY-COTTON-FILME

Als Jerry Cotton nach Deutschland kam

Herausgeber
Joachim Kramp & Gerd Naumann

ibidem-Verlag
Stuttgart

Bibliografische Information der Deutschen Nationalbibliothek:
**Die Deutsche Nationalbibliothek verzeichnet diese Publika-
tion in der Deutschen Nationalbibliografie; detaillierte
bibliografische Daten sind im Internet über www.dnb.d-nb.de
abrufbar.**
*Bibliographic information published by the Deutsche
Nationalbibliothek: **Die Deutsche Nationalbibliothek lists
this publication in the Deutsche Nationalbibliografie;
detailed bibliographic data are available in the Internet
at www.dnb.d-nb.de.***

Gedruckt auf alterungsbeständigem, säurefreien Papier
Printed on acid-free paper

Layout: **Jenny Hasselbach und Henrike Uthe, www.mtrchoh.de**
Illustration (S. 10): **Lidia Beleninova**
Covergestaltung: **www.mtrchoh.de**, unter Verwendung eines
Polydor-Schallplatten-Motivs, mit freundlicher Genehmigung
von **Universal Music Classics & Jazz Germany**

Der Abdruck der Bildmotive erfolgt unter anderem mit
freundlicher Genehmigung von: **Allscore, Lidia Beleninova,
Beta Film, Gerd von Borstel, Frank Barbian, Marian Dora,
Ralf Hewdig Uwe Huber, KINEOS GmbH, LauschRausch Audio-
produktion, Michael Lange, Franz Xaver Lederle, Rat Pack
Filmproduktion, Arild Rafalzik, SMV Schacht Musik-
verlage GmbH, Peter Thomas, Universal Music Classics &
Jazz Germany, Helmut Zerlett und Christoph Zirngibl**

----

isbn-10: 3838202139
isbn-13: 9783838202136
© *ibidem*-Verlag Stuttgart 2011
Alle Rechte vorbehalten

Danksagung

Dieses Buch ist Karl A. Jung gewidmet, dem ehemaligen Vorstand der *Passage-Kino AG* und späteren geschäftsführenden Gesellschafter der *Saarfilm Verleihagentur und Filmtheaterbetriebe GmbH*.

Dank an Helmuth Ashley, Dr. Manfred Barthel, Lidia Beleninova, Dietmar Bosch, Thomas Götz, Melanie Hahn, Theo Hinz, Gerhard F. Hummel, Karl A. Jung, Max Jorde, Werner Klose, Rüdiger Koschnitzki, Michael Lange, Franz Xaver Lederle, Arndt Marx, Andreas Neumann, Michael Petzel, Lilo Pleimes, Volker Reissmann, Ottokar Runze, Detlef Schaller, Christian Schär, Herbert Schmidt, Peter Thomas und Thomas Wehlmann

An dieser Stelle sei auch allen Personen gedankt, die namentlich nicht genannt wurden, aber ohne deren Entgegenkommen dieses Buch nicht möglich gewesen wäre.

JERRY UND ICH –
EIN VORWORT VON PETER THOMAS

An die acht Jerry-Cotton-Filme kann ich mich auch heute noch, über vierzig Jahre später, bestens erinnern. »Jerry Baumwolle« habe ich ihn damals zwar manchmal genannt, aber trotz des Spaßes, den wir alle mit dem Superhelden hatten, haben wir unsere Arbeit immer ernst genommen. Als der erste Film der Serie, *Schüsse aus dem Geigenkasten*, anstand, bat mich Waldfried Barthel, Chef der *Constantin Film*, zu sich und überraschte mich mit einem ganz präzisen Auftrag: »Ich möchte als Thema einen Marsch von Ihnen, der muss ganz amerikanisch klingen und immer dann kommen, wenn das Gute siegt.«

Solch klare Ideen gab's damals noch, heute würde man sich über ähnliche Durchblicker im Business freuen. Für mich waren Vorgaben wie diese höchst erfreulich, da ich ja nie ein Drehbuch lese und mich erst vom Film selbst inspirieren lasse. Der Constantin-Boss wusste halt um die filmdramaturgische Wichtigkeit von Musik, die dadurch den Stellenwert bekam, den sie verdient. Man sage mir, wo heute die Produzenten sind, die noch so mitdenken und nicht nur ans Monetäre ...

Ich habe mich dann ad hoc ans Klavier gesetzt und das komponiert, was auch heute noch in vielen Ohren an die Cotton-Filme erinnert. Das spielte ich dem Konsul Barthel am Telefon vor. Der allerdings meinte, es fehle noch der gewisse »Pfiff«, dessentwegen er ja gerade mich engagiert habe. Das nahm ich wörtlich. Den swingin' »Jerry-Cotton-Marsch« nahm ich mit dem »Peter-Thomas-Sound-Orchester« und vier vordergründigen Posaunen auf, die zwar nicht aus Jericho stammten, aber ebenso toll klangen. Dann ließ ich die Nummer im Studio der *Bavaria* rückspielen und gruppierte die Musiker um ein Mikro herum. Achtzehn Musikanten latschten nun lässig im Rhythmus des eingespielten Marsches und pfiffen dazu, »River-Kwai-Marsch«-gemäß. Aber eben mit der Melodei und dem Sound des P.T.! Nach fünfmal Synchronisieren klappte es und klang so schön live, dass man auch heute noch die kleinen Lapsus der Pfeifer lächelnd hinnimmt. Damals war uns allerdings rammdösig und schwindelig nach dreißig Minuten immer ums Mikro kreisen.

Bei allem Geballere auf der Leinwand habe ich immer darauf geachtet, dass die Musik stets mit einem gewissen Lächeln »erstellt« wurde. Jerry Cotton selbst war ja auch, zumindest in den Filmen, ein recht heiterer Bursche. Mit viel Spaß hab' ich darum die Cottons Eins bis Acht erdacht, aufgeschrieben, arrangiert und dirigiert und immer die Musiker inspiriert, die das höchstprofessionell auf Band bannten.

Ich bin froh, diese Heldenthemen und Gangsterstücke geschrieben zu haben, auch heute würde ich keine Note daran ändern. Ich finde sie rundum stimmig. Dass der Marsch heute noch von Blasorchestern nachgespielt wird, im Radio erklingt und auf CD im Shop und per Download im Netz erwerbbar ist, freut mich ebenso.

Wie schön, dass es jetzt auch dieses Buch gibt! Es hat mir Spaß gemacht, und ich hoffe, dass auch Sie, lieber Leser, die Geschichten um die Jerry-Cotton-Filme ebenso toll finden.

Ihr und Eurer Peter Thomas,
Lugano im Februar 2011

Einleitung

von Joachim Kramp und Gerd Naumann

Die sechziger Jahre waren in Deutschland das Jahrzehnt der großen Filmserien. Angesichts rückläufiger Zuschauerzahlen begaben sich die Filmproduzenten und Verleiher auf die Suche nach kassenträchtigen Stoffen, die sich, bei Erfolg, vorzugsweise auch »in Serie« produzieren ließen. Der Erfolg potentieller Serienstoffe war nicht nur von der Sujetwahl, dem Regisseur oder den Darstellern abhängig. Grundsätzlich galt es, Filme möglichst kostengünstig herzustellen, was die Filmschaffenden oftmals vor große Herausforderungen stellte. So mancher Kritiker bemängelte, dass ein bestimmter Film an ungenügendem Budget leide. Allerdings wären bei einem größeren Produktionsaufwand nicht wenige Serienstoffe kaum über den Pilotfilm hinaus gekommen.

Gegen Ende des Jahres 1959 lief die erste Edgar-Wallace-Verfilmung *Der Frosch mit der Maske* in den deutschen Kinos an und markierte zugleich den Startschuss des »Serienfiebers« der kommenden Jahre. Dabei sollte die Edgar-Wallace-Reihe nicht nur die am längsten währende deutsche Kinofilmreihe überhaupt bleiben, sondern auch die erfolgreichste. Maßgeblich am Erfolg der Serienstoffe beteiligt war der *Constantin-Filmverleih*, der keine Kosten scheute, in verschiedene Genres zu investieren. *Constantin Film* beauftragte verschiedene Produktionsfirmen mit der Herstellung einer Vielzahl dieser Filme, mit denen sie sich auch das Kostenrisiko teilte, und wurde der Verleih mit den meisten Serienfilmen. Doch auch andere Verleiher wie *Gloria*, *Nora*, *Inter* und *Columbia* wollten von dem sich abzeichnenden Erfolgsrezept profitieren. Dieses Konkurrenzverhalten führte bisweilen dazu, dass Filme innerhalb einer Serie bei zwei unterschiedlichen Verleihfirmen herauskamen.

Nach dem erfolgreichen Start der Edgar-Wallace-Filme ging es Schlag auf Schlag. Eine wesentliche Säule des Verleihgeschäftes bildeten infolgedessen die Kriminalreihen. Bereits 1960 folgte die *Dr.-Mabuse-Serie*, die es auf insgesamt sechs Teile brachte. Bald darauf entstanden insgesamt elf Filmstoffe, basierend auf Vorlagen von Bryan Edgar Wallace, und vier Adaptionen nach Louis Weinert Wilton. Ausnahmestellungen haben die ab 1965 entstandenen fünf Abenteuerfilme um *Dr. Fu Man Chu* inne, die alle jeweils Christopher Lee in der Titelrolle vorweisen konnten. Ebenso folgenreich waren die sieben Filme über den Heftromanhelden

Kommissar X sowie die fünfteilige amouröse Filmreihe über die vom Schicksal gebeutelte *Angélique*. Große Komödienreihen waren ab 1964 *Ludwig Thoma*, insgesamt fünf Filme, und ab 1968 die sieben Teile über *Die Lümmel von der ersten Bank*. Auf insgesamt vier Kinofilme brachte es die Astrid-Lindgren-Reihe *Pippi Langstrumpf*. Neben Wallace der erfolgreichste serielle Stoff aber waren die Karl-May-Verfilmungen, von denen es nicht weniger als siebzehn auf die Leinwand schafften.

Entsprechend den gesellschaftlichen Umwälzungen wurden bald auch die Serienstoffe frivoler. Beginnend mit den ab 1968 hergestellten »Klamotten« der *Wirtin*-Reihe, insgesamt sechs Filme, und der achtteiligen Oswalt-Kolle-Reihe, ging es nun auch auf der Leinwand sexuell offenherziger zu. Große geschäftliche Erfolge waren die ab 1970 hergestellten und über ein Jahrzehnt produzierten Teile des *Schulmädchen-Report,* der es auf insgesamt dreizehn Ausgaben brachte. Es folgten ab 1971 der *Hausfrauen-Report*, fünf Filme, ab 1972 *Laß jucken, Kumpel,* sechs Filme, und die sieben Teile der *Liebesgrüße aus der Lederhose*. Kommerziell erfolgreiche Gegengewichte waren die vier *Willi*-Filme, mit Heinz Erhardt, ab 1970, die aufwendig hergestellte, zehnteilige Johannes-Mario-Simmel-Reihe, ab 1971, und schließlich ab 1973 die Ludwig-Ganghofer-Serie, die es auf insgesamt fünf Filme brachte.

Mancher als Serie konzipierte Stoff kam über eine einzige Produktion allerdings nicht hinaus, wie etwa *Sherlock Holmes und das Halsband des Todes* von 1962 oder *Rolf Torring – Der Fluch des schwarzen Rubin*, von 1965. Demgegenüber waren andere Filme immerhin so erfolgreich, dass ein zweiter Teil in Auftrag gegeben wurde. Hierzu zählen unter anderem *Todestrommeln am großen Fluss* von 1963 und der Nachfolger *Sanders und das Schiff des Todes* von 1964/65 sowie Kurt Nachmanns *Josefine Mutzenbacher* und *Josefine Mutzenbacher – Meine 365 Liebhaber* von 1970. Des Weiteren gab es einige »Pseudoserien«, das heißt in loser Folge hergestellte Filme mit demselben Hauptdarsteller. Hierzu zählten beispielsweise elf Filme mit Freddy Quinn und drei Filme mit dem Kinderstar Heintje.

In dieser »Serieneuphorie« entstand auch die Jerry-Cotton-Reihe. Wie *Winnetou, James Bond* oder *Kommissar X* setzten die Filme auf eine mit positiven Eigenschaften besetzte Hauptfigur, entgegen beispielsweise dem negativen *Dr. Fu Man Chu*. Das hatte zur Folge, dass Protagonisten aufgebaut werden mussten und das »Eisen so lange geschmiedet werden musste, wie es heiß war«. Ein der Vorlage der Heftromane aus dem *Bastei-Lübbe-Verlag* entsprechender sympathischer Hauptdarsteller wurde in dem Amerikaner George Nader gefunden. Durch dessen Engagement gelang es auch, mit den Filmen respektable Auslandsgeschäfte abzuschließen. Dennoch stand der Produktion stets nur ein begrenztes

Budget zur Verfügung, da das Risiko geschäftlicher Verluste ansonsten zu groß gewesen wäre. So konnten Außenaufnahmen aus den USA, speziell aus New York, Los Angeles und San Francisco, lediglich gelegentlich als Rückprojektionsmaterial dienen oder wurden durch geschickte Montage in die Filme eingefügt.

Das Marketing des Verleihs war, neben dem Bezug auf die erfolgreiche Heftromanserie, auf den bereits aus Hollywood-Hauptrollen bekannten Hauptdarsteller ausgerichtet. So war George Nader auf jedem Plakat an exponierter Stelle zu sehen. Erst bei der Werbung zum sechsten Fall *Dynamit in grüner Seide* wurde Nader eine weibliche Partnerin zur Seite gestellt. Da dieses Konzept entsprechend einladend aussah, wurde es bei *Todesschüsse am Broadway* wiederholt. Waren die ersten Filme noch in halbdokumentarischem Stil inszeniert, entwickelte sich die Serie spätestens mit *Dynamit in grüner Seide* zu reiner Actionunterhaltung. Das ist durchaus als Orientierung an den kommerziellen Erfolgsrezepten der damaligen Zeit sowie der internationalen Konkurrenz durch die James-Bond-Reihe zu verstehen. Dem Regisseur Dr. Harald Reinl wurde hierbei die verantwortungsvolle Aufgabe zuteil, das neue Konzept abwechslungsreich umzusetzen. Gerade dieser Ansatz wurde in späteren Jahren oft kritisiert, doch wurde dabei vergessen, dass sich die Filmbranche, parallel zur Gesellschaft, spätestens ab 1967/68 im Umbruch befand. Sämtliche etablierten Serienstoffe, auch die Jerry-Cotton-Filme, zeigten allmählich Ermüdungserscheinungen. Für die Filmbrache hatte die dezente Neuausrichtung überholter Formate deshalb große geschäftliche Bedeutung. Für alle acht Filme der Reihe aber gilt, dass sie es verstanden, das Publikum zu packen und, im besten Sinne, spannend zu unterhalten.

Die Jerry-Cotton-Filme der sechziger Jahre haben mittlerweile Kultstatus erlangt. Selbst wer die Filme noch nicht gesehen hat, kennt das Gesicht des Hauptdarstellers George Nader. Er ist im kulturellen Gedächtnis bis heute das Gesicht des FBI-Agenten. Mit dem vorliegenden Band liegt nun eine Arbeit vor, die sich erstmals ausführlich mit der populären Filmreihe befasst. Die Absicht dieses Bandes ist nicht vorwiegend lexikalischer Natur, sondern eine Einführung in die zeitgenössischen Produktionsumstände und Hintergründe. Deshalb haben wir uns für eine episodische Struktur entschieden, das heißt, jedes Kapitel behandelt einen ausgewählten Schwerpunkt. Neben einer Darstellung der Geschichte der klassischen Reihe findet sich eine ausführliche Übersicht sämtlicher Filme und ausgewählter Kritiken. Neben den acht klassischen Filmen mit George Nader wird dabei auch die jüngste Verfilmung behandelt, in der Christian Tramitz in die Hauptrolle schlüpfte.

Wir freuen uns sehr, eines der wenigen Interviews mit George Nader abdrucken zu dürfen. Der von Uwe Huber geführte Dialog zeigt den Schauspieler als offenen und sympathischen Gesprächspartner und gibt zugleich viele biographische Details preis. Für Nader war es das letzte Interview in Deutschland, bevor er 2002 verstarb. Der Regisseur Marian Dora interviewte Kameramann Franz Xaver Lederle, der für viele Filme der Reihe verantwortlich war. Hierin werden einige Geheimnisse der Dreharbeiten gelüftet, etwa wie zur damaligen Zeit Actionaufnahmen entstanden und was sich hinter dem Geheimnis der *Rückprojektion* verbirgt.

Ein weiterer Schwerpunkt des Bandes ist die Filmmusik, darunter die Entstehungsgeschichte des markanten *Jerry-Cotton-Marschs*. Neben einem ausführlichen Beitrag über Peter Thomas, Komponist aller klassischen Jerry-Cotton-Filme, findet sich ebenso ein Interview mit Helmut Zerlett und Christoph Zirngibl. Das Gespräch mit den beiden Komponisten des neuen Cotton-Films führte David Serong, Mitherausgeber und Autor des Filmmusikmagazins *Cinema Musica*.

Die Tatsache, dass die Jerry-Cotton-Filme zwar in Amerika spielen, jedoch in Hamburg und Berlin gedreht wurden, inspirierte Matthias Künnecke zu einigen Gedanken über »behauptete Orte«. Filmwelten als Übergänge von Illusion und Phantasie – das trifft gerade auch auf die klassischen Filme mit George Nader zu. Persönliche Erinnerungen an die Hamburger Dreharbeiten zu *Mordnacht in Manhattan* gibt Gerd von Borstel wieder. Als Jugendlicher war er Zaungast bei den Dreharbeiten und durfte dabei miterleben, wie problematisch es war, für eine Actionszene eine Tankstelle zu sprengen.

Drei umfangreiche Hintergrundkapitel runden den Band ab. Der Medienpädagoge Marco Geßner gibt eine Einführung in den *Deutschen Kriminalfilm*. Bertram Dietze, Archäologe und Filmschaffender, führt in die Geschichte des FBI ein und macht damit zugleich deutlich, dass das Bild des sauberen FBI-Manns, des *G-Man*, nicht unbedingt mit der Realität übereinstimmt. Ein umfangreiches Kapitel von Filmautor Christopher Klaese widmet sich zudem dem Phänomen der Verfilmungen deutscher *Groschenromanhefte*, darunter auch *Kommissar X*.

Wir hoffen, dass diese Einführung in die Jerry-Cotton-Reihe Sie für die Filme zu interessieren vermag.

Kerlingen und Halle an der Saale, Februar 2011
Joachim Kramp und Gerd Naumann

Die Geschichte der Jerry-Cotton-Filme

von Joachim Kramp

Im März 1954 erschien mit Band 68 der Reihe *Bastei-Kriminalromane* das erste Jerry-Cotton-Abenteuer. Der Titel war *Ich suchte den Gangster-Chef*. Damals konnte noch niemand ahnen, dass daraus einmal die wohl langlebigste Romanheftserie Deutschlands werden würde. Nicht nur die Romanhefte dieser Serie wurden »Groschenhefte« genannt, da sie anfänglich zwei, vier oder sieben Groschen, also zwanzig, vierzig oder siebzig Pfennige kosteten. Trotz der natürlichen Preiserhöhungen im Laufe der Jahre haben diese Hefte, jeweils zwischen sechzig und achtzig Seiten dick, ihren Namen bis zum heutigen Tag beibehalten.

Die Abenteuer des FBI-G-Man Jerry Cotton erschienen vorerst zwanzig Folgen lang in den *Bastei-Kriminalromanen*, bis sie 1956 in eigener Aufmachung veröffentlicht wurden. Mit dem Band *Ich jagte den Diamanten-Hai* ging *Jerry Cotton* in Serie. Seit dieser Zeit erscheinen Woche für Woche neue Abenteuer mit Jerry Cotton, seinem Kollegen Phil Decker, seinem Chef Mr. High und dessen Sekretärin Helen. Ferner erscheinen seit 1963 Monat für Monat Taschenbücher mit gesonderten Geschichten, die jeweils einen Umfang von 160 bis 180 Seiten haben. Jerry Cottons Abenteuer wurden in viele verschiedene Sprachen übersetzt und stehen mittlerweile auf dem halben Erdball in den Kiosken und Buchläden.

Ursprünglich stand ein Autor hinter der Serie, im Laufe der Jahre jedoch engagierte der Verlag über hundert weitere Autoren, damit die Serie fortbestehen konnte. Auch heute noch wird *Jerry Cotton* millionenfach gelesen. Die Romane werden in Neuauflagen immer wieder gedruckt, und für Cottons Filmabenteuer gab es jeweils einen Filmsonderband. Neben den verschiedenen gedruckten Auflagen und den Filmen wurden in späteren Jahren auch Hörspiele produziert, die zunächst auf Kassette und dann auf CD vertrieben wurden.

Vor seinem Ausscheiden als Produktionschef bei der *Constantin Film* riet Gerhard F. Hummel Konsul Waldfried Barthel, sich die Verfilmungsrechte vom *Bastei-Verlag* Gustav Heinrich Lübbes zu sichern.

Damit fing die eigentliche harte Arbeit erst richtig an. Es galt die Devise, wenn man etwas anfängt, muss es »Hand und Fuß« haben. Dies wussten auch Waldfried Barthel und sein Team.

In der Vorbereitungsphase stellten sich grundlegende Fragen, auf deren Basis die geplante Filmserie Gestalt annehmen sollte. Zunächst war die Entscheidung zu treffen, welche Story für *Fall Nr. 1* zu wählen sei, um Jerry Cotton das richtige Entrée für die Filmtheater zu garantieren. Ein geeigneter, mit dem Genre vertrauter Autor und ebenso ein Regisseur mussten gefunden werden. Alle waren sich darüber einig, dass eine Groschenheftstory für einen abendfüllenden Film zu wenig Stoff hergab und die Handlung deshalb mindestens den Umfang der Taschenbücher haben musste. Außerdem sollten selbstverständlich sowohl Titel als auch Story entsprechend zugkräftig sein. Man einigte sich mit dem Verlag, der sich bei der Verfilmung gewisse Mitspracherechte gesichert hatte, auf den Titel *Schüsse aus dem Geigenkasten*. Hierfür wurde eine neue, filmgerechte Story kreiert, die es bisher weder im Heftformat noch als Taschenbuch gab. Als Drehbuchautor wurde Georg Hurdalek unter Vertrag genommen, der aus dem Story-Treatment ein Drehbuch entwickelte. Zeitgleich wurde der in den Ankündigungen zur ersten Verfilmung ebenfalls genannte Herbert Reinecker beauftragt, ein Jerry-Cotton-Abenteuer filmgerecht zu Papier zu bringen. Sein Drehbuch erhielt den Arbeitstitel *Fall Nr. 2*.

Die Suche nach einem geeigneten Regisseur gestaltete sich dagegen etwas schwieriger. Alfred Vohrer war bei *Rialto Film* beschäftigt und bereitete die kommende Wallace-Adaption *Neues vom Hexer* vor. Dr. Harald Reinl, der vermutlich am besten geeignet gewesen wäre, die Jerry-Cotton-Serie aus der Taufe zu heben, war mit der Endfertigung seiner James-Fenimore-Cooper-Verfilmung *Der letzte Mohikaner* ausgelastet. Jürgen Roland und Helmuth Ashley waren beide beim Fernsehen unter Vertrag, und auf Komödienspezialisten ausweichen wollte man nicht. Rudolf Zehetgruber, der bei der Ankündigung im Constantin-Verleihprogramm 1964/65 Erwähnung fand, wurde ebenfalls nicht verpflichtet, zumal er den Start der potentiellen Serien *Francis Durbridge* und *Victor Gunn* bereits »in den Sand gesetzt« hatte. (Eine dritte, *Inspektor Blomfield*, würde folgen.) Die Wahl fiel schließlich auf Fritz Umgelter, einen Fernsehregisseur mit Filmerfahrung, der, ähnlich wie Roland und Ashley, Filme wie *Wenn die Conny mit dem Peter* oder das Freddy-Quinn-Vehikel *Weit weht der Wind* inszeniert hatte, aber hauptsächlich für das Fernsehen arbeitete. Dort entstand mit dem Sechsteiler *Soweit die Füße tragen* auch seine bekannteste Arbeit. Die wichtigste Entscheidung, um einen Erfolg der Filme zu garantieren, lag natürlich in der richtigen Besetzung des Titelhelden sowie einer passenden Stammbesetzung für die Rollen von Cottons Freund und Partner Phil Decker und ihrem gemeinsamen Chef Mr. High. Zunächst wurde Helga Schlack als FBI-Sekretärin Helen verpflichtet. Als Mr. High engagierte man Richard Münch. Die Suche nach einem geeigneten Phil Decker gestaltete sich etwas schwieriger. Von zwanzig Bewerbern blieben acht in der Endausscheidung. Schließlich fiel die Wahl auf Heinz Weiss. Vermutlich hatte Regisseur Fritz Umgelter auf diese Entscheidung Einfluss, denn Weiss war bereits Hauptdarsteller in Umgelters Fernseh-Straßenfeger *Soweit die Füße tragen* und somit einem breiten Publikum bekannt.

Wer aber sollte die Hauptrolle des Jerry Cotton spielen? In Deutschland, Italien, Frankreich und Amerika wurde sich auf die Suche begeben. Nach eingehenden Probeaufnahmen mit verschiedenen Schauspielern fiel die Wahl auf den am 19. Oktober 1921 in Pasadena, Kalifornien geborenen George Garefield Nader jr.

Nader, der bis dahin noch niemals etwas von einem »Jeremias Baumwolle« beziehungsweise Jerry Cotton gehört hatte, nahm die Rolle nach eingehenden Überlegungen gerne an, zumal er in Amerika als Lebenspartner von Rock Hudson, von dem er später auch erben sollte, »auf Eis gelegt« worden war. Beim deutschen Publikum war Nader vor allem durch die Fernsehserie *Shannon klärt auf* bekannt geworden. Zuvor hatte er zwischen 1950 und 1958 in 25 Spielfilmen mitgewirkt, unter denen sich jedoch wenige Kassenknüller befunden hatten. Beim Start der Jerry-Cotton-Serie war Nader immerhin 43 Jahre alt, also acht Jahre älter als der Titelheld in den Romanen beschrieben wurde, doch dies akzeptierte die Leserschaft. Mit einem Amerikaner als Hauptdarsteller schielten die Verantwortlichen zudem auf den Weltmarkt, um auch international Co-Produktionsgelder zu erhalten. Für die ersten vier Fälle wurden Produktionsverträge mit französischen Partnern geschlossen. Während die Fälle Nr. 6 und 7 gemeinsam mit italienischen Partnern finanziert wurden, waren die restlichen beiden ausschließlich deutsche Projekte. Die Rechte zur Verfilmung lagen zwar bei *Constantin Film*, doch um diese Filme groß produzieren zu können, wurde zudem ein weiterer deutscher Partner benötigt. Es wurde sich auf Heinz Willeg, den ehemaligen Produktionschef von Kurt Ulrich und Artur Brauner, geeinigt. Dieser gründete zusammen mit Mohr von Chamier die *Allianz Film* mit Sitz in Berlin, die in den kommenden Jahren innerhalb eines Exklusivvertrags ausschließlich Filme für *Constantin* produzierte. *Constantin Film* beziehungsweise später die Tochterfirma *Terra-Filmkunst* war bei allen Filmen Geldgeber und Co-Produzent.

Jerry Cotton Fall Nr. 1: Schüsse aus dem Geigenkasten war der erste produzierte Film. Im Ankündigungstext dazu heißt es: *»Der Beginn einer neuen Erfolgsserie! Das erste Abenteuer des unschlagbaren G-Man*

Jerry Cotton. Mit Jerry Cotton, Phil Decker, Mr. High sowie Ann Smyrner, Werner Peters, Fritz Tillmann, Kai Fischer. Woche für Woche verschlingen Millionen Leser die Fortsetzungsromane über Jerry Cotton, den hartgesottenen und gewitzten Draufgänger, den bekannten FBI-Agenten Amerikas. Für die große Jerry-Cotton-Fangemeinde und alle Freunde explosiver Krimi-Erlebnisse bringen wir nun seine größten Abenteuer in einer neuen, geschäftsstarken Serie. Seine riesige Anhängerschar wird mit dabei sein!«

Es sollte in den *Real-Film-Studios* in Hamburg-Wandsbek gedreht werden, deshalb wurde als zusätzlicher Partner die *Studio-Hamburg-Atelierbetriebs-GmbH* von Gyula Trebitsch mit hinzugezogen. Für die Außenaufnahmen flog ein kleines Team unter Regisseur Fritz Umgelter und Produzent Heinz Willeg in die USA und filmte die nötigen Aufnahmen, die dann sehr geschickt mittels Rückprojektion in den Film eingebaut wurden.

Am 05. Mai 1965 fand in der Lichtburg in Essen endlich, nach fast zwei Jahren Vorbereitungs- und Produktionszeit, die Premiere des ersten Jerry-Cotton-Films statt. Im Anschluss an die Essener Welturaufführung warb George Nader auf einer Premierentour zusammen mit »Sekretärin Helen« Helga Schlack für den Film. Von Beginn an gab es eine außerordentlich große Resonanz und viel Beifall für die Geburt der neuen Serie. Den Beteiligten gelang wahrlich ein grandioser Start, der mit viel Fleiß und Sorgfalt minutiös vorbereitet worden war.

Unter Fritz Umgelters Regie sah das Publikum entsprechend sorgfältig auf ihre Rollen hin ausgesuchte Schauspieler, wie Heidi Leupoldt, Hans E. Schons, Franz Rudnik, Helmut Förnbacher, Sylvie Pascal, Hans Waldherr und Robert Rathke, der mit seinem Geigenkasten mit »Musik« der besondere Pfiff des Films ist. Für die Choreographie war der Franzose Philippe Guegan zuständig, der darüber hinaus die Rolle des »Sniff« spielte. Um dem Film zudem noch etwas dokumentarischen Charakter zu verleihen, wurde der Fall, wie auch noch die Fälle zwei bis fünf, im Off-Stil erzählt.

Ein weiterer Clou der Jerry-Cotton-Serie war die Musik, für die Peter Thomas engagiert wurde. Der Komponist kreierte, ähnlich wie John Barry bei den James-Bond-Filmen oder Martin Böttcher bei den Winnetou-Verfilmungen, eine wiedererkennbare Musik, die sich rasch zu einem Ohrwurm entwickelte. Der *Jerry-Cotton-Marsch*, das Hauptthema der Filmmusik, erschien bei *Polydor* auf Schallplatte. Nach einem derartigen Erfolg waren sich alle Verantwortlichen sicher, auf der richtigen Welle zu schwimmen, und es konnte an die Planungen für Fortsetzungen gehen.

Was die Altersfreigabe betrifft, wurde der Film mit einer Länge von 2450 Metern, das entspricht einer Kinolaufzeit von 90 Minuten, am 28. April 1965 *ab 16 Jahren* freigegeben. Erst 1974 wurde eine Freigabe *ab 12 Jahren* beantragt. Unter Auflage von drei Schnitten wurde der neuen Freigabe bei einer Länge von 2405 Metern entsprochen, was einer Spielzeit von etwa 88 Minuten entspricht. Entfernt werden musste:

– Nach dem erzwungenen Telefongespräch, das Jerry Cotton mit seinem Chef Mr. High führt, wurde die anschließende Schlägerei Jerrys mit den Gangstern um die härtesten Schläge gekürzt.

– Die Schlägerei auf Deck des Bootes zwischen Jerry und Mr. Kilborne wurde um grobe Schläge gekürzt.

– Am Schluss des Films wurde der Zweikampf zwischen Phil Decker und dem beleibten Gangster ebenfalls um die härtesten Schläge gekürzt, bevor Jerry hinzukommt und dem Gangster die Handschellen anlegt.

Als zweiter Film war im Constantin-Verleihprogramm 1964/65 *Der heulende Tod* angekündigt. Unter Franz-Joseph Gottliebs Regie sollten neben den Hauptdarstellern auch Sieghardt Rupp, Hans Nielsen, Ingeborg Schoener und Ady Berber spielen. Im Ankündigungstext dazu heißt es: »*Noch ein Jerry-Cotton-Thriller. Dynamisch – Explosiv – Diabolisch! Wer wird Jerry Cotton auf der Leinwand sein? Im Rahmen einer großzügig aufgezogenen und weithin publizierten Talentsuche werden wir den idealen Darsteller für Jerry Cotton finden: einen Mann, der den Vorstellungen der Millionen Jerry-Cotton-Freunde entspricht. Wie ›Schüsse aus dem Geigenkasten‹ wird auch dieser Jerry-Cotton-Film an den Originalschauplätzen in Amerika gedreht. Unsere Vorhersage: Bombenkassen!*«

Das von Herbert Reinecker verfasste Drehbuch ließ sich jedoch inhaltlich letztendlich nicht mehr mit *Der heulende Tod* betiteln. Deshalb überarbeitete K. B. Leder das Drehbuch nochmals, und es wurde sich auf den Titel *Mordnacht in Manhattan* geeinigt, den der Autor Kurt Nachmann eigentlich für sein Treatment zum dritten Jerry-Cotton-Film vorgesehen hatte.

Als Problem für die Serie gestaltete sich, dass George Nader auch für verschiedene andere Projekte verpflichtet war und daher nicht unbegrenzt zur Vefügung stand. Deshalb wurde beschlossen, Fall Nr. 2 und Fall Nr. 3 quasi an einem Stück zu drehen, so dass George Nader zum Start von Fall Nr. 2 für die Premiere zur Verfügung stand. Der dritte Film sollte dann im kommenden Frühjahr 1966 starten und in dieser Zeit, wenn Nader gerade die Premierentour hinter sich hatte, würden auch die Dreharbeiten für den vierten Fall beginnen.

Für Fall Nr. 3 lag bereits ein Treatment nach dem Original-Jerry-Cotton-Roman *Der Erbarmungslose* vor. Als Regisseur war ursprünglich Ernst Hofbauer vorgesehen. Den zweiten Fall sollte wiederum Fritz Umgelter inszenieren. Unter Hofbauers Regie sollten in Fall Nr. 3, der mittlerweile den Titel *Wir griffen in ein Wespennest* trug, neben den

Hauptdarstellern auch Senta Berger, Hanns Lothar, Paul Dahlke und Charles Regnier spielen. Im Ankündigungstext dazu heißt es: »*Ein neuer Fall für Jerry Cotton! Zusammen mit seinem Freund Phil Decker wird er von Mr. High angesetzt, acht Kanister Nitroglyzerin aufzuspüren, die erbarmungslose Gangster in einem Büro-Hochhaus in der City von New York versteckt haben, um den FBI zu erpressen. Ein Wettlauf mit der Zeit – es geht um Tausende von Menschenleben. Natürlich schafft es Jerry – auf eine atemberaubende Weise.*«

Der Autor Fred Denger wurde beauftragt, auf Grundlage des Kurt-Nachmann-Treatments ein entsprechendes Drehbuch zu schreiben. Nachdem die beiden Bücher für den zweiten und dritten Fall fertig waren, musste ein Regisseur gefunden werden, der beide Filme quasi in einem Durchgang inszenieren konnte und entsprechend Zeit zur Verfügung hatte. Die Wahl fiel auf Harald Philipp, der gerade erfolgreich Karl Mays *Der Ölprinz* inszeniert hatte. Probleme gab es dabei nur mit den Studios. Da keines der deutschen Ateliers durchgehend zur Verfügung stand, wurde entschieden, für Fall Nr. 2 die *Bavaria-Studios* in München-Geiselgasteig zu nutzen. Dort sollten nach dem letzten Drehtag, quasi über Nacht, »die Zelte abgebrochen werden«, damit am Tag darauf in den Studios von Berlin-Tempelhof mit Fall Nr. 3 begonnen werden konnte. Für deutsche Verhältnisse war das ein Novum, wenn man davon absieht, dass Artur Brauner zu dieser Zeit einige überlange Filme produzierte, um diese in zwei Teilen in die Kinos zu bringen (unter anderem *Der Tiger von Eschnapur* und *Das indische Grabmal*, *Der Schatz der Azteken* und *Die Pyramide des Sonnengottes*, *Durchs wilde Kurdistan* und *Im Reiche des silbernen Löwen*).

Neben den bekannten Hauptdarstellern spielten in Fall Nr. 2 Silvie Solar, Kurt Pierrots, Elke Neidhardt, Sigurd Fitzek, Willy Semmelrogge, Peter Kuiper, Allen Pinson, Paul Müller, Walther Bluhm, Henri Gogan, Dirk Dautzenberg und Uwe Reichmeister in der Rolle des Jungen Billy mit.

Am 23. November 1965 wurde der Film nach erneuter Prüfung in einer Länge von 2427 Metern, entsprechend 89 Filmminuten, *ab 16 Jahren* freigegeben. Bereits zwei Monate später wurde eine Freigabe *ab 12 Jahren* beantragt. Nach drei Schnitten entsprach die Freiwillige Selbstkontrolle (FSK) dem Antrag und gab den Film am 19. Januar 1966 frei. Nunmehr hatte *Mordnacht in Manhattan* eine Länge von 2413 Metern, was etwa 88 Minuten Spieldauer entspricht. Entfernt werden musste:

- In der Szene, in der die Gangster der Hundert-Dollar-Bande den italienischen Wirt zusammenschlagen, wurde ein Schlag in den Unterleib entfernt.
- Es erfolgte eine wesentliche Kürzung der Szene, in der ein Gangster, nachdem Jerry Cotton ihn losgelassen hat, um Hilfe schreiend

langsam im Koks versinkt. Außerdem musste das zum Schluss dieser Szene gezeigte Bild des Mannes mit geöffneten Augen durch ein Bild ausgetauscht werden, auf dem er die Augen geschlossen hat.

– Der an den Stuhl gefesselte Gangster ruft Jerry Cotton zu: »*Nicht die Tür aufmachen!*« Etwa um die Hälfte gekürzt wurden Bilder, in denen sich eine Tür, an der eine Sprengladung befestigt ist, durch Luftzug Stück für Stück öffnet, sowie im Gegenschnitt eine andere Tür, die vom Wind ganz aufgerissen wird.

Im dritten Fall *Um null Uhr schnappt die Falle zu* sahen die Zuschauer dann Horst Frank, Dominique Wilms, Siegfrit Steiner, Ingrid Capelle, Friedrich Georg Beckhaus, Harald Dietl, Gert Günther Hoffmann, Werner Abrolat, Alexander Allerson, Allen Pinson, Ricky Cooper und Georg Lehn. Da Helga Schlack verhindert war, spielte in Fall Nr. 2 und Fall Nr. 3 Monika Grimm Mr. Highs Sekretärin Helen.

Als erster Jerry-Cotton-Fall wurde dieser Film von der FSK am 16. Februar 1966 erst *ab 18 Jahren* freigegeben. Die Länge von 2429 Metern entsprach 90 Minuten Filmlaufzeit. Es wurde dazu jedoch eine Schnittauflage erteilt. Dabei handelt es sich um die Szenenfolge mit der Folterung eines Gangsters, der zugespitzte Hölzchen unter die Fingernägel gestoßen bekommt. Sämtliche Bilder, die sowohl einen einzelnen Finger als auch alle Finger einer Hand mit den unter die Nägel gestoßenen Hölzchen zeigen, mussten entfernt werden. Bei Nichtentfernung dieser Szene hätte es überhaupt keine Freigabe für diesen Film gegeben. Eine weitere Schnittauflage sorgte sogar dafür, dass der Film bereits *ab 16 Jahren* freigegeben werden konnte. Es handelt sich um die Szene, in der ein Gangster, der vorher von einem heruntergefallenen Balken getroffen worden war, im Tunnel zusammengeschlagen wird. Hier musste die gesprochene Frage: »Die Schulter ist gebrochen?« entfernt werden, um den darauf folgenden Schlägen gegen die Schulter das Infame und Verrohende zu nehmen. *Um null Uhr schnappt die Falle zu* hatte nun eine Länge von 2425 Metern beziehungsweise etwa 89 Minuten.

Bei einer erneuten Vorlage 1974 wurden für eine Altersfreigabe *ab 12 Jahren* sieben weitere Schnitte vorgeschrieben. Nach diesen Kürzungen, bei einer neuen Gesamtlänge von 2350 Metern beziehungsweise 86 Minuten, wurde der Film am 28. Februar 1974 freigegeben. Entfernt werden musste:

– In der Szene, in der der Wächter auf den Lastwagen vor dem Gasthaus zugeht, wurde geschnitten, wie dieser von dem Gangster mit dem Schraubenschlüssel niedergeschlagen wird.

– In dem Szenenkomplex, in dem der Beifahrer des Gangsters der gegnerischen Bande »vernommen« wird, wurde entfernt, wie er

mehrmals zusammengeschlagen wird, wie er mit dem Messer
bedroht wird, wie er das Brennen der Fingernägel deutlich macht,
wie er, mit den dazu gesprochenen Worten, im Wäscheaufzug ver-
staut wird und wie er vorher in Großaufnahme aufschreit.

– Beim Überfall auf die Sekretärin Mrs. Warren wurden die Bilder
geschnitten, in denen die Bedrohung mit dem Messer an ihrem
Hals gezeigt wird.

– In der gleichen Bildfolge wurde entfernt, wie der Polizeibeamte
Decker ins Gesicht geschlagen wird.

– Im Komplex auf der U-Bahn-Baustelle wurde das Niederwerfen
einer großen Bohle auf Hatton geschnitten.

– Weiterhin in dieser Bildfolge entfernt wurden die Schläge in das
Gesicht von Jerry Cotton, soweit sie in Nahaufnahme zu sehen
waren.

– Bei der Auseinandersetzung zwischen Jerry Cotton und dem
blonden Gangster auf dem Gestänge der Brücke wurde der Tritt in
das Gesicht des Gangsters entfernt.

Jerry Cotton Fall Nr. 2: Mordnacht in Manhattan wurde am 25. November
1965 uraufgeführt. *Jerry Cotton Fall Nr. 3: Um null Uhr schnappt die Falle
zu* folgte bereits am 04. März 1966. Mit beiden Filmen war man ebenso
wie bereits bei *Jerry Cotton Fall Nr. 1: Schüsse aus dem Geigenkasten*
überaus zufrieden. Filmisch, aus heutiger Sicht gesehen, sind es jedoch
die beiden schwächsten Teile der Serie. Durch den enormen Erfolg an-
gespornt, wurden die beiden nächsten Jerry-Cotton-Filme vorbereitet.

Im Constantin-Verleihprogramm der Jahre 1966/67 wurden diese
unter den Titeln *Jerry Cotton Fall Nr. 4: Die Rechnung – eiskalt serviert*
und *Jerry Cotton Fall Nr. 5: Um das Leben meines Freundes* angekündigt.
Im Ankündigungstext für Fall Nr. 4 heißt es: »*Unübersehbar ist die Menge
der Bewunderer des unerschrockenen FBI-Agenten Jerry Cotton, der in
New York schon unzählige Verbrecher zur Strecke brachte. – Aber dieses
Mal stellt er seine Freunde auf eine harte Probe, denn er macht zum ersten
Mal einen verhängnisvollen Fehler. Wie wird das ausgehen?*

Für den neuesten Fall schien es ratsam, die Regie in »neue Hände«
zu legen. Die Wahl fiel auf Helmuth Ashley, der bereits durch *Das
schwarze Schaf* (1960), *Mörderspiel* (1961), *Das Rätsel der roten Orchidee*
(1961/62) und *Weiße Fracht für Hongkong* (1964) ausgiebige Kriminal-
filmerfahrungen gesammelt hatte. Darüber hinaus drehte der Regisseur
bereits Serienstoffe für das *Zweite Deutsche Fernsehen*. So konnte Ashley
von Anfang an den Stil des neuesten Falls bestimmen. Georg Hurdalek,
der das ausgezeichnete Drehbuch für *Jerry Cotton Fall Nr. 1: Schüsse aus
dem Geigenkasten* geliefert hatte, wurde erneut beauftragt, eine spannende und temporeiche Story zu schreiben. Hurdalek gelang dies mit

Bravour, Regisseur Helmuth Ashley tat sein Übriges, und so entstand aus heutiger Sicht wahrscheinlich der beste Jerry-Cotton-Film der Schwarz-Weiß-Ära. Ausgezeichnete Schauspieler wie Horst Tappert, Yvonne Monlaur, Walter Rilla, Ullrich Haupt, Christian Doermer, Rainer Brandt, Pierre Richard, Arthur Brauss, Birke Bruck, Axel Schultz, Ilja Ivezic, Hans Waldherr sowie Choreograph Bob Lerick gaben ihr Bestes und waren stilvoll in ihren Rollen besetzt. Darüber hinaus spielte diesmal wieder Helga Schlack die Rolle von Mr. Highs Sekretärin Helen. Gedreht wurde in der Gegend von Hamburg sowie in den *Real-Film-Studios* in Hamburg-Wandsbek, in denen bereits der erste Fall realisiert worden war.

Während der Dreharbeiten zu diesem vierten Jerry-Cotton-Fall äußerte sich Hauptdarsteller George Nader überzeugend zu seiner Rolle: *»Ich liebe meinen filmischen Polizistentyp sehr! Dieser Jerry Cotton ist in den Filmen und Romanen ein Mensch wie du und ich. Er betrachtet die Welt nicht von oben herab, sondern wie ein normaler Mann. Durch seine Natürlichkeit, durch seine Anständigkeit wirken die Verbrechen und die Täter nur noch abscheulicher.«* Weiter über seinen neuesten Film, den er zu diesem Zeitpunkt für den interessantesten hielt: *»Nicht, weil ich ihn besonders anpreisen will, sondern, weil ich Partner und Gegenspieler habe, die sich sehen lassen können. Dazu haben wir eine verblüffend echte Story ...«*

Mit einer Schnittauflage wurde der Film am 28. August 1966 *ab 16 Jahren* freigegeben. Die Länge betrug 98 Minuten, was 2691 Metern entspricht. Bei erneuter Vorlage am 24. April 1974 wurde eine im Vorfeld vom Verleih bearbeitete Fassung von 2464 Metern, etwa 90 Minuten, ohne weitere Schnitte *ab 12 Jahren* freigegeben. Welche Schnitte vorgenommen wurden, ist, zumindest bislang, nicht mehr nachvollziehbar.

Jerry Cotton Fall Nr. 5: Um das Leben meines Freundes war im Constantin-Verleihprogramm noch als Schwarz-Weiß-Film unter der Regie von Jürgen Roland angekündigt. *»Der berühmteste FBI-Agent auf heißer Fährte! Von New York aus plant ein geheimnisvoller Unbekannter eine Serie von sensationellen Raubzügen, die sich bis zur Raketenbasis von Kap Kennedy erstrecken. Jerry Cotton, sein Freund Phil Decker und Mister High haben viele harte Nüsse zu knacken, bis die Gefahr gebannt ist.«*

Da die Zeit für Schwarz-Weiß-Filme längst ausgelaufen war und im Sommer 1967 auch das Farbfernsehen in Deutschland eingeführt werden sollte, wurde beschlossen, neben den Edgar-Wallace-Filmen auch die Jerry-Cotton-Filme in Farbe zu drehen. Die Pretitelsequenz hingegen, die bei diesem Film eingeführt wurde, und ebenfalls die kommenden Jerry-Cotton-Filme *Der Tod im roten Jaguar* und *Todesschüsse am Broadway* eröffnen sollte, ist noch in Schwarz-Weiß. Das liegt daran, dass diese Sequenz, die in Jerry Cottons Wohnung spielt, ursprünglich von Helmuth Ashley für *Die Rechnung – eiskalt serviert* gedreht wurde, dort aber keine Verwendung fand, da der Film inklusive der mehr als vier Minuten dieser Sequenz im Endeffekt über 100 Minuten gedauert hätte. Da die Szene aber mit größter Sorgfalt gestaltet wurde und es zu schade war, sie wegzuwerfen, diente sie dem neuen Film als Pretitelsequenz.

Alex Berg alias Herbert Reinecker, der das Drehbuch zu *Jerry Cotton Fall Nr. 2: Mordnacht in Manhattan* verfasst hatte, schuf abermals eine Krimi-Story von erstrangigem Format. Manfred R. Köhler wurde anschließend beauftragt, dem Drehbuch den letzten Schliff zu geben. Da in Farbe gedreht wurde, musste erneut wieder ein kleines Team für Außenaufnahmen in die USA fliegen. Als Regisseur wurde letztlich Werner Jacobs engagiert. Mit dem restlichen, bereits eingefahrenen Team um den Produzenten Heinz Willeg entstand wieder ein großartiges Jerry-Cotton-Abenteuer. George Nader, Heinz Weiss und Richard Münch als FBI-Veteranen gaben ihr Farbdebüt mit Bravour. Auch die weiteren Schauspieler passten ausgezeichnet zu ihren Rollen: Helga Anders, Karl Stepanek, Helmut Förnbacher, Dagmar Lassander, Helmuth Rudolph, Helmuth Kirchner, Rudi Schmitt, Wolfgang Wiser, Hela Gruel, Horst-Michael Neutze, Ira Hagen, Franziska Bronnen, Paul Muller, Rolf Jahnke, Hans Jürgen Jahncke, Rainer Brönnecke sowie Heinz Reincke. Zudem wartete dieser Film mit einer weiteren Erneuerung auf. Sprach George Nader in den bisherigen Filmen mit der deutschen Stimme von Heinz Engelmann, so wurde er im Fall Nr. 5 von Harald Leipnitz synchronisiert.

Am 10. März 1967 wurde der Film ohne Schnitte *ab 16 Jahren* freigegeben. Die Länge betrug 2637 Meter, was etwa 96 Minuten entspricht. Am 17. März 1967 unter dem neuen Titel *Der Mörderclub von Brooklyn* gestartet, wurde auch das Jerry-Cotton-Farbdebüt ein echter Erfolg.

Die Produktion der *Jerry-Cotton*-Serie lief nun auf Hochtouren und man wurde nicht müde, weitere Projekte vorzubereiten. Alex Berg alias Herbert Reinecker sowie das Autorenpaar Rolf Schulz und Christa Stern bekamen den Auftrag, weitere Drehbücher zu verfassen. Im nächsten Constantin-Verleihprogramm 1967/68, das zu Ostern 1967 erschien, also kurz nach Start des Films *Jerry Cotton Fall Nr. 5: Der Mörderclub von Brooklyn,* wurden wiederum zwei neue Fälle angekündigt. Diese waren *Jerry Cotton Fall Nr. 6: Dynamit in grüner Seide,* unter der vorgesehenen Regie von Alfred Vohrer, und *Jerry Cotton Fall Nr. 7: Der Tod im roten Jaguar,* für dessen Regie Werner Jacobs angekündigt war.

In dem Ankündigungstext heißt es bei Fall Nr. 6: »*George Nader alias Jerry Cotton, Phil Decker, Mr. High und viele schwere Jungs und leichte Mädchen. Jerry Cotton ist diesmal ganz auf sich allein gestellt. Als Spezialist wird er in die skrupelloseste Gangsterbande Amerikas eingeschmuggelt, um ein ganz großes Ding zu verhindern. Aber fast alles scheint dem FBI-Ass diesmal schief zu gehen, wenn nicht Nancy wäre ... Wieder echte USA-Atmosphäre, diesmal gepfeffert mit Sex und, wie jeder neue Jerry-Cotton-Film, ein Leckerbissen für das Publikum.«* Über Fall Nr. 7 war zu lesen: *»George Nader alias Jerry Cotton, Phil Decker, Mr. High und viele schwere Jungs und leichte Mädchen. Jerry Cottons berühmter roter Jaguar ist diesmal der geheimnisvolle Mittelpunkt einer hochbrisanten Gangsterstory aus den brodelnden Slums und den Millionärspalästen New York. Was Jerry, seine Freunde und sein Chef diesmal durchzustehen haben, das stellt alles bisher Dagewesene in den Schatten!«*

Doch dann gelang Produzent Heinz Willeg ein Clou. Er konnte Regisseur Dr. Harald Reinl, der inzwischen reichhaltige Erfahrungen bei Edgar Wallace, Karl May und der Nibelungen-Sage gesammelt hatte, davon überzeugen, den nächsten Jerry-Cotton-Fall zu inszenieren. Mit Reinl hatte Willeg bereits erfolgreich bei den Filmen *Paradies der Matrosen* (1959) und *Der letzte Mohikaner* (1964/65) zusammengearbeitet. Das Originaldrehbuch für Fall Nr. 6 trug den Titel *Dynamit in roter Seide* und beinhaltete noch einen Auftritt des FBI-Chefs Mr. High. Da auch im Titel von Fall Nr. 7 die Farbe Rot vorkam, wurde bei Fall Nr. 6 Rot gegen Grün ausgetauscht. Weil Richard Münch keine Lust mehr verspürte, die Rolle des FBI-Chefs Mr. High zu übernehmen und die Produktion den Part auch nicht mit einem anderen Schauspieler besetzen wollte, wurde einfach die Figur Budd Lancaster als sein Stellvertreter, gespielt von Claus Holm, eingeführt. Mr. High hatte eben, wie auch in den kommenden beiden Filmen, einfach einmal Ferien oder erteilte Jerry Cotton Anweisungen per Telefon.

Der Film wurde, nachdem die ersten vier Fälle in französischer Co-Produktion entstanden waren, nunmehr mit Italien co-produziert. Gedreht wurde in den UFA-Tempelhof-Studios in Berlin. Dazu kamen Außenaufnahmen in Berlin und Jugoslawien. Die USA-Szenen, inklusive Los Angeles, wurden, wie bei den vorherigen Filmen, in den Film einkopiert. Auch mit der Besetzung konnte man wiederum einverstanden sein. Neben den beiden Hauptdarstellern George Nader und Heinz Weiss traten auf: Silvie Solar, Günther Schramm, Marlies Draeger, Karl-Heinz Fiege, Dieter Eppler, Rainer Basedow, Hans Waldherr, Richard Haller, Claus Tinney, Günter Mack, Udo Kaemper, Maria von Holten und Carl Möhner. Ein ganz besonderer Gag in diesem, vielleicht sogar besten Film der gesamten Jerry-Cotton-Serie war das Auftreten von Mrs. Cotton, der Mutter Jerrys, die von Käthe Haack überzeugend dargestellt wurde. Anzumerken ist, dass von diesem Film an darauf verzichtet wurde, die Geschichte aus dem Off zu erzählen. Schließlich hatte Dr. Harald Reinl seine eigenen Vorstellungen von einem perfekten

Kriminalfilm. Darüber hinaus wurde ab Fall Nr. 6 George Nader von der Synchronikone Gert Günther Hoffmann, unter anderem die deutsche Stimme von Sean Connery, synchronisiert, der bereits bei *Um null Uhr schnappt die Falle zu* als Lastwagenfahrer Lew zu sehen war. Zudem hatte Hoffmann in *Mordnacht in Manhattan* bereits Kurd Pieritz synchronisiert.

Von der FSK wurde *Dynamit in grüner Seide* am 04. Januar 1968 *ab 18 Jahren* freigegeben. Dies geschah aber nur unter der Voraussetzung, dass alle Bilder entfernt wurden, in denen Frauen mit unbedeckten Busen zu sehen waren. Hier auch die Barszene zu Beginn des Films, in der sich vor Trevor eine blonde Frau das Kleid auszieht. Für eine Freigabe *ab 16 Jahren* mussten zusätzlich in der Szene, in der Lana von einer anderen Frau ausgepeitscht wird, die Bilder vom Aufschlagen der Peitsche entfernt werden. Nach einer weiteren Schnittauflage, Jerrys Kampf auf dem Dach und der Milderung des Tons beim Schlag ins Gesicht, wurde der Film bei erneuter Vorlage am 17. Januar 1968 bei einer Länge von 2429 Metern beziehungsweise 89 Minuten *ab 12 Jahren* freigegeben. Da George Nader wieder einmal Premierentouren durch Deutschland unternahm, so war er auch bei der Premiere am 29. Februar 1968 im Passage-Kino in Saarbrücken anwesend, konnte direkt im Anschluss Fall Nr. 7 in Produktion gehen. Das von Alex Berg alias Herbert Reinecker verfasste Drehbuch wurde, nach der großartigen Zusammenarbeit bei Fall Nr. 6, abermals von Dr. Harald Reinl in Szene gesetzt. Reinl gelang es erneut, der Serie seinen eigenen Stempel aufzusetzen. Wie schon bei Fall Nr. 6 wurde auch diesmal wieder mit Italien co-produziert.

Gedreht wurde vom 06. März bis 30. April 1968 wiederum in den UFA-Tempelhof-Studios in Berlin. Die Außenaufnahmen entstanden in Berlin (Gropiusstadt Berlin-Buckow, Turbinenhalle in Moabit, Märkisches Viertel, Hansaviertel, Hansatheater, Teufelsberg), Hamburg und Allendorf. Diesmal wurden nicht nur Aufnahmen von New York, sondern auch von San Francisco eingebaut. FBI-Chef Mr. High ließ sich von Steve Dillagio vertreten, den Harry Riebauer verkörperte. Zudem trat Friedrich Schütter als San-Francisco-Polizeichef Mr. Clark auf. Ferner sahen die Zuschauer Grit Böttcher, Herbert Stass, Ilse Steppat, Carl Lange, Kurt Jaggberg, Gert Haucke, Susanne Hsiao, Giuliano Raffaelli, Karin Schröder, Hans Epskamp, Manuela Schmitz, Daniella Surina, Britt Lindberg und Giorgio B. Bogino. Nach dem wunderbaren Gag mit Frau Cotton, alias Käthe Haack, bei Fall Nr. 6 hatte Reinl auch bei diesem Film etwas Besonderes auf Lager. Da der Schauspieler Robert Fuller in Berlin weilte, um die Dreharbeiten zu seinem neuesten Film *Kommando Sinai* vorzubereiten, wurde er gefragt, ob er nicht in diesem neuen Jerry-Cotton-Film mitwirken wollte.

Er sagte zu, und so wurde zusätzlich zu Reineckers Drehbuch eine Pretitelsequenz erfunden, die diesen Film auf eine ganz besondere Art einleitet und abrundet.

Mit diesem Film eröffnete *Constantin Film* am 15. August 1968 die Kinosaison 1968/69. Am 10. Juli 1968 gewährte die FSK ohne Schnittauflage bei einer Gesamtlänge von 2502 Metern, etwa 91 Minuten, eine Freigabe *ab 16 Jahren*. Bedauernswert ist, dass sowohl bei späteren Video- und DVD-Veröffentlichungen, wie auch bei den Fernsehausstrahlungen, Robert Fullers Part gekürzt wurde. In der Originalkinofassung durfte er nach seiner Überwältigung noch eine Drohung gegen Jerry Cotton äußern. Als Charly (Robert Fuller) von den Polizisten abgeführt wird, sagt er: »*Du Schwein, Cotton!*« Hier bricht der Dialog ab und es kommt die Großaufnahme von New York mit den Titeln. Im Original antwortet Cotton: »*Drei Morde und ein kleiner Bankraub, das genügt doch ...*« Charly entgegnet: »*Nicht so geschwollen mein Junge, du kommst auch noch dran!*« Erst jetzt kommt der Schnitt mit der Überblendung zur Großaufnahme von New York und den Titeln.

Der Geschäftserfolg der 68er-Cotton-Filme war noch außerordentlich erfreulich, vor allem in den Großstädten waren die Zahlen der beiden Reinl-Produktionen sehr gut. Weitere Filme gingen in Planung. Weiss hatte, nach eigener Aussage in einem Interview, einen Vertrag für zehn Filme unterschrieben. Obwohl Nader neben seinen Cotton-Filmen auch in weiteren Constantin-Produktionen auftrat, etwa *Sumuru – Die Tochter des Satans* und *Radhapura – Endstation der Verdammten*, war auch er es nicht müde, den »lieben« Jerry darzustellen. Das wesentlichste Problem war, dass die Filme von Mal zu Mal teurer wurden und Nader vereinbart hatte, dass auch seine Gage von Film zu Film steigen sollte. Bei der Produktion weiterer Filme wurde daher vorsichtiger vorgegangen.

Noch während der Dreharbeiten zu *Jerry Cotton Fall Nr. 7: Der Tod im roten Jaguar* erschien das neue Constantin-Verleihprogramm 1968/69. Darin wurde auch *Jerry Cotton Fall Nr. 8: Das Syndikat der toten Seelen* angekündigt, der erneut von Dr. Harald Reinl inszeniert werden sollte. Neben Nader und Weiss waren Margaret Lee und Konrad Georg vorgesehen. Im Ankündigungstext heißt es: »*Eine Kette brutaler Verbrechen erregt ganz Amerika. Die Unterwelt erhebt sich offen gegen das Gesetz. Mord und nackter Terror fordern immer neue Opfer. Jerry Cotton steht als Nr. 1 auf der Abschussliste. Aber unser Held denkt schneller, zielt genauer und trifft besser. Hundert gegen einen – ein echter Fall für Jerry Cotton und seine ungezählten Freunde!*« Da aber ein fertiges Drehbuch mit dem Titel *Todesschüsse am Broadway*, von Rolf Schulz und Christa Stern, vorlag, wurde *Das Syndikat der toten Seelen* auf die Warteliste gesetzt.

Abermals schuf Reinl einen ausgezeichneten Action-Thriller. Als Darsteller agierten Heidy Bohlen, Mihail Baloh, Michaela May, Horst Neumann, Herbert Fux, Arthur Brauss, Manfred Reddemann, Karlheinz Thomas, Rudolf Fernau, Dean Hyde, Alberet Venohr, Gerhard Frickhöffer, Ulli Kinalzik, Klaus-Hagen Latwesen, Belarminou Gomis, Dieter Eppler und Konrad Georg als Mr. Rose, den Ersatzmann für FBI-Chef Mr. High. Es entstand ein gelungener Film, der vom 18. November 1968 bis zum 23. Januar 1969 in den UFA-Tempelhof-Studios in Berlin inszeniert wurde. Die Außenaufnahmen fanden in Berlin, Hamburg, New York und Las Vegas statt.

Von der FSK wurde der Film am 13. März 1968 *ab 18 Jahren* freigegeben. Nach Schnittauflagen, die Szene des Verhörs von Heidy Bohlen, die Bedrohung von Cindy mit einem Messer und das Ausdrücken einer Zigarette auf ihrem Oberschenkel, wurde der Film bei erneuter Vorlage am 21. März 1968 *ab 16 Jahren* freigegeben. Die Länge betrug nun 2445 Meter, was etwa 89 Minuten entspricht.

Noch bevor der Film am 26. März 1969 anlief, war das neue Constantin-Verleihprogramm 1969/70 in Druck und enthielt bereits die Ankündigung für *Jerry Cotton Fall Nr. 9: Nummer Eins wird abserviert*. Aufgrund der bisher ausgezeichneten Zusammenarbeit mit Regisseur Reinl sollte dieser wiederum die Regie übernehmen. Als Darsteller vorgesehen waren neben Nader und Weiss auch Andrea Rau, Horst Frank und Heidy Bohlen. Zum Inhalt hieß es: »*Ein Mann soll auf den elektrischen Stuhl. Doch seine Tochter ist von der Unschuld ihres Vaters überzeugt. Sie beschwört Jerry Cotton, sich dieses Falles anzunehmen. Jerry kann nicht ahnen, dass er über Nacht in den schwierigsten Fall seiner Karriere hineingerät. Nicht nur der wahre Mörder, sondern die grausame Verbrecherorganisation der Cosa Nostra werden plötzlich zu seinen Todfeinden.*«

Da *Jerry Cotton Fall Nr. 8: Todesschüsse am Broadway* nicht das erhoffte Geschäft war, wurden die nächsten Verfilmungen erst einmal verschoben. Wie aber schon bei anderen Serien war auch hier plötzlich »die Luft heraus«. Der zu betreibende Aufwand stand in keinem Verhältnis mehr zu den Einspielergebnissen. Zudem verlangte auch der *Bastei-Verlag* für die Verfilmungsrechte inzwischen mehr Geld. Hinzu kam, dass George Nader bereits fast fünfzig Jahre alt war und die Produktion keinen geeigneten, international akzeptierten Ersatz fand. So wurde Abschied von der Serie genommen. George Nader blieb mit dem Produzenten Heinz Willeg, bis zu dessen Tod 1991, allerdings stets freundschaftlich verbunden.

Was die Kosten betrifft, sind offiziell nur die Produktionsbudgets der Fälle *Dynamit in grüner Seide* und *Der Tod im roten Jaguar* bekannt. Sie beliefen sich auf 1.815.000,00 DM und 1.700.000,00 DM. Die *Constantin* bezahlte davon siebzig Prozent und der Rest wurde von den italienischen Partnern übernommen. Es kann davon ausgegangen werden, dass für den ersten Jerry-Cotton-Fall *Schüsse aus dem Geigenkasten* rund eine Million DM zur Verfügung stand, für die quasi Doppelproduktion *Mordnacht in Manhattan* und *Um null Uhr schnappt die Falle zu* jeweils rund 850.000,00 DM, und bei dem vierten Fall *Die Rechnung – eiskalt serviert* dürften die Produktionskosten ebenfalls unter einer Million gelegen haben. Da es für den ersten Farbfilm *Der Mörderclub von Brooklyn* erforderlich war, neue USA-Aufnahmen zu drehen, und die Kosten für die Schauspieler und die Crew inzwischen ebenfalls gestiegen waren, könnte es »unterm Strich« mit circa 1.300.000,00 DM, die die *Constantin* aufbringen musste, das teuerste Cotton-Abenteuer gewesen sein. Bei *Todesschüsse am Broadway,* das nach dem *Mörderclub von Brooklyn* wieder ein rein deutsches Cotton-Abenteuer war, dürfte die *Constantin* ebenfalls ca. 1.500.000,00 DM investiert haben.

Bei durchschnittlich etwa 2,5 Millionen Zuschauern der Schwarz-Weiß-Filme ließ sich bestens kalkulieren. Bei den Farbfilmen wurde das aber immer schwieriger. Lagen bei *Der Mörderclub von Brooklyn* die Besucherzahlen noch über zwei Millionen, sanken sie bereits bei *Dynamit in grüner Seide* auf etwas mehr als eine Million Besucher ab. Durch die niedrige FSK-Freigabe ab 12 Jahren konnte dieser Film immer wieder zum Einsatz gebracht werden und somit lagen die Besucherzahlen letztendlich bei rund 1,5 Millionen. *Der Tod im roten Jaguar* lief im Spätsommer und Herbst 1968 wieder erstaunlich gut und dürfte inklusive seiner Wiederaufführung 1976 mehr als zwei Millionen Zuschauer in die Kinos gelockt haben.

Anlässlich der Premiere von *Todesschüsse am Broadway,* am 26. März 1969 im *Universum* in Stuttgart, äußerte sich der ausführende Produzent Heinz Willeg zum Erfolg der Jerry-Cotton-Serie: *»Für die ersten sieben Titel wurden 14 Millionen Karten verkauft, die Filme spielten 31 Millionen DM ein.«* Nachdem die ersten fünf Fälle, laut Aussage des Produzenten, 10,4 Millionen Zuschauer hatten, wurden für die beiden Reinl-Filme 3,6 Millionen Karten verkauft, was angesichts des Abebbens der Serie ein durchaus beachtliches Geschäft war. Zwar war der Frühjahrstermin, zu Ostern 1969, für *Todesschüsse am Broadway* günstig, doch die Spielzeit in den Sommer hinein stoppte den Besucherstrom, der im Endeffekt ebenfalls wie bei *Dynamit in grüner Seide* etwas mehr als eine Million betrug. Somit war eine weitere Cotton-Produktion ein nicht mehr zu kalkulierendes Risiko, zumal sich auch kein ausländischer Partner mehr fand.

Zum zwanzigjährigen Jerry-Cotton-Jubiläum 1976 wurde mit viel Werbeaufwand in Wiederaufführung der siebte Fall *Der Tod im roten Jaguar* gestartet. Obgleich einigermaßen erfolgreich in den Filmtheatern eingesetzt, war zu diesem Zeitpunkt niemand mehr bereit, erneut in einen Kinofilm zu investieren, zumal man durch Naders Alter und Augenleiden zwangsläufig gezwungen gewesen wäre, einen neuen Hauptdarsteller zu finden. Das Risiko für einen Kinofilm war einfach zu hoch. Angesichts der Popularität der Heftromane und Kinofilme bleibt es dennoch unverständlich, dass später keine Fernsehserie mit etwa einstündigen Episoden hergestellt wurde. Stoffe gab und gibt es genügend.

Die Jerry-Cotton-Filme waren insgesamt eine aufwendig produzierte Kinoreihe, die dem Publikumsgeschmack ihrer Entstehungszeit entsprach. Wie alle erfolgreichen Kinoreihen dieser Zeit hatte auch diese ihren Zenit, und als dieser überschritten war, wurde nicht mehr weiter produziert. Ob das Fernsehen die entstandene Lücke sorgfältig inszenierter Kinokriminalfilme ausfüllen konnte, bleibt fraglich. Doch auch wenn mittlerweile viele Jahrzehnte vergangen sind, so bieten die Filme auch heute noch, im klassischen Sinn, »beste Kinounterhaltung zum Vergessen des Alltags«.

Literatur zu Jerry Cotton
Friedrich Jakuba, JERRY COTTON. NICHTS ALS WAHRHEIT UND LEGENDEN (Bastei Lübbe, Bergisch Gladbach 2003); Delfried Kaufmann, JERRY COTTON. DIE FARBEN DES TODES (Bastei Lübbe, Bergisch Gladbach 2004); Martin Compart G-MAN JERRY COTTON. EINE HOMMAGE AN DEN ERFOLGREICHSTEN KRIMIHELDEN DER WELT (Bastei Lübbe, Bergisch Gladbach 2010)

George Nader
mit Dagmar Lassander
und Helga Anders.

Jerry Cotton mit
seinem »Chef« »Mr. High«
alias Richard Münch –
»Der Mörderclub
von Brooklyn«.

George Nader
und Heinz Weiss
in »Mordnacht in Manhattan«.

George Nader
mit charmanter Partnerin
vor dem Europa-Center
in Berlin.

George Nader als Gast
der Saarbrücker Premiere
im Passage Kino, daneben
Karl A. Jung (Vorstand
der Passage Kino A.G.).

Zu Gast bei der Premiere
in Saarbrücken –
Sylvie Solar, Ernst Gill
(Geschäftsführer der Saar
Film Union), Hippolyt
Philipp (Theaterdirektor
des Passage Kino), ein
SR–Vertreter, ein Kino-
besitzer, George Nader
und Karl A. Jung (Vorstand
der Passage Kino A.G.).

Interview mit Kameramann Franz Xaver Lederle

von Marian Dora

Franz Xaver Lederle war der Kameramann von vier Jerry-Cotton-Filmen und somit maßgeblich für die visuelle Ausgestaltung der Serie verantwortlich. Darüber hinaus war er für die Kameraarbeit vieler weiterer Publikumserfolge jener Zeit verantwortlich. Dazu zählen Rolf Olsens *Der Arzt von St. Pauli* (1968) oder Hubert Franks *Melody in Love* (1978). Später arbeitete er häufig für das Fernsehen, darunter auch für die langlebige Erfolgsserie *Derrick*. Das Gespräch wurde im Januar 2011 geführt.

Als in Deutschland produzierte Serie von Actionfilmen unterschied sich die Jerry-Cotton-Reihe deutlich von den marktdominerenden Edgar-Wallace-Krimis. Wie kamen Sie zu dem Auftrag, an diesen Filmen mitzuwirken?

Den Auftrag bekam ich über den Chef der *Allianz Film*, Heinz Willeg, zu dem ich ein freundschaftliches Verhältnis hatte. Sein Enkel war übrigens später mein Assistent.

Haben Sie sich vor Ihrem ersten Jerry-Cotton-Film die drei bis dahin gedrehten Streifen angesehen?

Ich habe sie mir angesehen. Richtig in Erinnerung blieb mir der letzte der drei, *Um Null Uhr schnappt die Falle zu*, bei dem Helmut Meewes die Kamera gemacht hat. Das Problem bei diesem Film war, dass sich die Kameraleute dabei teilweise gegenseitig photographiert hatten. Ein Auto fährt über eine Klippe und man sieht dabei jeweils den zweiten Kameramann, vom anderen im Gegenschuss gefilmt ...

Ihren ersten Cotton-Film *Die Rechnung – eiskalt serviert* drehten Sie 1966 unter der Regie von Helmuth Ashley ...

Der Film wurde überwiegend in Hamburg gedreht. Dort gab es Hochhäuser und Gebäude, die an die Häuser der Ostküste der USA erinnerten. Insgesamt gab es keine Vorgaben seitens des Produzenten, dass die Filme einen anderen »Look« haben sollten als etwa die Edgar-Wallace-Filme. Es sollte mit vielen Rückprojektionen und mit »Travelling Matte« gearbeitet werden. *[Anmerkung: Hier werden Bildvorder- und Bildhintergrund getrennt voneinander aufgenommen. Zumeist wird das Geschehen im Bildvordergrund vor einer einfarbigen, oft blauen Farbfläche gefilmt.*

Anschließend wird der Vordergrund auf den Hintergrund »einkopiert«. Ein bekanntes Beispiel für diese Technik sind Autofahrten, bei denen das Straßengeschehen vor Ort und das Fahrzeug im Studio aufgenommen wird.] **Die Drehzeit für diese Filme betrug immer fünf bis sechs Wochen.**

War es schwierig für Sie, mit Ashley zu arbeiten, unter dem Sie früher Kameraassistent waren?

Überhaupt nicht, die Arbeit war äußerst angenehm. Mit ihm als Regisseur hatte ich bereits 1962 den Edgar-Wallace-Film *Das Rätsel der roten Orchidee* gedreht. Interessant bei dem Jerry-Cotton-Film war auch die erste Zusammenarbeit mit Horst Tappert, mit dem ich später die Derrick-Serie drehen sollte. Hier war er noch der Bösewicht, der erschossen wurde … Gute Erinnerungen habe ich auch noch an Art Brauss, mit dem ich später auch noch *Der Schrei der schwarzen Wölfe* drehen sollte. Rainer Brandt war auch dabei, mit ihm habe ich danach nichts mehr gedreht. Er widmete sich seinem Synchronstudio.

Auffallend ist, dass für diverse Actionszenen, wie zum Beispiel die Sprengung eines Geldtransporters, keine Miniatureffekte verwendet wurden.

Nein, Miniatureffekte haben wir bei den Jerry-Cotton-Filmen nie verwendet, abgesehen von einer Ausnahme – eine Totale, in der eine Brücke gesprengt werden sollte. In der von Ihnen angesprochenen Szene wurde der Fahrer schwer verletzt, wir mussten ihn ins Krankenhaus bringen. Mehrere Takes waren notwendig. Der F/X-Mann hatte einen Kolben unter dem Wagen angebracht, der den Wagen während der Explosion zum Umkippen bringen sollte. Das funktionierte aber nicht, denn der Wagen war enorm schwer geworden; durch Metallplatten, die den Boden zum Schutz des Fahrers verstärken sollten. Schließlich besorgte er von der Bundeswehr, zu der er Beziehungen hatte, TNT. Damit funktionierte es, die Explosion war gewaltig.

Eine Szene spielt in einer Leichenhalle. Wurde in einer echten Gerichtsmedizin gedreht?

Für diese Szene suchten wir die ganzen Krankenhäuser Hamburgs nach einer geeigneten Location ab, das *Eppendorfer Krankenhaus*, das *Israelische Krankenhaus* in Harburg und so weiter. Das Problem war, dass die Leichenhallen oftmals optisch nicht beeindruckten oder zu klein und daher ungeeignet waren. Teilweise haben wir auch keine Genehmigung bekommen. Ich kann mich noch gut an den eigenartigen Geruch dort erinnern, überall gleich. Ich weiß nicht, ob das vom Blut kam oder von den Desinfektionsmitteln. Die anderen vom Team wollten daher nicht

mehr mitgehen. »Schau's du an, ob's passt«, hieß es dann immer. In einer Leichenhalle drehten wir schließlich. Da gab es noch richtige Marmortische, nicht wie
heute die Edelstahltische. Eine Leiche lag dort, aufgeschnitten in zwei Hälften, die
links und rechts vom Tisch hingen. Ein Perser hat daran rumgeschnitten. Der
Gehirnpathologe hat mir eine Plastikschüssel mit einem Gehirn darin vor das
Gesicht gehalten und mir die Dinge beschrieben, woran die Person verstorben war.
Man hätte diesen Mann nicht besser besetzen können. Das heißt, würde man so
eine Person als Pathologen besetzen, würde der Zuschauer sagen, das Klischee sei
übertrieben. Er hatte so ein nervöses Zucken, mit dem Kopf schräg nach oben, nach
jedem Satz, das ist mir bis heute in Erinnerung geblieben. Die Aufnahme, in der die
Leiche aus der Kühltruhe gezogen wird *[Anmerkung: Nicht im Film zu sehen.]*, haben
wir dann aber woanders gedreht. Das war in einer Wäscherei.

Beeindruckend ist die Szene mit dem Hubschrauber.
Die Großaufnahmen wurden als »Travelling Matte« vor eingespieltem Hintergrund
gedreht. Der Hubschrauber war im Atelier aufgehängt. Das Dach eines Hochhauses
bewegte sich auf Rollen, der Boden konnte zurückgefahren werden. Das waren
noch echte Tüfteleien damals, für manche Szenen gab es noch keine Referenzen,
vieles war noch nicht zum technischen Standard geworden. Die Hintergrundszenen
von New York wurden von einem zweiten Team, ohne Darsteller, auf Ansage
gedreht. Die Szenen, in denen Nader sich an die Kufen hängt, wurden in einem
Stadion in Hannover gedreht. Nader war Stunts nie abgeneigt, durfte aber aus
Gründen der Versicherung bestimmte Grenzen nicht überschreiten. Hier sprang er
selber an die Kufen, der Pilot hatte das aber offenbar nicht mitbekommen, und
Nader, der völlig ungesichert war, wurde immer höher und höher gezogen, bis uns
ganz mulmig wurde ... Weitere Szenen wurden dann auf der Elbe mit einem Double
gedreht. Eine Szene blieb mir auch besonders in Erinnerung. Dabei sollte auf
Yvonne Monlaur geschossen werden. Zündkörper wurden in die Wand eingelassen,
um die aufprallenden Kugeln zu simulieren. Eine der Explosionen ging jedoch zu
früh los und mitten in das Gesicht der Darstellerin. Zum Glück blieben die Augen
unverletzt. Zwei Wochen lang war das Gesicht völlig angeschwollen und wir konnten keine Szenen mit ihr drehen ... Während der Dreharbeiten war zeitweilig Rock
Hudson zu Besuch, der damals der Freund von Nader war. Ich bin mit ihm auch
öfter essen gegangen. Einmal hat er sich zu den Dreharbeiten gesetzt, da meinte
ich zu ihm, ob er nicht etwas rutschen könne, er sei für unsere Produktion zu teuer.
Er war nämlich gerade unbeabsichtigt im Bild gesessen.

1967 folgte mit *Der Mörderclub von Brooklyn* Ihr zweiter Jerry-Cotton-Film. Im Unterschied zum Vorgänger diesmal in Farbe.

Was wesentlich einfacher war, da man die unterschiedlichen Graustufen zur Kontrastierung nicht beachten musste. Der Film beginnt in Schwarz-Weiß, das waren übrig gebliebene Aufnahmen aus dem vorigen Jerry-Cotton-Film. Helga Anders war dabei, ich weiß nicht, ob sie damals schon die Frau von Roger Fritz war. Und Helmut Förnbacher, der später selber Regie führen sollte. Ich habe ihn später oft getroffen, als er dann in Amerika war. Er hatte immer vor, mit mir ein Filmprojekt zu machen, aber letztendlich ist nichts daraus geworden. Mit Heinz Reincke habe ich später noch oft zusammengearbeitet, unter Rolf Olsen, oder auch beim *Schloss am Wörthersee*. Mit ihm habe ich mich auch privat oft getroffen. Und wie im nachfolgenden Film spielte der Regieassistent Charles Wakefield eine kleine Rolle. Drehort war wieder Hamburg. In Amerika waren wir nicht, es wurden nur wieder Second-Unit-Aufnahmen eingespielt.

Ein paar Worte zu Werner Jacobs als Regisseur ...

Er hat seine Aufgabe sehr gut gemacht. Man muss bedenken, dass dies sein erster Action-Film war. Er hat zuvor eher »weiche« Themen verfilmt. Einmal habe ich jedoch »gemeutert«. Bei einem Schusswechsel stehen die beteiligten Personen gerade mal wenige Meter auseinander und werden dennoch nicht getroffen. Es kommt zur wilden Schießerei. Ich habe früher selber Pistole geschossen und meinte zu Jacobs, die Szene wäre unrealistisch, aus dieser Entfernung würde ich dem Kontrahenten das Auge raus schießen können. Aus dieser Entfernung hätte man sogar den anderen mit einem Stein erschlagen können. Einiges hat er dann herausgenommen, aber es ist immer noch genug Knallerei enthalten.

Der Film beginnt mit einer Szene in einem Fensterputzaufzug hoch über der Stadt ...

Das war das Spiegel-Hochhaus, das sich gerade im Bau befand. Das wurde alles echt gedreht, ohne Trick. Es war relativ gefährlich für den Darsteller. Ich hätte das nicht machen wollen.

Die Verfolgung auf dem fahrenden Zug sieht recht aufwendig aus ...

Das habe ich mit Handkamera gedreht. Irgendwo im Hessischen. Ungefähr in drei Tagen. Eine Szene ist mir noch besonders in Erinnerung geblieben. Wir haben da vor einer Hamburger Villa mit großen Säulen eine Szene gedreht, in der ein Überfall auf ein Casino stattfindet. Die Leute werden ausgeraubt, die Räuber türmen mit ihren Autos, einer vorne weg, die anderen Autos hinterher. Da stirbt dem

Vorausfahrenden der Motor ab und die folgenden Autos fahren einer nach dem andern auf. Die Autos waren vorne eingebeult, wir mussten die Einstellung wiederholen, konnten sie aber diesmal nur von hinten drehen, damit man die Schäden nicht sieht.

Es folgte 1967 Dynamit in grüner Seide ...

Den haben wir in Jugoslawien gedreht, das Kalifornien darstellen sollte. Nur einmal war der originale Flughafen als Rückprojektion zu sehen. Bei diesem und dem folgenden Film haben wir sehr viel mehr Szenen real gedreht als bei den Vorgängern. Es gab damals von den Studios Auflagen, wie viel Prozent eines Filmes im Atelier gedreht werden musste. Ich habe damals schon die Produzenten gewarnt, nicht so viel Szenen als Rückprojektion oder »Travelling Matte« zusammenkopieren zu lassen, sondern die Szenen lieber real zu drehen, da das letztendlich weniger teurer käme.

Dieser Film war Ihre erste Zusammenarbeit mit Harald Reinl. Wie würden Sie seine Arbeitsweise charakterisieren?

Er kam immer sehr gut vorbereitet zu den Dreharbeiten. Er hat dann immer auf ein Blatt Papier mit ein paar Strichmännchen eine Art »Storyboard« gezeichnet. Das passte zwar nicht immer, abhängig von Dekoration und Drehort, aber war ein guter Anhalt. Die Anschlüsse und die Lichtgestaltung überließ er aber immer mir, während er sich um das Spiel kümmerte. Die jeweilige Atmosphäre beziehungsweise Stimmung wurde bereits durch das Drehbuch festgelegt, die Kameraposition und die Szenenauflösung durch das besagte »Storyboard« durch Reinl. Ich habe sie nur noch an die Landschaft oder die Gebäude angepasst. Bei diesem Film kannte er übrigens die Gegend bereits sehr gut durch die Karl-May-Filme.

Waren Sie bei der Durchführung des Filmschnitts anwesend?

Nein, normalerweise nicht, nur bei kniffligen Sachen. Ich hatte schon davor bei den Vorführungen, damals wurden noch mehrere Kopiervorgänge durchgeführt, zusammen mit Harald Reinl die Szenenauswahl durchgeführt.

Zu Beginn des Filmes gibt es eine große Explosion in einer Fabrik ...

Auch das war real gefilmt und kein Miniatureffekt. Bei solchen Szenen gab es vorab immer Absprachen zwischen den Effektleuten und mir, über die Richtung, die Stärke und so weiter. In der Regel forderte ich immer: »Leg' noch ein bisschen was drauf.« Um die Explosion eindrucksvoller zu gestalten.

Gegen Ende explodiert ein Boot …
Das Boot blieb ganz, es verschwindet hinter einem Felsen, und dort wird eine Explosion durchgeführt. Das wurde damals oft so gemacht, mit Flugzeugen und so weiter.

Rolf Eden spielt mit …
Wir nannten ihn immer Simon, so heißt er, Rolf Simon Eden. Ich kannte ihn schon vorher und war öfter in seiner Bar. Schon damals war er von Frauen umgeben. Ich habe mich auch später immer wieder mit ihm getroffen … Marlies Draeger spielte auch eine Rolle. An sie habe ich viele gute Erinnerungen, zu denen ich mich aber nicht näher äußern möchte … Später ging sie nach Amerika. Sie war der Auslöser für die Scheidung von Reinl und Karin Dor.

1968 wurde *Tod im roten Jaguar* gedreht, wieder unter der Regie von Reinl.
Der Film wurde in der Gegend um Berlin gedreht, viele Szenen in einem Basaltwerk. Dieser Film war der einzige, bei dem wir auch kurzzeitig in Amerika gedreht haben. Das Material, welches wir zuvor als Background bekommen haben, hatte nicht gepasst und wir wollten Anschlussszenen haben. Zum Beispiel wie der rote Jaguar über die Brooklyn-Bridge fährt. Susanne Hsiao hat mitgespielt, sie wurde später dann die Ehefrau von Harald Juhnke. Gert Haucke war als Killer sehr gut; später habe ich mit ihm noch Derrick-Folgen, aber auch einen Kinofilm gedreht.

Der Film wirkt aufwendiger als sein Vorgänger …
Die Größenordnung war aber ähnlich, die Drehzeit ungefähr sechs Wochen.

In einer Szene im Schlachthaus müssen die Darsteller zwischen Schweinehälften agieren …
Das wurde in einem Schlachthaus in Berlin gedreht. Probleme mit den Darstellern gab es keine. Anders als später in dem Film *Blutiger Freitag* von Rolf Olsen. Da drehten wir im Schlachthof von München und plötzlich stand ich völlig alleine da. Sowohl die Darsteller als auch die anderen vom Team hatten die Flucht ergriffen.

Beeindruckend ist auch, als ein Zug einen LKW überfährt.
Dabei wurde Kieselgur als Staub verwendet. Abends bekam ich auf einmal ein Jucken am ganzen Körper. Ich musste ins Krankenhaus, dort bekam ich Cortisonspritzen … Gefährlich wurde es für Heinz Weiss, als eine U-Bahn über ihn fahren sollte. Er lag da mit einem Funkgerät mit ausgezogener Antenne. Beinahe hätte er damit Kontakt mit den stromführenden Schienen bekommen, dann wäre es mit

ihm vorbei gewesen ... Um den Zug »über die Kamera« fahren zu lassen, wurden die Steine beiseite gegraben und die Kamera in das Loch gelegt, während der Zug über ein Double fuhr.

1969 startete schließlich der achte Jerry Cotton-Film – *Todesschüsse am Broadway*. Die Regie hatte wieder Reinl, aber die Kamera führte Heinz Hölscher.
Eigentlich hätte ich auch diesen Film machen sollen, war aber durch eine andere Produktion vertraglich gebunden. Ich glaube, das war *Wenn süß das Mondlicht auf den Hügeln schläft* von Wolfgang Liebeneiner. *[Anmerkung: Die Dreharbeiten zum Liebeneiner-Film fanden später statt. Wahrscheinlich handelt es sich um Rolf Olsens »Das Go-Go-Girl vom Blow-Up oder In Schwabing sind die Nächte lang«.]* Wir haben das über viele Jahre so gemacht, dass Heinz die Kamera gemacht hat, wenn ich nicht konnte, und umgekehrt. Manchmal haben wir in der Endphase auch Filme dem anderen übergeben, falls man zu einer anderen Produktion musste.

Ein paar Worte zum Cotton-Darsteller George Nader ...
Er war ein Schatz, ich habe ihn sehr gemocht. Wir haben uns gleich gut verstanden. Ein Jahr vor seinem Tod habe ich ihn im Schwarzwald noch mal getroffen. Ich habe ihn damals aber fast nicht wiedererkannt, er war schon gezeichnet.

Sind Sie selbst Jerry-Cotton-Leser?
Ich habe damals im Zuge der Vorbereitung einige Bände gelesen, aber nicht die, die ich dann später verfilmt habe. Von denen kenne ich nur die Drehbücher. Soweit ich weiß, waren auch die Regisseure keine unbedingten Jerry-Cotton-Leser ...

Die Jerry-Cotton-Filme gehören zu Ihren früheren Arbeiten als Kameramann. Später hat sich dann Ihr Stil verändert, Ihre Kameraarbeit wurde farbiger, verspielter.
Sicher, die Jerry-Cotton-Filme sollten eher »herkömmlich« sein. Ich habe immer versucht, etwas »Stil« reinzubringen, aber Harald war der einzige, der bereit war, sich in gewissen Grenzen auf meine Vorschläge einzulassen. In der Auflösung legte er aber schon Wert darauf, dass man nicht immer hin- und herfilmen musste. Erst mal sollte man alles in einer Richtung abfilmen, denn umleuchten kostet natürlich Zeit. Vor allem, wenn man nicht im Studio, sondern in Originaldekorationen dreht.

Verglichen mit den Jerry-Cotton-Filmen sehen zum Beispiel die kurz danach gedrehten Kriminalfilme unter der Regie von Rolf Olsen wesentlich experimenteller aus.

Da hatte ich wesentlich mehr Freiheiten. Rolf Olsen hat immer zu mir gesagt: »Mach du die Kamera, ich kümmere mich um die Schauspieler.« Er hat dann aber auch nie von Schauspielern Dinge verlangt, die er nicht selber vorgemacht hat. Auch jede sportliche Aktion, jedes Hinfallen und so weiter. Alles in allem habe ich immer großen Wert darauf gelegt, dass die Darsteller in den Filmen möglichst gut aussehen, habe Originallicht abgedeckt oder eigenes Licht hinzugegeben, wie es für das jeweilige Gesicht am besten war. Das ist für mich die »Lüge im Film«. Ich erinnere mich an einen Film von Godard, mit Brigitte Bardot, da hat er lediglich mit einer Lampe gegen die Decke geknallt. Wie die Darsteller mit diesem einen Oberlicht ausgesehen haben, dazu möchte ich mich lieber nicht äußern. Auch bei den Jerry-Cotton-Filmen habe ich mit Abdeckungen gearbeitet, dass nicht die gesamten Gesichter angestrahlt sind, sondern Schattierungen entstehen, eben so, wie die Szene es verlangt hat.

Einige Zeit nach den Jerry-Cotton-Filmen war eine andere europäische »Action-Serie« erfolgreich, die der Kommissar-X-Filme.

Daran war ich nicht beteiligt, was auch produktionsrechtliche Gründe hatte. An einem dieser Filme war eine deutsche Produktion in höherem Maße beteiligt, aber Reinl war der Regisseur, und dann musste dafür ein italienischer Kameramann gebracht werden. Umgekehrt gab es auch einen Film, da stehe ich aus demselben Grund als Kameramann im Vorspann, ohne etwas mit dem Film zu tun gehabt zu haben. Das war *Necronomicon* von Jess Franco.

Haben Sie Ihre Jerry-Cotton-Filme im Kino gesehen?

Teilweise bei der Premiere, aber ansonsten nur im Rahmen der Lichtbestimmung. Insgesamt war ich mit dem Ergebnis der fertigen Filme zufrieden. Ich mochte auch die Musik von Peter Thomas. Ich sagte immer, mit der Musik hat er einige »Unschärfen überspielt«, bildlich gesprochen. Ich habe Peter Thomas dann auch getroffen. Er war ein guter Freund von Helmuth Ashley und wohnte in seiner Nähe. Jetzt habe ich die Filme als Fernsehaufzeichnungen daheim. Bei einem der Filme bin ich aber erschrocken, da einige Szenen viel zu hell waren. Da wurde wohl ein Fehler beim Übertrag der Kinofilme auf das Fernsehformat gemacht.

Welchen Ihrer Jerry-Cotton-Filme mögen Sie am meisten?

Ich denke, *Der Tod im roten Jagur*.

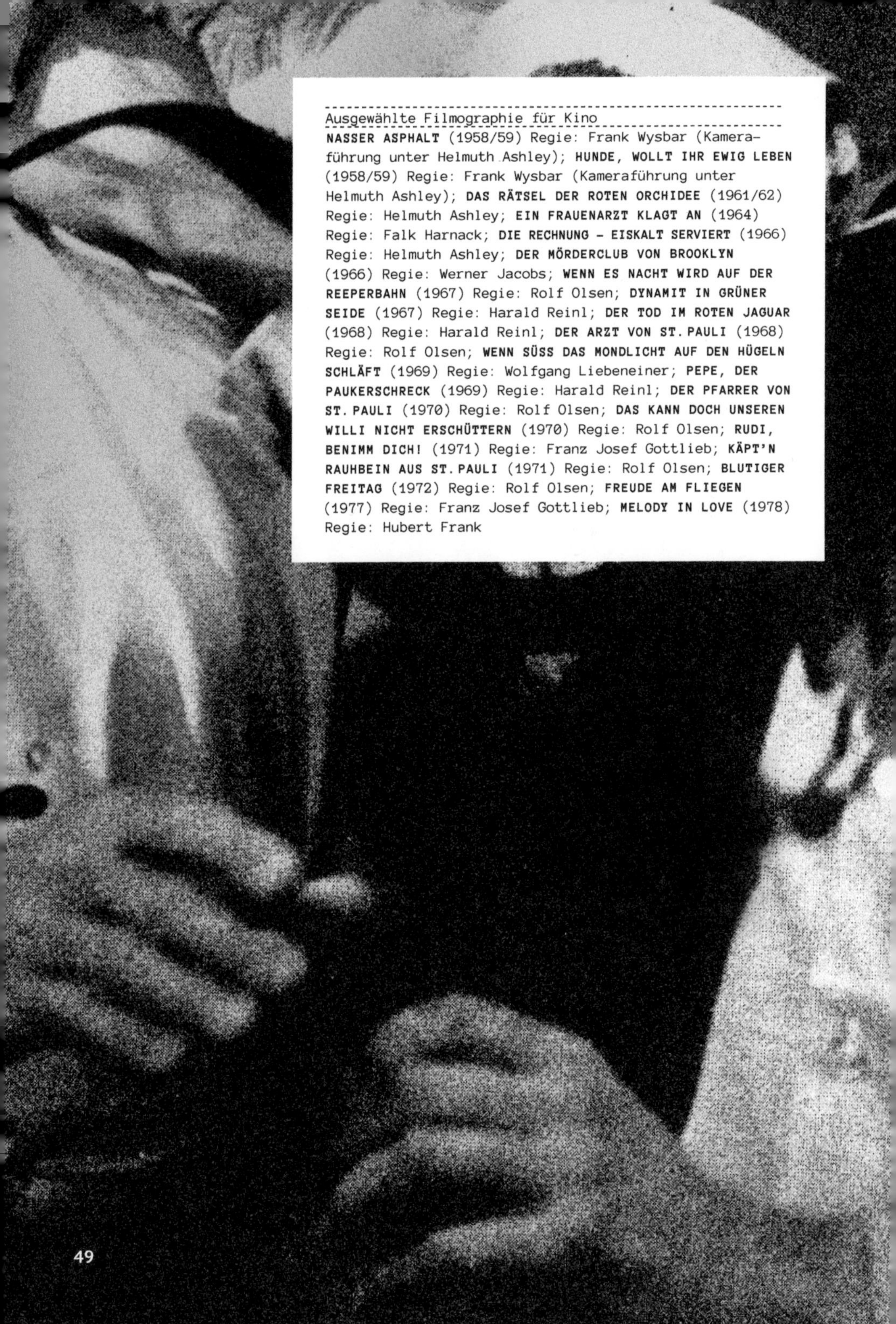

Ausgewählte Filmographie für Kino

NASSER ASPHALT (1958/59) Regie: Frank Wysbar (Kamera-
führung unter Helmuth Ashley); **HUNDE, WOLLT IHR EWIG LEBEN**
(1958/59) Regie: Frank Wysbar (Kameraführung unter
Helmuth Ashley); **DAS RÄTSEL DER ROTEN ORCHIDEE** (1961/62)
Regie: Helmuth Ashley; **EIN FRAUENARZT KLAGT AN** (1964)
Regie: Falk Harnack; **DIE RECHNUNG - EISKALT SERVIERT** (1966)
Regie: Helmuth Ashley; **DER MÖRDERCLUB VON BROOKLYN**
(1966) Regie: Werner Jacobs; **WENN ES NACHT WIRD AUF DER**
REEPERBAHN (1967) Regie: Rolf Olsen; **DYNAMIT IN GRÜNER**
SEIDE (1967) Regie: Harald Reinl; **DER TOD IM ROTEN JAGUAR**
(1968) Regie: Harald Reinl; **DER ARZT VON ST. PAULI** (1968)
Regie: Rolf Olsen; **WENN SÜSS DAS MONDLICHT AUF DEN HÜGELN**
SCHLÄFT (1969) Regie: Wolfgang Liebeneiner; **PEPE, DER**
PAUKERSCHRECK (1969) Regie: Harald Reinl; **DER PFARRER VON**
ST. PAULI (1970) Regie: Rolf Olsen; **DAS KANN DOCH UNSEREN**
WILLI NICHT ERSCHÜTTERN (1970) Regie: Rolf Olsen; **RUDI,**
BENIMM DICH! (1971) Regie: Franz Josef Gottlieb; **KÄPT'N**
RAUHBEIN AUS ST. PAULI (1971) Regie: Rolf Olsen; **BLUTIGER**
FREITAG (1972) Regie: Rolf Olsen; **FREUDE AM FLIEGEN**
(1977) Regie: Franz Josef Gottlieb; **MELODY IN LOVE** (1978)
Regie: Hubert Frank

George Nader lässt
sich auf das »Fluchtschiff«
herab – »Schüsse
aus dem Geigenkasten«.

Kameramann
Franz Xaver Lederle.

Der Jerry Cotton
der Rat Pack Filmproduktion

von Gerd Naumann

Dass der Kinoerfolg von *Jerry Cotton* nicht vergessen wurde, beweist die 2010 gestartete Neuadaption. In ihr trat der deutsche Schauspieler Christian Tramitz in die »Fußstapfen« George Naders. Die Besetzung verdankte er einer Rolle in der Edgar-Wallace-Parodie *Neues vom WiXXer*, die 2007 durch die *Rat Pack Filmproduktion* entstand. Für die obligatorischen Presse- und Requisitenphotos wurden auch Aufnahmen von Tramitz gemacht, die den Rat-Pack-Geschäftsführer Christian Becker begeisterten. Tramitz erinnerte ihn an den Kriminalhelden Jerry Cotton, so wie er ihn in seiner Kindheit in verschiedenen Posen gesehen hatte. Kurzerhand entschloss sich Becker, die Verfilmungsrechte vom Markeninhaber *Bastei Lübbe* zu erwerben. Noch während der Verhandlungen holte Becker die Neues-vom-WiXXer-Regisseure Cyrill Boss und Philipp Stennert mit ins Boot und fragte bei Tramitz an. Der zögerte erst, sagte dann aber doch zu.

Die Rat-Pack-Filmproduktionen hatten bis dahin den Ruf, zumeist Parodien bekannter nostalgischer Formate zu sein. Die Neuadaption von *Jerry Cotton* sollte jedoch nicht ins rein Humoristische gehen, vielmehr war beabsichtigt, eine »kumpelhafte« Actionkomödie mit Orientierung an amerikanischen Vorbildern entstehen zu lassen. Entsprechend lösten sich Boss und Stennert, die auch das Drehbuch schrieben, deutlich von den Romanheftvorlagen. Während die klassischen Cotton-Drehbücher der *Allianz Film* strengen Auflagen von *Bastei Lübbe* genügen mussten, hatten die Autoren nun weitestgehend freie Hand. Nach eigener Aussage wollten Boss und Stennert »eine Art Liebesgeschichte« zwischen Cotton und dem im Film als neuen Partner Cottons eingeführten Phil Decker erzählen. Entsprechend wurde dieser mit dem vorwiegend aus komischen Rollen bekannten Christian Ulmen besetzt.

Damit die Überschneidungen zur klassischen Filmreihe aus den sechziger Jahren nicht zu groß ausfielen, wurde sich bewusst gegen Gastauftritte von »Originalschauspielern« wie Heinz Weiss entschieden. Nur gelegentlich finden sich augenzwinkernde Zitate, etwa der rote *Jaguar E-Type* oder verschiedene Rollennamen. Neben den Hauptrollen wurden auch die weiteren Charaktere mit bekannten Darstellern der Kino- und Fernsehlandschaft besetzt. An der Seite von Christiane Paul, Moritz Bleibtreu, Heino Ferch und Jürgen Tarrach spielte zudem die Spanierin Monica Cruz. Eine Besonderheit ist sicherlich die Besetzung des Mr. High mit Herbert Knaup. War der in den klassischen Filmen von Charakterdarsteller Richard Münch dargestellte High für Jerry Cotton ein verlässlicher, väterlicher Partner, so ist er in der Version von 2010 ein wenig sympathischer Karrierist, der die eigenen Vorteile über das Wohl des FBI-Agenten stellt. Entsprechend unterscheidet sich die Darstellung Knaups.

Auch wenn die Produktion eine grundsätzlich andere Richtung als die klassische Reihe einschlagen wollte, blieb eines gleich – die Drehorte. Wie einst wurden Berliner und Hamburger Stadtteile als optischer Ersatz für New York herangezogen. Die Gründe waren zum einen das Budget und zum anderen Vorgaben der Filmförderung. Als Drehorte dienten unter anderem das leer stehende *Delphi-Kino* in Berlin-Weißensee und die Tiefgarage des Berliner *Olympiastadions*. In dieser entstand unter großem Aufwand das Set der FBI-Zentrale. Besonderen Wert legten die Regisseure auf eine visuell ansprechende Bildsprache, die mit der Filmmusik und dem Sounddesign harmonieren sollte. Für die Musik wurden Helmut Zerlett und Christoph Zirngibl engagiert.

Die Dreharbeiten fanden von Ende April bis Juni 2009 statt, der reguläre Kinostart war schließlich am 11. März 2010. Von der FSK freigegeben wurde der Film *ab 12 Jahren*. Obwohl bereits frühzeitig Promotion für den Film gemacht wurde, war der Publikumszuspruch eher gering. Der FFA zufolge hatte *Jerry Cotton* 261.885 Kinozuschauer, was einem Einspielergebnis von 1.357.273 Euro entspricht. Kritiker bemängelten, dass der Film keine eindeutige Handschrift trage, da er sich nicht entscheiden könne, ob er Actionfilm oder Komödie sein wolle. Zudem habe sich der Film zu weit von der Vorlage entfernt.

Dennoch überrascht das geringe Zuschauerinteresse, denn alles in allem ist *Jerry Cotton* Kinounterhaltung auf hohem technischen Niveau. Zudem sind die Rollen fast durchweg ansprechend besetzt, allen voran Christian Tramitz, der eine überzeugende Darstellung gibt. Es wäre daher erfreulich, würden dem ersten Cotton-Kinoeinsatz von Tramitz noch weitere folgen.

Die Regisseure Cyrill Boss
und Philipp Stennert.

Christian Tramitz
und Christian Ulmen am Set
von »Jerry Cotton«.

Interview mit Christian Becker

von Gerd Naumann

Die treibende Kraft hinter dem Film der *Rat Pack Filmproduktion* war der Geschäftsführer Christian Becker. Neben *Die Welle*, *Der WiXXer* oder *Hui Buh – Das Schlossgespenst* stellte *Jerry Cotton* für den Produzenten eines der bislang aufwendigsten Projekte dar.

Was war für Sie ausschlaggebend, nach fast 45 Jahren einen neuen Jerry-Cotton-Kinofilm zu produzieren?

Ich bin seit Jahren großer Jerry-Cotton-Fan und mir schwebte schon lange eine Neuverfilmung vor. Und mit Cyrill Boss und Philipp Stennert hatte ich dann zwei Regisseure gefunden, die genauso begeistert davon waren und die gleichen Visionen hatten wie ich.

Jerry Cotton ist in Deutschland eine populäre Marke. Wie gestalteten sich denn die Verhandlungen mit dem Markeninhaber *Bastei Lübbe?*

Bastei Lübbe waren auch relativ schnell begeistert von der Idee, weil sie sahen, wie sehr wir dafür »brannten« und wie wichtig es uns war, die alten Jerry-Cotton-Filme nicht zu vergessen, sondern durch kleine Hinweise für »Kenner« dieser zu gedenken.

Auffallend sind das aufwendige Setdesign und die ausgefeilte Bilddramaturgie. Inwieweit war *Jerry Cotton* produktionsintensiver als ihre anderen Kinoprojekte, etwa *Der WiXXer* oder *Die Welle?*

Ja, das »Production Value« ist wirklich enorm, finde ich auch. Unser Team, wie beispielsweise Production Designer Matthias Müsse, Kameramann Torsten Breuer und, in der Postproduktion für den wirklich perfekten New-York-Look, Dominik Trimborn von ARRI mit seinen VFX-Team haben da wirklich einen unglaublich tollen Job gemacht. Das, plus die beiden talentierten Regisseure, haben es geschafft, den Film viel teurer aussehen zu lassen, als er tatsächlich war. Ein Produzententraum!

Wie hoch war denn das Budget insgesamt?

Rund 8,5 Mio. Euro.

Mit der Besetzung von Christian Tramitz als Jerry Cotton gingen Sie bewusst einen anderen Weg, als es die klassischen Filme mit George Nader taten. Warum ist Tramitz für Sie der geeignete Darsteller für diese Rolle?

Für mich ist er der perfekte Jerry Cotton. Rein äußerlich, aber auch wie er ihn interpretiert. Er schafft es, die ganze Zeit unglaublich cool und authentisch rüber zu kommen, gleichzeitig noch gut auszusehen und doch noch witzig und sympathisch zu sein.

Was waren die Gründe, Helmut Zerlett und Christoph Zirngibl für die Filmmusik zu engagieren?

Weil ich sie sehr schätze und wir uns sicher waren, dass sie einen großen Score, der perfekt zu dem Film passt, für *Jerry Cotton* erschaffen können. Was ihnen meiner Meinung nach absolut gelungen ist!

Die Jerry-Cotton-Filme sind unter anderem auch durch die markante Musik von Peter Thomas populär. Inwieweit wurde versucht, das Flair der »alten« Musiken beizubehalten?

Wie schon gesagt, wollten wir die »Wurzeln« nicht verleugnen. Also haben wir auch da versucht, der »alten« Musik gerecht zu werden und trotzdem zeitgemäß zu sein, da sich die »Musikgewohnheiten« ja im Laufe der Jahre verändert haben.

Einige Rezensenten bemängelten, dass der Film zwischen Komödie, Thriller und Actionfilm pendele. Was würden Sie den Kritikern darauf antworten, beziehungsweise welches Konzept verfolgten Sie mit dem Film?

Wir wollten eine Mischung, im positiven Sinne, eine Actionkomödie. Ein Genre, das wir bis jetzt vorwiegend aus den USA kennen, zum Beispiel *Sherlock Holmes,* und das sich auch hier großer Beliebtheit erfreut. Nur müssen sich die Zuschauer vielleicht noch daran gewöhnen, auch deutsche Schauspieler in dieser Art von Film zu sehen und dass auch deutsche Filme diese Mischung aus Aktion und Komödie, diesen »Production Value«, schaffen und dabei »unbeschwerte« Unterhaltung bieten können.

Wird es in absehbarer Zeit weitere Kinoeinsätze für den FBI-Mann geben?

Das schließe ich nicht aus.

Die Regisseure Cyrill Boss
und Philipp Stennert,
Christian Tramitz
und Christian Becker.

Für Becker die ideale
Besetzung –
Christian Tramitz
als »Jerry Cotton«.

Behauptete Orte

von Matthias Künnecke

Kürzlich habe ich nach langer Zeit die Wohnsiedlung wieder gesehen, in der ich in den sechziger Jahren aufwuchs. Sie lag im Hamburger Vorort Norderstedt, damals noch eine im Entstehen begriffene Trabantenstadt mit nagelneuer U-Bahn und frisch fertig gestellten Wohnblöcken. Nicht sehr romantisch. Hinter unserem Wohnhaus lag ein kleiner Hügel, an den ich mich heute besser erinnere als an alles andere dort. Er war begrünt, elegant geschwungen, und eine kleine Kiefer stand auf seiner Spitze. Meine Freundesclique und ich waren damals natürlich im Banne der populären Karl-May-Filme, und so wurde der Hügel dauerhaft zu unserer Western-Location. Über ihn kamen Cowboys und Indianer »geritten«, im Schatten der Kiefer schlug man Lager auf oder verschanzte sich, um schließlich dramatisch von einer Kugel niedergestreckt zu werden. Als ich den Hügel nun wieder sah, wollte ich meinen Augen kaum glauben. Er war zwar noch unverändert dort, aber diese 1,20 Meter hohe Bodenwelle sollte meine kindliche Fantasie damals so beflügelt haben? Wenn ich mich heute frage, warum mich Filme mit ganz offensichtlich »unechten« Drehorten so nostalgisch berühren, muss ich immer an den kleinen Hügel in Hamburg-Norderstedt denken.

Die grün strahlende »Prärie« der deutschen Karl-May-Western, diese teppichartig dichten Grasflächen, nur hier und da von blitzblanken weißen Felsen durchbrochen, lagen natürlich nicht in Amerika, sondern in Jugoslawien. Genauso wenig lagen die nebeldurchzogenen Schlossparks und einsamen Landstraßen der Edgar-Wallace-Filme in England. Als sich Jerry Cotton für das deutsche Kino ins Abenteuer stürzte, war allen Beteiligten sicher ebenfalls von Anfang an klar, dass, bis auf wenige 2nd-Unit-Aufnahmen, das Amerika des FBI-Agenten aus Budget-Gründen in Deutschland liegen müsse. So wurde große Kreativität frei, und »Location Scouts« strömten aus, um in Hamburg und Berlin Orte mit amerikanischem »Touch« zu finden. Vielleicht werden sie sich dabei gefühlt haben wie ich, als ich in Hamburg-Norderstedt die Augen zusammenkniff, um den kleinen Hügel hinter meinem Haus zu einer Westernwelt zu machen.

Moderne Stahlbetonhochhäuser gesucht? Voila, die Firmensitze von *Unilever* und BAT in Hamburg machten sich, aus dramatischer Perspektive betrachtet, in den Cotton-Filmen ganz hervorragend. Die

Villa eines amerikanischen Industriellen fand sich mit dem klassizistischen Haus im Jänischpark der Stadt. Die damals noch heruntergekommenen Ecken von St. Pauli gingen hervorragend als Brooklyn durch. Aber auch in Berlin wurde man fündig. Industrieanlagen wie die AEG-Turbinenhalle in Berlin-Moabit sahen mit ein paar davor abgestellten Straßenkreuzern plötzlich ur-amerikanisch aus. Eine rasante Autoverfolgungsjagd durch das damals noch im Bau befindliche Märkische Viertel in Berlin-Reinickendorf erzeugte eine irreale Welt der Moderne, die überall und nirgends hätte spielen können. Für den Cotton-Film *Dynamit in grüner Seide* durfte Regisseur Reinl sogar nach Jugoslawien reisen und fand dort eine Einöde, die für die Felsenwüste rund um Los Angeles einstand.

Solche Aufnahmen kombinierten die Cotton-Schnittmeister geschickt mit oft mehrfach genutzten tatsächlichen USA-Aufnahmen. Die *Süddeutsche Zeitung* schimpfte 1967 über die »lächerlichen Rückprojektionsaufnahmen und Stock Shots von New York«. Dem Erfolg der Filme waren die jedoch, wie man heute weiß, gar nicht abträglich. Im Gegenteil, vielleicht war das »Deutsche im Amerikanischen«, das viele Zuschauer wohl eher gespürt als bewusst bemerkt haben, ein Teil der Attraktivität der Filme. In den Cotton-Abenteuern ließ sich das Bekannte im Fremden erkennen. »Unecht!« rufen ohnehin nur fantasielose Menschen aus, die die Poesie nicht spüren, die sich zwischen Gezeigtem und Behauptetem entspinnt. Auf einer ansonsten leeren Theaterbühne setzt sich ein Schauspieler ja auch auf einen Klappstuhl und kann plötzlich überall sein. Die Vorstellungskraft des Zuschauers ergänzt, was nicht zu sehen ist.

Immer wieder gern schaue ich mir ein Extrembeispiel dafür an, wie aus Armut Poesie entstehen kann. Im Italowestern *Sartana in the Valley of Death* (*Der Gefürchtete*) schleppt sich William Berger durch einen Steinbruch vor den Toren Roms, der für das berüchtigte »Death Valley« stehen soll. Fein abgezirkelte, enge Einstellungen verhindern, dass im Hintergrund Strommasten oder gar eine Stadtsilhouette sichtbar werden. So erscheint einem das riesige »Tal des Todes« plötzlich klein wie ein Wohnzimmer. Einmal kommt ein Papp-Kaktus ins Bild. Wer aufpasst, sieht Reifenspuren eines LKW. Geier krächzen auf der Tonspur, wagen sich aber niemals vor die Linse. Nichtsdestotrotz kämpft Berger gekonnt gegen Ohnmacht und Verdursten an. Er, die Filmmusik und dieser wunderbar irreale Ort schaffen Dramatik und Atmosphäre. Traumwelten wie diese sind vielleicht der Grund, aus dem auch heute noch all die kleinen Cowboys und FBI-Agenten, längst erwachsen, den Filmen und Bildern ihrer Jugend nachhängen, obwohl es doch so viele teurere, echtere, »bessere« Filme gibt.

Jerry und sein roter
Flitzer in Aktion
vor der AEG-Turbinenhalle
in der Berliner Hutten-
straße.

George Nader am Berliner
Teufelsberg – Dreharbeiten
zu »Der Tod im roten
Jaguar«.

Überfall! Im Hintergrund
das Märkische Viertel
in Berlin-Reinickendorf.

Als St. Pauli zum Double für Manhattan wurde

von Gerd von Borstel

Hamburg diente in den letzten Jahrzehnten oft als Kulisse für nationale und internationale Filmproduktionen. Für einen waschechten Hamburger ist es beim Betrachten solcher Filme immer wieder ein Vergnügen zu sehen, welche ungeahnten Verkehrsverbindungen dabei zustande kommen. Eben noch im Stadtteil Harburg, ist der Schauspieler beim Abbiegen um die nächste Straßenecke schon in Bergedorf oder Blankenese. Erstaunlich auch, welche Ausdehnungen Hamburger Polizeireviere haben. Aber alles das ist nichts gegen die Jerry-Cotton-Filme, die damals, mehr oder weniger, geschickt Straßenszenen aus New York mit der überwiegend in Hamburg gedrehten Handlung mischten. Die zum Teil abbruchreifen Werksgelände in Rothenburgsort oder Wilhelmsburg waren beispielsweise beliebte Drehorte für wilde Verfolgungsjagden. Die damals im Bau befindliche U-Bahn-Strecke vom Berliner Tor in Richtung Niendorf wurde zur New Yorker Metro umfunktioniert. So ging es von der »Bronx« ruckzuck zum alten Gaswerk in Rothenburgsort oder mit der U-Bahn von den Landungsbrücken an der Elbe zum »FBI-Headquarter«.

1965 konnte ich als Jugendlicher die Dreharbeiten zu einem Jerry-Cotton-Film persönlich miterleben. Damals entstand an den Landungsbrücken eine weithin unübersehbare Kulisse, die von der Straße Eichholz her die gesamte auf dem Hügel Stintfang liegende Jugendherberge verdeckte. Damals gerade fünfzehn Jahre alt, kurvte ich mit Freunden viel per Rad durch die Stadt. Dabei war der Hafen immer wieder ein beliebtes Ziel, und so wurden wir bereits sehr früh auf die Veränderungen am Stintfang aufmerksam. Als wir dann erfuhren, dass hier der Jerry-Cotton-Film *Mordnacht in Manhattan* mit George Nader gedreht werden sollte, nutzten wir natürlich jede freie Minute, um den Fortgang der Arbeiten und letztlich auch die Filmaufnahmen zu verfolgen.

Gegenüber dem Eichholz begann mit einer circa vier Meter hohen Mauer der Hügel, auf dem sich auch heute noch die Jugendherberge Stintfang befindet. Genau in diesem Kreuzungsbereich stand damals noch ein alter Rundbunker. Zuerst begann man oberhalb der Mauer am Hang ein Holz-Gerüst aufzustellen, das mit einer riesigen Manhattan-

Skyline verkleidet wurde. In sich verschachtelte Fassaden mit den typischen Feuerleitern und riesigen Reklamezeichnungen an den Stirnfronten erweckten den Eindruck, als spielte die Szene in einer etwas heruntergekommenen Ecke von New York. Um einen möglichst echten Effekt zu erzielen, waren mehrere Fenster aus den Holzplatten herausgesägt. Vorhänge und an einer Bügelkonstruktion hängende Glühbirnen »im Zimmer« vermittelten später im Film den Eindruck von geöffneten Fenstern. Vor Ort sah das ganze ziemlich künstlich aus, und man konnte sich eigentlich nicht vorstellen, dass dieses überdimensionale 2-D-Photo später im Film eine wirkliche Häuserfront vermitteln würde. Zu meinem Erstaunen war aber schon auf den damals von mir gemachten Photos die Kulisse kaum mehr als solche zu erkennen, und auch später im Film war die Täuschung fast perfekt. Davon kann man sich gleich zu Beginn des Films überzeugen, wenn sich in einer Nachteinstellung die beleuchtete Häuserkulisse am Ende des Eichholz erhebt. Wer den Drehort nicht kannte, wird vermutlich lange überlegt haben, wo denn in Hamburg solche Häuser stehen.

Parallel zum Bau der Hintergrundkulisse begann man den Rundbunker zu verkleiden. Es entstand eine Autowerkstatt (»Garage«), die auch Gebrauchtwagen (»Used Cars«) verkaufte, und hinter einem Tor gab es noch eine Autowäsche (»Car Wash«). In einer Szene des späteren Films steht die Kamera auf der unverkleideten Seite des Bunkers, der an dieser Stelle den Schriftzug »Garage« erhielt. Rechts neben der kunstvoll gebauten Werkstatt entstand aus Holz eine Tankstelle der Marke *Tempo Oil & Co.*, mit einem kleinen Kassenraum/Büro und zwei Zapfsäulen vor der Tür. Die Mauer am Berg erhielt noch einen großen Schriftzug »Automobile Service Station« und zusammen mit ein paar alten Reifen, Schränken für Werkzeug und Öldosen und einer Originalinneneinrichtung sah das komplette Ensemble nach Fertigstellung völlig echt aus. Wäre die Tankstelle außerhalb der Dreharbeiten nicht abgesperrt gewesen, wer weiß, vielleicht hätte dort tatsächlich ein Autofahrer angehalten, um zu tanken.

Im Eichholz wurde mit vielen bunten Leuchtreklamen und typischen amerikanischen Werbeschildern ein »Kneipenviertel« aufgebaut. Da die Straßen Eichholz, Hafentor und Kuhberg im Film mehrfach deutlich zu erkennen sind, wurden die Hamburger Straßenschilder an den Häuserfassaden mit gemalten New Yorker Straßennamen überklebt. Durch das unterschiedliche Schilderformat musste dabei auch links und rechts vom neuen Straßenschild das darunter liegende längliche Hamburger Schild mit Backsteinimitation verdeckt werden. Ein in der Straße Hafentor liegender Elektroladen wurde kurzer Hand zu einem »Electric Shop« umfirmiert. Akribisch erhielten alle Artikel im Schaufenster Preisschilder mit Dollarzeichen, obwohl später im gesamten Film die Kamera dem Fenster nie so nahe kommt, dass man die Schilder hätte lesen können. Und auch die übrigen Läden und Gaststätten wurden »echt amerikanisch« ausstaffiert.

Gespannt verfolgten wir damals die Fertigstellung des Drehortes und hofften, auch bei den Filmaufnahmen dabei sein zu können. Und dann, im August 1965, war es endlich soweit – Die Filmcrew mit all ihrem technischen Gerät rückte an, und auch Jerry Cottons roter Jaguar stand am Set. In allen drei Straßen parkten etliche amerikanische Straßenkreuzer, und man fühlte sich so tatsächlich nach New York versetzt. Die Schule ließ uns natürlich nur nachmittags Zeit, die Dreharbeiten zu verfolgen, und so war es schon etwas Glück, dass wir Zeuge der wohl spektakulärsten Szene an diesem Drehort wurden.

Zur Erinnerung: In dem Film geht es um die »Hundert-Dollar-Bande«, die bei den kleinen Geschäftsleuten in Manhattan Schutzgelder erpresst. Auch die Tankstellenpächterin wird »abkassiert«. Beim Eintreiben der Gelder in einer Gaststätte verübt die Bande einen Mord, den ein kleiner Junge als Zeuge beobachtet. Nach einem ersten missglückten Versuch der Bande, den Jungen umzubringen, kooperiert die Tankstellenbesitzerin mit dem FBI. Jerry und sein Partner Phil Decker hoffen, bei der nächsten Geldübergabe in der Tankstelle an die Gangster heranzukommen. Damit der Besitzerin nichts passiert, wird diese durch Phil als »Tankwart« ersetzt. Und tatsächlich tauchen die Gangster ein zweites Mal auf. Nachdem Phil als »neuer Besitzer« sich weigert, das Geld zu bezahlen, beschließt die Bande, dem Tankstellenpächter eine Lektion zu erteilen. In rasanter Fahrt schießt der weiße Straßenkreuzer der Gangster vom Eichholz aus kommend auf die Tankstelle zu, biegt zum Kuhberg hinauf und wirft in der Kurve aus dem Wagen heraus eine Handgranate in die Tankstelle. Die linke Zapfsäule explodiert mit einem riesigen Feuerball und in Windeseile steht die gesamte Tankstelle in Flammen. Phil kann sich gerade noch mit einem Sprung aus dem zerbrochenen Fenster retten. Soweit die Filmszene, bei deren Dreh wir im respektvollen Abstand vom Hafentor her zusehen durften. Hier stand auch die Feuerwehr löschbereit mit mehreren an Hydranten angeschlossenen Schläuchen – natürlich außerhalb des Bereiches, den die Kamera erfasste.

Bevor die Szene gedreht wurde, strich man die Tankstelle mit einer gelartigen Flüssigkeit ein, die später den Brand beschleunigen sollte. Dann gingen alle Schauspieler auf ihre Positionen und der Gangsterwagen stand startbereit im Eichholz. Per Megafon wurde um Ruhe gebeten, und dann hieß es: »Kamera ab, Ton läuft!« Der weiße Straßenkreuzer beschleunigte und nahm mit quietschenden Reifen die Kurve zum Kuhberg. Die Granate flog aus dem Wagen und die Explosion der Zapfsäule wurde ausgelöst. Der Pyrozauber fiel allerdings zu unserem Erstaunen recht mager aus. Nur kleine Flammen züngelten hervor und setzten wenige Teile der Tankstelle in Brand. Das hatten wir uns natürlich ganz anders vorgestellt, allerdings wohl auch der Regisseur, der den Dreh sofort abbrach und die Feuerwehr anwies, den entstandenen Brand sofort zu löschen. Natürlich waren aber trotzdem schon Kulissenelemente rußgeschwärzt, und die Farbe blätterte an einigen Stellen auch ab.

Wir waren sehr gespannt, wie es nun wohl weiter gehen würde, denn in dem derzeitigen Zustand der Tankstelle konnte die Szene unmöglich sofort wiederholt werden. Die Wiederherstellung des alten Aussehens ging dann aber schneller, als wir dachten. Nachdem alles einigermaßen abgetrocknet war, begannen sofort die Maler, die entstandenen Schäden auszubessern. Die schwarzen Stellen wurden schnell übermalt und große Teile der Tankstelle wieder mit der brandbeschleunigenden Paste eingestrichen. Die Pyrotechniker verlegten die Sprengsätze neu und nach relativ kurzer Zeit sah fast alles wieder wie vor dem ersten Versuch aus.

Beim zweiten Anlauf klappte es dann wunschgemäß. Die Zapfsäule fiel nach der Explosion um, und ein riesiger Feuerball schoss in den Himmel! Die mit der Paste eingestrichenen Elemente fingen ebenfalls sofort Feuer, und so brannte die Tankstelle genauso wie es im Drehbuch stand. Heinz Weiss alias Phil Decker konnte sich mit einem Sprung aus dem Fenster rechtzeitig retten. Der Bereich um dieses Fenster war nämlich nicht mit der Brandpaste bestrichen worden, so dass hier keine Flammen den Weg versperrten.

Zufrieden ließ der Regisseur die Klappe fallen, und die Feuerwehr machte sich ein zweites Mal daran, die Tankstelle aus vollen Rohren zu löschen. Nun war sie auch abbruchreif, denn die Explosion und das anschließende Feuer hatten an dem Holzbau ganze Arbeit geleistet. Damit waren die Dreharbeiten in diesem Bereich Hamburgs beendet, der Showdown fand in einem alten Fabrikgelände statt, wo Publikum nicht zugelassen war. Für uns ging damit ein großes Abenteuer zu Ende – einmal bei einem richtigen Kinofilm Zaungast gewesen zu sein!

Während der Arbeiten am Hafen kam es auch zu einem Kontakt zwischen uns und dem Hauptdarsteller George Nader. Ich erinnere ihn als netten und freundlichen Schauspieler, der uns auch bereitwillig Autogramme gab und sich dabei photographieren ließ. Noch heute ziert sein Namenszug die Bilder in meinem Photoalbum.

Obwohl alle Jerry-Cotton-Filme in Hamburg und Berlin gedreht wurden, haben wir leider nie wieder von einem Drehort erfahren. Erst

Jahre später, als die Filme im Fernsehen liefen, fiel mir im *Mörderclub von Brooklyn* eine witzige Parallele zu meinem beruflichen Werdegang auf. Bei der Jagd nach dem Verdächtigen fährt Jerry Cotton in seinem Jaguar in New York vor ein Hochhaus und betritt den säulenumrahmten Eingang. Schnitt. Und dann durchschreitet er die Eingangshalle der Siemens-Niederlassung in Hamburg und besteigt einen Fahrstuhl. Dieser fährt laut Anzeige bis zum 28. Stockwerk, obwohl das Siemens-Haus nur neun Etagen hat. Dass diese Anzeige allerdings für den Film montiert ist, kann der Betrachter deutlich erkennen. Oben angekommen, geht er über den Flur des Siemens-Treppenhauses. Das Filmstudio, welches er dann betritt, befand sich aber schon nicht mehr im Siemens-Gebäude. Erst der Rückweg zum Fahrstuhl ist wieder dort gedreht. Im Erdgeschoss angekommen, öffnet sich die Fahrstuhltür und Jerry fällt tot heraus. Das allerdings stellt sich in der nächsten Szene als gekonntes Täuschungsmanöver dar, denn Jerry ist putzmunter und sollte nur zum Schein für die Ganoven aus dem Verkehr gezogen werden.

Obwohl zwischenzeitlich die Eingangshalle der Siemens-Niederlassung zweimal renoviert wurde und auch die übrigen drei Fahrstühle Türen nach neuer technischer Gesetzgebung erhielten, ist der Fahrstuhl, mit dem Jerry Cotton fuhr, bis heute unverändert. Ich benutze ihn als Siemens-Mitarbeiter noch mehrmals wöchentlich, und jedes Mal, wenn sich die Tür im Erdgeschoss öffnet, habe ich unwillkürlich diese Filmszene im Kopf.

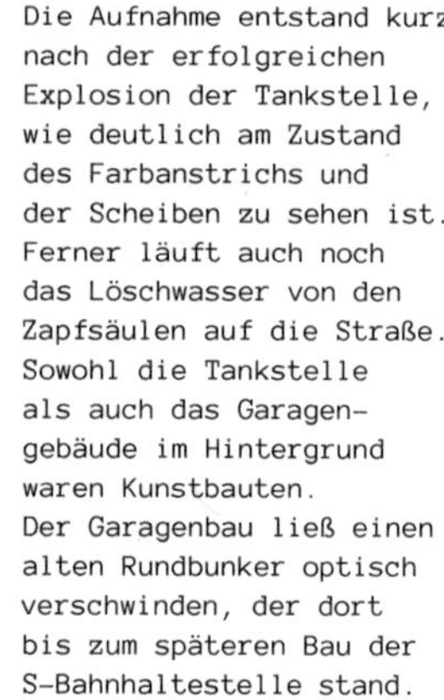

Die Aufnahme entstand kurz
nach der erfolgreichen
Explosion der Tankstelle,
wie deutlich am Zustand
des Farbanstrichs und
der Scheiben zu sehen ist.
Ferner läuft auch noch
das Löschwasser von den
Zapfsäulen auf die Straße.
Sowohl die Tankstelle
als auch das Garagen-
gebäude im Hintergrund
waren Kunstbauten.
Der Garagenbau ließ einen
alten Rundbunker optisch
verschwinden, der dort
bis zum späteren Bau der
S-Bahnhaltestelle stand.

»Jerry Cotton« kommt
im Jaguar angefahren.
Zu sehen ist auch die
Hintergrundkulisse,
welche die Jugendherberge
auf dem Stintfang
verdeckte.
Die Aufnahme entstand
nach der Explosion.

Das Bild dokumentiert
eine »Autogrammstunde«.
George Nader war gerne
bereit, den wartenden
Zuschauern Autogramme zu
geben. Dies wurde sogar
im Film festgehalten.

Die Tankstelle
vor der Explosion.

»Jerry Cotton« entkommt
der Explosion.

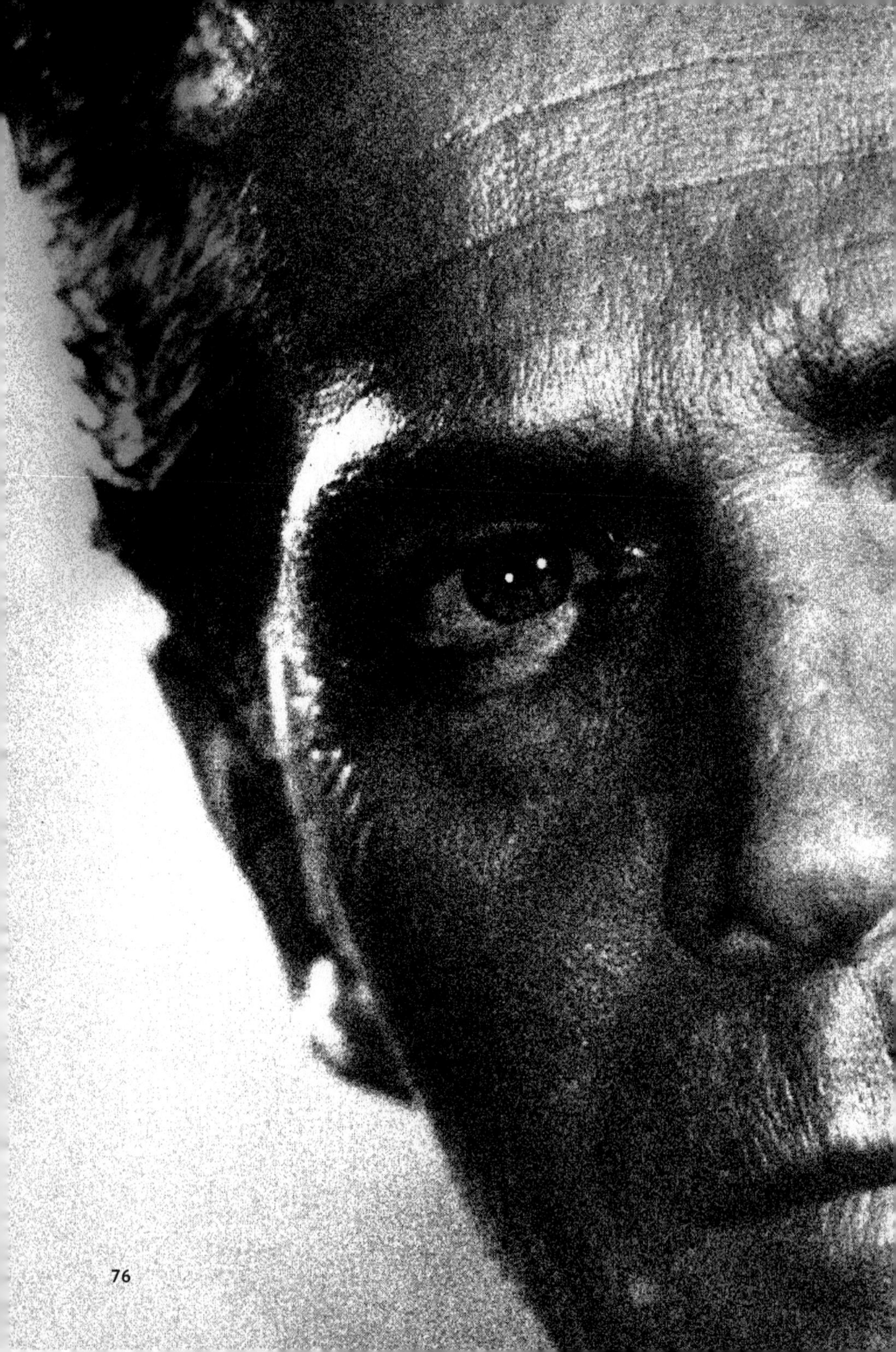

Interview mit George Nader

von Uwe Huber

Interviews mit dem Jerry-Cotton-Darsteller George Nader sind rar. Im April 2000 ergab sich eine der seltenen Gelegenheiten, ein Gespräch mit ihm zu führen. Nader war auf dem *Jerry-Cotton-Fest* in Titisee-Neustadt zu Gast, was die Chance zu einem ehrlichen und unterhaltsamen Dialog bot.

Haben Sie diese Videokassette von *Robot Monster* (1953) schon mal gesehen?
Oh ja! *(schmunzelt amüsiert)* Die habe ich sogar selbst zu Hause. Eine nette Idee, der Kassette diese 3-D-Brillen beizulegen. Aber auf Video funktioniert der Effekt nicht so richtig. Ich habe es versucht, aber meine Augen taten mir hinterher weh.

Die Dreharbeiten dazu waren wohl recht chaotisch. Was haben Sie damals gedacht?
Überlebe ich das? Komme ich aus diesem Chaos noch lebend raus? *(lacht)*

Der Film ist trotzdem immer noch äußerst populär ...
In den USA sind sie ganz verrückt danach, und ich weiß nicht warum. Ich bekomme dazu täglich mehr Post als zu all meinen anderen Filmen zusammen; vor allem von den Jüngeren. Können Sie mir das erklären? Ich verstehe es nicht. Wahrscheinlich liegt es daran, dass er ständig im TV läuft und immer neu auf Video herauskommt. Wie gesagt, in den USA. Die deutsche Post dreht sich nur um Jerry Cotton.

Das Budget war damals nicht allzu groß ...
Nur ein paar tausend Dollar. Unser »Robot Monster« trug ein Gorilla-Kostüm, das man sich kurz vorher vom Kameramann ausgeborgt hatte. Laut Drehbuch, falls man es als solches bezeichnen kann, sollte es ein Roboter sein. Aber am Ende sah es aus wie ein Affe mit einem Blechkopf.

Wo wurde gedreht?
Im *Bronson Canyon* nahe Hollywood, innerhalb von vier Tagen!

Sie sind aus dem Film heil davon gekommen. Aber für den Regisseur hatte der Film kein so gutes Nachspiel.

Die Geschichte um Phil Tucker ist ja bekannt. Nachdem der Film herausgekommen war, hat ihn niemand mehr als Regisseur akzeptiert, und er unternahm einen Selbstmordversuch. Glücklicherweise hat er dann doch wieder Arbeit beim Film gefunden. Aber nicht mehr als Regisseur.

Kurz darauf begann Ihre Zeit bei *Universal*. Einer Ihrer jungen Schauspielkollegen in *The Unguarded Moment* (*In den Fängen des Teufels* / 1956) war John Saxon. Erinnern Sie sich an ihn?

Er war einer von vielen jungen Schauspielern, die bei Henry Wilson unter Vertrag standen. Ein sehr mächtiger Agent zu dieser Zeit. Ich glaube, er war auch sein persönlicher Favorit, und so hat er ihm diese Rolle verschafft. John spielte diesen Schüler, der seine Lehrerin, Esther Williams, sexuell belästigt. Esther war übrigens ganz froh, einmal nicht in einem Musical spielen zu müssen. *(lacht)* Es war seine erste Hauptrolle, und am Anfang hatten wir nur Probleme mit ihm. Die erste Szene, die wir drehten, spielte in einer Turnhalle. Ich sollte seinen Filmcharakter verhören, also ein Dialog. Er hat nur genuschelt. Ich weiß nicht, ob man das als New Yorker Schauspieler automatisch so macht, aber man hat ihn kaum verstanden. Der Regisseur wurde immer ungeduldiger und sagte ständig »lauter, lauter!«, aber er wurde, im Gegenteil, immer leiser. Erst nach zehn Takes hat er es kapiert. Durch sein Aussehen hatte er aber eine hervorragende Leinwandpräsenz, die Sprache war da gar nicht so wichtig.

Sie hatten oft mit deutschsprachigen Schauspielern zu tun. Nicht nur in den Jerry-Cotton-Filmen, sondern auch schon vorher, während Ihrer Zeit bei *Universal*. In *Congo Crossing* (*Blutroter Kongo* / 1956) war Ihr Partner Peter Lorre. Erinnern Sie sich an ihn?

Aber sicher! Wer vergisst schon Peter Lorre. Er war immer ein bisschen gemein zu den anderen Darstellern. Er hat mit jedem seine kleinen Späßchen gemacht. Ich glaube, ihm hat es Spaß gemacht, die Leute zu verunsichern.

Nachdem Ihr Vertrag bei Universal auslief, hatten Sie die seltene Gelegenheit, für MGM in *Nowhere To Go* (*Gejagt* / 1958) auf der anderen Seite des Gesetzes zu stehen. Das war auch Ihr einziger englischer Film.

Das ist vielleicht neben den Jerry-Cotton-Filmen und *Six Bridges To Cross* (*Seine letzte Chance* / 1954) mein Lieblingsfilm! Hauptsächlich, weil er komplett anders war als alles, was ich bei *Universal* zu spielen hatte. Er hatte fast ein bisschen die Atmosphäre eines Film Noir. Meine Partnerin war Maggie Smith. Es war ihr erster Film, und ich kann mich noch erinnern, dass sie sehr streng und hart im

Auftreten war. So etwas kannte ich von jungen Schauspielerinnen gar nicht. Wir haben in den englischen Ealing-Studios gedreht. Es war eine sehr angenehme Arbeit.

Der Regisseur war Seth Holt.

Er war sehr dick und hatte einen wunderbaren Sinn für Humor. Er hat mich immer ein bisschen an das Michelin-Männchen erinnert.

In vielen Biographien über Sie gibt es den Hinweis, Sie hätten 1962 bei einem Film mit dem Titel *Walk By The Sea* Regie geführt. Stimmt das?

Das ist eine Ente, die ich und Mark aber indirekt selbst in die Welt gesetzt haben. Anfang der 60er haben wir mal ein Drehbuch mit diesem Titel geschrieben und mit dem Gedanken gespielt, es eines Tages zu verfilmen. Aber es liegt bis heute in der Schublade. Es amüsiert uns aber, in irgendwelchen Filmographien immer wieder diesen Titel zu sehen. Vielleicht sollte ich mal ein Rundschreiben verschicken: »Es gibt kein *Walk By The Sea*.« *(lacht)*

Kommen wir nun auf Ihre Paraderolle zu sprechen – *Jerry Cotton*. Wie sind Sie zu dieser Rolle gekommen?

Ich hatte ja zuvor schon in Europa gedreht, und Rom, wo ich später auch lebte, hat mir gut gefallen. Zu dieser Zeit lief auch meine Fernsehserie *Shannon* mit Erfolg – auch in Deutschland. Vielleicht ist dadurch Manfred Barthel von der *Constantin* auf mich aufmerksam geworden. Sie waren wohl ganz froh, einen amerikanischen Schauspieler engagieren zu können, und so wurde ich nach München eingeladen. Nachdem ich mich über den Erfolg der *Jerry-Cotton*-Romane aufklären ließ, haben wir einen Vertrag über zunächst vier Filme gemacht. Am Ende sind es ja dann acht geworden. Zum Glück hatten die meinen letzten Film davor, den berüchtigten *Human Duplicators* (*FBI jagt Phantom* / 1965) wohl nicht gesehen, sonst hätten sie mich vielleicht nicht genommen. *(lacht)*

Human Duplicators sollte in Deutschland übrigens ursprünglich *G-Man George Nader jagt Phantom* heißen. Sie sind in dem Film ja gleich zweimal zu sehen. Woran erinnern Sie sich am meisten?

An Barbara Nichols. Ihre Brüste waren nun einmal da, und sie hat das Beste daraus gemacht. Ihre größte Sorge während des Drehs war, dass ihre Brüste gut im Bild zu sehen sind. Zum Kameramann hat sie immer gesagt: »Hol das Beste aus ihnen raus!« *(lacht)*

Zurück zu *Jerry Cotton*. Über Harald Reinl als Regisseur hört man oft geteilte Meinungen. Er war Ihr Regisseur bei den letzten drei Jerry-Cotton-Filmen. Wie haben Sie ihn erlebt?

Totalitär, diktatorisch. Konnte nicht mit Schauspielern umgehen. In gewisser Weise unnahbar. Es gab keine Chance, mit ihm zu diskutieren, wenn man mit etwas nicht einverstanden war. Aber am schlimmsten war seine Art, Regie zu führen: Bei ihm gab es für den Cutter am Ende praktisch nichts zu tun. Er hat den Film schon geschnitten, während er ihn gedreht hat. *(lacht)* Zum Beispiel hat er bei Action-szenen nie fertig spielen lassen. Wenn ich jemandem einen Schlag verpassen musste, kam es vor, dass er »Schnitt« rief, während ich noch ausgeholt habe. Dann musste ich mit dem Arm in der Luft verharren, bis die Kameraposition gewechselt hatte. Ich glaube nicht, dass bei ihm auch nur ein Meter Film auf dem Schneide-tisch zu finden war. Das war äußerst irritierend. Außerdem hatte ich den Eindruck, dass er neidisch auf jeden war, der vor der Kamera stand. Vielleicht wäre er selbst gern Schauspieler gewesen.

Reden wir über Heinz Weiss. Welche Erinnerungen haben Sie an Ihren damaligen Kollegen? Sie hätten ihn sicher gerne wieder gesehen.

Ja, sicher. Ich hatte während der Dreharbeiten zwar kein engeres freundschaftliches Verhältnis zu ihm, aber ich bin sehr enttäuscht, dass er heute nicht hier sein kann. Er hatte ja diese schlimme Operation, bei der ihm ein Bein abgenommen wurde. Mir wurde gesagt, dass er sich so nicht der Öffentlichkeit vorstellen möchte. Zumindest jetzt noch nicht. Ich kann das zwar verstehen, aber ich glaube, dass sein Publikum so reif ist, das nicht zu registrieren, sondern den Menschen Heinz Weiss wahrzunehmen. Niemand würde ihn anstarren. Man hätte ihn hier genauso herzlich aufgenommen wie mich. Aber ich bin froh, zumindest Franz wieder zu sehen. *[Anmerkung: Gemeint ist Kameramann Franz Xaver Lederle, der vier der acht Jerry-Cotton-Filme photographierte.]*

Gibt es bei den weiblichen Kolleginnen in den Jerry-Cotton-Filmen für Sie eine Favoritin?

Bestimmt einige, wenn ich länger nachdenke. Aber spontan würde ich sagen, Silvie Solar aus *Dynamit In Grüner Seide* (1967), obwohl die Rolle relativ klein war. Leider weiß ich nicht, was aus ihr geworden ist.

Für Sie muss es frustrierend sein, die Cotton-Filme nur in deutscher Sprache zu kennen.

Ich versuche ja, alle meine Filme auf Video zu bekommen, aber die *Jerrys* habe ich tatsächlich nur in Deutsch. Natürlich verstehe ich da nichts. Aber andererseits sehe ich mit Begeisterung, wie gut sie synchronisiert sind. In den letzten Filmen hat mich ja dieser bekannte Synchronschauspieler *[Anmerkung: Gemeint ist Gert Günther Hoffmann, der Nader in den Cotton-Filmen Harald Reinls die Stimme lieh.]* gesprochen. Ich öffne den Mund, und er legt die wunderbarsten Worte hinein. Ich verstehe es zwar nicht, aber es hört sich vom Klang her wunderbar stimmig an. So etwas erfordert unglaubliches Talent. Ich selbst habe damals alle Jerry-Cotton-Filme in Englisch nachsynchronisiert. Ich weiß aber nicht, was daraus geworden ist.

Wurde denn beim Dreh überhaupt kein Ton aufgenommen?
Nicht ganz. Was es gab, war ein so genannter »dirt sound«. Aber da waren alle Nebengeräusche aus dem Hintergrund mit drauf: Regieanweisungen und das Surren der Kamera. Das hilft bei der Nachsynchronisation, wird aber nicht aufgehoben.

Sie erwähnten, dass Sie Ihre Filme auf Video sammeln. Haben Sie auch die Plakate und Photos zu Ihren Filmen? Legen Sie darauf Wert?
Früher hatte ich hin und wieder im Vertrag vereinbart, dass ich Material von den Filmen bekomme, zum Beispiel war das bei den Jerry-Cotton-Filmen der Fall. Vor allem habe ich die Photos bewundert, die Lilo Winterstein, die großartige Standbildphotographin, gemacht hat. Manchmal erlauben wir uns, ich und Mark, *[Anmerkung: Mark Miller war über fünfzig Jahre George Naders Freund und Berater. Miller begleitete ihn auch zum Treffen.]* das eine oder andere Stück zu behalten, wenn es mir zum Signieren geschickt wird. Aber nur, wenn es besonders schön ist. *(lacht)*

Wie die meisten Schauspieler, die in den sechziger Jahren in europäischen Co-Produktionen tätig waren, hatten auch Sie mit dem englischen Produzenten Harry Alan Towers zu tun. Kurz nacheinander entstanden *The Million Eyes Of Sumuru* (*Sumuru – Die Tochter des Satans* / 1966) und *House Of A Thousand Dolls* (*Das Haus der Tausend Freuden* / 1967) noch während Ihrer Jerry-Cotton-Einsätze. Towers war berüchtigt dafür, seinen Schauspielern die Gage vorzuenthalten. Wie haben Sie ihn erlebt?
Im Gegensatz zu mir haben meine Schauspielkollegen da wohl einen Fehler gemacht. Einer von Towers üblichen Sprüche war: »Das Geld kriegst du morgen.« Ich habe aber gesagt: »Nein, sofort!« Ich habe nie gearbeitet, ohne die Gage vorher abzusichern. Also habe ich ihn soweit gebracht, dass er zur Bank lief und mir einen Koffer mit Ein-Dollar-Noten gebracht hat. Das war dann keineswegs die Gage für den kompletten Film, sondern nur für den jeweiligen Drehtag. So war dann die

Prozedur jeden Morgen. Er wollte immer auf morgen verschieben, aber am Ende lief er dann doch zur Bank und kam mit seinem Geldköfferchen zurück. *(lacht)* Ich weiß nicht, warum die anderen Schauspieler das nicht genauso gemacht haben. Er hatte es übrigens gar nicht nötig, seinen Schauspielern Geld vorzuenthalten. Seine Mutter war eine steinreiche Frau, die ihm den Start erst ermöglicht hatte.

Was können Sie über Vincent Price sagen, Ihren Gegenspieler in *House Of A Thousand Dolls*?

Er hat gern gekocht und war Weinkenner. Er war eigentlich immer etwas alkoholisiert. Er konnte zwar seinen Text und war immer Profi, aber eben immer etwas »angesäuselt«. Das hat mich zwar nicht weiter gestört, aber er spielte in diesem Film ja einen Magier. Zur Rolle gehörte dieser Zauberstab, aus dem ein Springmesser hervorsprang. Während einer Szene sollte er dieses Messer haarscharf vor meinem Gesicht »zücken«. Zum Glück ist nichts passiert, aber es hätte ins Auge gehen können. Ich habe mich wirklich gefürchtet. *(lacht)*

Bei *The Million Eyes Of Sumuru* hatten Sie mit einer äußerst schillernden Schauspielerpersönlichkeit zu tun ...

Klaus Kinski! Zu ihm gibt es auch eine nette Geschichte: Wir haben ja in Hongkong gedreht. Und er sollte einen orientalischen Präsidenten spielen. Schon im Vorfeld hat sich jeder im Team gefürchtet, weil er ja gemeinhin als verrückt galt. Vor unserer eigentlichen Szene habe ich ihn gar nicht gesehen, weil er zu keiner der Proben kam. Jeder hat die Finger gekreuzt, dass er am Drehtag pünktlich erscheint und seinen Text kann. Die Szene war folgende: Ich sollte mit »Schnitzel« Maria Rohm, das erkläre ich Ihnen später noch, sein Büro betreten. Und er sollte hinter seinem Schreibtisch sitzen, wie es eben ein Präsident so macht. Nicht aber Klaus Kinski. Er wollte unbedingt hinter einer Tür hervorkommen. Das war noch nicht mal so bemerkenswert. Die Pointe kommt noch. Ich hatte nun mit »Schnitzel« meinen Dialog und da kam sein Kopf hinter dieser orientalischen Tür hervor: mit einer unglaublich hässlichen blonden Perücke! So hat er sich den orientalischen Präsidenten vorgestellt! *(lacht)*

Das sieht man im Film ja noch!

Natürlich sieht man es noch. Man hat es drin behalten. Aber zunächst war es nicht so geplant. Alle waren sprachlos. Lindsay Shonteff, der Regisseur, hat sofort eine halbe Stunde unterbrochen. Ich habe zu ihm gesagt: »Wie sieht denn das aus! Das kann er doch nicht machen.« Aber er sagte nur: »Nein, wenn Du nichts dagegen hast, lassen wir ihn einfach machen, was er möchte. Er weiß schon, was er tut.«

Somit haben wir das einzig Richtige gemachte, nämlich einfach mitgemacht. Wir gingen ans Set zurück. Klaus stand immer noch mit seiner Perücke da und war innerlich wohl schon auf eine, sagen wir, Auseinandersetzung vorbereitet. Wir wollten den Dreh wieder aufnehmen, als Kinski irritiert fragte: »Wie, es stört euch nicht, was ich auf dem Kopf habe?« Lindsay sagte: »Nein, Klaus, diese Perücke ist eine wunderbare Idee!« Und Kinski war wie vor den Kopf gestoßen. Am Ende wurde es eine sehr witzige Szene. Vielleicht die einzige im ganzen Film, die nicht unfreiwillig komisch ist.

Was für ein Typ war Lindsay Shonteff?
Lindsay war ein sehr kluger junger Regisseur, fast ein bisschen intellektuell.

Und Shirley Eaton, die »Sumuru«?
Sie baute ihren kompletten Starruhm ja auf der Goldfinger-Rolle auf. Im Grunde ein nettes Mädchen, aber sehr unsicher und labil. Sie hat ständig irgendwelche Diätpillen und Medikamente geschluckt. Dadurch war sie immer nervös und hat regelrecht gezittert. Ich kann mich noch erinnern, dass sie in einer Szene eine Teetasse auf den Untersetzer stellen musste. Es hat furchtbar geklappert, weil sie so gezittert hat. Den Tonmann hat es fast verrückt gemacht. Nach mehreren Versuchen musste ein Mann von der Requisite den Untersetzer mit einem Stück Stoff präparieren, so dass es kein Geräusch mehr gab.

Ihr »Sidekick« in dem Film war Frankie Avalon, den man aus den Beach-Party-Filmen kennt.
Bei diesem Film hat man ihn als komisches Element eingesetzt, was der Film aber eigentlich gar nicht nötig hatte. Auf eine Art war er schon komisch genug. Frankie wohnt übrigens nicht weit von mir. Er hat acht Kinder.

Hat man Sie nicht gefragt, ob Sie in der Fortsetzung, die allerdings sehr billig war, auch dabei sein wollten?
Was? Es gab eine Fortsetzung, die noch billiger als unsere war? Unvorstellbar! (lacht)

Sie wollten noch etwas über Maria Rohm, die Angetraute von Harry Alan Towers sagen. Sie war ja in fast jedem seiner Filme dabei.
Ach, die Ärmste. Jeder hat sich über sie lustig gemacht, weil sie mit Harry zusammen war. Wie diese Beziehung funktioniert hat, weiß ich auch nicht so genau. Ich habe es ja vorher schon angedeutet: Sein Spitzname für sie war »Schnitzel«.

Wie das Schnitzel, das man isst?

Richtig. So hat er sie auch vor versammelter Mannschaft gerufen: »Schnitzel, mach dies, Schnitzel, mach das!«

Interessant. Kennen Sie noch weitere deutsche Ausdrücke?

***(Es folgen einige, die man schlecht gedruckt wiedergeben kann.)* Das ist deutsche Poesie, oder?**

Nun ja… Wer hat Ihnen das beigebracht?

Heinz Weiss!

Nach dem letzten Jerry-Cotton-Film *Todesschüsse am Broadway* (1968) haben Sie eine fünfjährige Filmabstinenz eingelegt. 1973 folgte dann *Beyond Atlantis* von Eddie Romero. Was können Sie darüber sagen?

Den haben wir auf den Philippinen gedreht. Patrick Wayne, John Waynes Sohn, war dabei. Ich sollte den Inselkönig oder so etwas spielen. Das Kostüm bestand aus einer Art Lendenschurz und sonst nichts. Und ich war schon über fünfzig! Ich habe gesagt: »Ihr seid wohl verrückt!« Aber sie haben gemeint, dass die Rolle so angelegt wäre. Ich habe dann aber gestreikt, bis sie mir noch eine Art »Leibchen« geschneidert haben. Aber das sah nicht weniger lächerlich aus, vor allem in Verbindung mit diesem unmöglichen Bart. Daran habe ich keine gute Erinnerung. Und es war ja auch mein letzter Spielfilm. Danach kam nur noch *Nakia* (1974), aber der war fürs Fernsehen.

Sie erinnern sich wohl auch nicht gern daran, weil während der Dreharbeiten der Unfall mit Ihren Augen passiert ist?

Nein, das war schon ein Jahr vorher bei einem anderen Film, *Zig-Zag*, auch auf den Philippinen gedreht.

Der wird in Ihrer Filmografie aber nicht erwähnt!

Weil er nie fertig gestellt wurde. Zwar gedreht, aber es war am Ende ein solch unzusammenhängender Käse, den man nicht mehr schneiden konnte. Also hat man ihn eingemottet.

Wissen Sie vielleicht noch, wer der Regisseur gewesen ist?

Albert Zugsmith. Einfach schrecklich. Bei *Universal* war er schon früher berüchtigt für Dreck und Sleaze. Dort war er schon immer den minderwertigsten Filmen zuteilt. Später ging er zu MGM.

Was genau ist mit Ihren Augen passiert und wie hat sich das auf Ihre Filmkarriere ausgewirkt?

**Ich sollte in einer Szene mit einer Pistole schießen. Mit einer Platzpatrone natürlich.
Aber durch dumme Umstände habe ich wohl einige Funken davon ins Auge bekommen. Drei oder vier Tage habe ich nichts bemerkt. In der Folgezeit hat sich ein
Glaukom entwickelt und die Medikamente haben die Netzhaut angegriffen. Man
konnte es zwar »reparieren«, aber nicht sofort. Es ist ein bisschen vergleichbar mit
einer Zeitbombe und kompliziert zu erklären. Der innere Druck im Auge hat damit
zu tun. Erst ein Jahr später konnte man das richtig behandeln. Deswegen auch
diese abgedunkelten Gläser. Mehr oder weniger hat das meine Filmkarriere beendet, weil ich natürlich keine Studioaufnahmen mit diesen grellen Scheinwerfern
mehr machen konnte. Seitdem habe ich mich aufs Schreiben verlegt.**

Kommen wir auf Ihre Karriere als Autor zu sprechen. Es gibt bisher keine deutsche Veröffentlichung Ihres Romans *Chrome* (1978). *[Anmerkung: In »Chrome«
geht es um die homoerotische Liebesgeschichte eines Mannes und einer Maschine
im 22. Jahrhundert. Obwohl von einer US-Kritik als »an unholy mixture of science
fiction and gay porn« beschrieben, handelt es sich um einen von George Orwell
beeinflussten Aufruf zu Akzeptanz und Toleranz, der in den USA inzwischen eine
große Fangemeinde hat.]*

**Das ist vielleicht auch besser so, weil da einige schmutzige Dinge drin stehen.
(lacht) Nein, im Ernst, darauf bin ich natürlich sehr stolz. In den USA wurde er ja
bereits mehrmals neu aufgelegt. Jetzt gibt es auch in Deutschland Überlegungen,
ihn herauszubringen.**

In den USA gilt das Buch inzwischen ja als Klassiker seiner Art.

**Ja, das sagt man mir oft. Obwohl ich das natürlich nicht beurteilen kann. Leute, die
an mich herantreten, auch andere Autoren, haben mich zu meinem »Erstling«
beglückwünscht. Dabei werde ich oft nach meiner literarischen Vergangenheit
befragt, und ich muss dann feststellen, dass sie über meine Laufbahn als Schauspieler gar nichts wissen. Übrigens arbeiten Mark und ich schon seit längerer Zeit
an einem neuen Buch. Mal sehen, was daraus wird.**

Ist das Schreiben heute Ihre Hauptbeschäftigung?

Unter anderem. Außerdem reise ich gern.

George Nader
und Jerry-Cotton-Fan
Horst Bäuml.

Aufnahme während des Fan-
treffens - Dieter Eppler,
George Nader, Franz Xaver
Lederle und Helga Schlack.

George Nader während
des Fantreffens.

Jerry Cotton - Fall Nr. 4
Die Rechnung-
eiskalt serviert!

Zwischen Big-Band-Sound und Thriller-Jazz — Der Jerry-Cotton-Komponist Peter Thomas

von Gerd Naumann

Die lange Karriere des Filmkomponisten Peter Thomas ist in vielerlei Hinsicht typisch für die Wege kreativer Menschen nach 1945. Dennoch ist sie ungewöhnlich genug, als dass sie in herkömmlichen Bahnen verlaufen wäre. Zu ungewöhnlich sind seine musikalischen Rezepte und zu sehr unterscheidet sich Thomas' Charakter von dem vergleichbarer zeitgenössischer Komponisten. Erwähnenswert sind nicht nur die kleinen Geschichten am Rande, sondern auch die Art und Weise seiner Komposition, die bei ihm eine Einheit von Arrangement und dem Umgang mit Musikern darstellt.

Nachdem Thomas am 01. Dezember 1925 in Breslau das Licht der Welt erblickte, siedelten die Eltern schon sehr bald nach Berlin um. Diese Stadt prägte den jungen Thomas. Später sollte er sich das ganze Berufsleben lang Berliner Herz und Schnauze bewahren, was auch die künstlerische Zusammenarbeit mit ihm zu einem besonderen Erlebnis machte. Diese ersten Jahre hinterließen bleibende Spuren, zumal er zwei sehr musikalische Großväter hatte, die Eindruck auf ihn machten. Und auch wenn er als Junge, nach eigenen Worten, sein Instrument nur erlernte, weil er ansonsten abwaschen oder Kohlen holen musste, wurde aus der Musik ein Lebensinhalt. Dabei war an eine Karriere als Komponist zunächst nicht zu denken. Kurz nach Kriegsbeginn wurde Thomas einberufen und, nach einer Offiziersausbildung, an der Front eingesetzt. Während der Kriegsgefangenschaft war er Teil des *Dünenquintetts*, eines Kabaretts zur Unterhaltung der inhaftierten deutschen Soldaten. Nach Kriegsdienst und aus der Kriegsgefangenschaft zurückkehrend, wollte Thomas zunächst Medizin studieren. Wegen der überfüllten Studiengänge zog es ihn dann doch zur Musik. Ende 1949 begann er ein Musikstudium am *Mohrschen Konservatorium*, wo er Meisterschüler des Blasmusikexperten Professor Hans Felix Husadel wurde. Bald schon durfte er Arrangements für diesen schreiben, da der Professor vom Können seines Studenten überzeugt war. Das Studium schloss Thomas mit sehr guten Leistungen ab.

Den Lebensunterhalt für sich und seine Familie verdiente Thomas als Livemusiker, der unter anderem vor Soldaten aller vier Besatzungsmächte auftrat. Hierzu der Komponist: »Dadurch lernte ich vier voneinander ganz unterschiedliche Mentalitäten kennen. Menschlich, musikalisch, kulturell und jeder hatte seine Wünsche. So hangelte ich mich dann ran. Ich wusste also auf einmal, wenn Menschen weinen und wann sie weinen.« Insofern war die Keimzelle für die späteren Filmengagements gelegt, denn auch in der Filmmusik sind ähnliche Qualitäten gefragt.

Bereits während der Studienzeit kam Thomas zum *Theater am British Centre*, einem Aufsehen erregenden Ensemble junger Theaterbegeisterter. Bis zur Auflösung des Theaterclubs 1956 war er für nahezu jede Aufführung musikalisch verantwortlich. Zeitnah suchte er Kontakt zum Rundfunksender RIAS, wo er erste Kompositionen für das Programm schreiben durfte. Neben Arrangeurtätigkeiten für Werner Eisbrenner war Thomas auch in verschiedenen Fernsehsendungen präsent. Über den Umweg zahlreicher Rundfunk- und Theaterengagements erhielt er Ende der fünfziger Jahre den ersten Auftrag für eine orchestrale Filmmusik. Im Auftrag des Dokumentarfilmers Jürgen Neven DuMont schrieb er eine Partitur für ein 66-köpfiges Orchester. Die Besonderheit war, dass er hier erstmals selber dirigieren durfte: »Bei der Tanzmusik sagt man eins, zwei, drei, vier und dann spielen die Musiker los. Aber das geht nicht bei einem Sinfonieorchester. Du musst einatmen, ausatmen, die Musiker ansehen. Die fangen alleine an zu spielen. Das hört sich jetzt ganz komisch an. Sie dürfen nicht mit gehobenem Kopf dirigieren. Sie müssen gucken. Angucken! Kontakt mit den Augen, einatmen und beim Ausatmen fangen die an zu spielen.« Es folgten weitere Aufträge für Unterhaltungssendungen und Fernsehspiele, wobei er parallel auch als Arrangeur für diverse Kinofilme tätig war. Während des Auftrags zu einer Kabarettmusik lernte er Cordula Ritter kennen, die er kurze Zeit später heiratete.

Bald darauf kreuzten sich die Wege des Komponisten mit denen des Journalisten Will Tremper. Dieser hatte gerade seinen ersten, völlig unabhängig finanzierten Film *Flucht nach Berlin* gedreht. Für die Musik hatte sich Tremper eigentlich den DEFA-Komponisten Herbert Trantow auserkoren, der jedoch aus politischen Gründen absagte. Zwischen Thomas und Tremper entwickelte sich eine freundschaftliche Arbeitsbeziehung, die in wilden mitternächtlichen Musik- und Aufnahmesessions mündete. In eine Grunewalder Gaststätte wurden vierzig Musiker geladen. Der erste Abend hatte gerade begonnen, die Musiker hatten sich kaum warm gespielt, als Tremper etwas an der Musik auszusetzen hatte. Ihn störten auf einmal die Geiger, die vorher abgesprochen waren. Noch in derselben Nacht änderte Thomas die Partitur, so dass am darauf folgenden Abend geigenbereinigt weiter aufgenommen werden konnte. Solche spontanen Umbesetzungen und Improvisationen sollten von da an typisch für die Arbeitsweise des Komponisten werden, dessen impulsive Kreativität gerade im Studio noch einmal zu Hochform auflief. Für die 1960 entstandene Musik erhielt Thomas den *Bundesfilmpreis*, was ihm einen ersten größeren Popularitätsschub einbrachte. Es ergaben sich Beziehungen zur Schallplattenfirma *Philips*, in deren Auftrag er einige erfolgreiche Titel der jungen Sängerin Esther Ofarim produzierte.

Für die Wallace-Adaption *Die seltsame Gräfin* arbeitete Thomas 1961 erstmals mit dem Rialto-Film-Produzenten Horst Wendlandt zusammen, dem in rascher Folge weitere Kriminalfilme folgten. An die Aufnahmen erinnert sich der Komponist noch genau: »Horst Wendlandt, der sehr sparsam war, sagte: ›Der soll mit seinen Musikern kommen.‹ Ich kam also mit eigenem Orchester nach Berlin und spielte dann drei Tage die Musik für *Rialto*. Und dann kam am zweiten Tag Horschti und fragte: ›Lauf det denn?‹ ›Ja.‹ ›Dann kann ick ja wieder gehen.‹ Die Arbeit mit dem Wendlandt war wunderbar, der vertraute.« In rascher Folge entstanden weitere Wallace-Musiken. Als die Serie Anfang der siebziger Jahre auslief, hatte Thomas zur Hälfte aller Rialto-Edgar-Wallace-Filme die Musik geschrieben, der Serie sozusagen den musikalischen Stempel aufgedrückt.

Ebenfalls 1961 siedelte Thomas nach Grünwald bei München über, war aber noch regelmäßig für Berliner Fernseh- und Kinoproduktionen tätig. Für Will Trempers 1963 entstandenen Film *Die endlose Nacht* erhielt Thomas den zweiten *Bundesfilmpreis*, während er auch weiterhin Musiken für Fernsehfilme komponierte. In den kommenden Jahren zeichnete der Komponist im Kino für die Musiken einiger sehr erfolgreicher Genrefilme verantwortlich, darunter Edgar-Wallace-Publikumserfolge wie *Der Hexer* oder *Der unheimliche Mönch*. Der Produzent Wendlandt ließ ihm gestalterisch freie Hand, weshalb Thomas für die Wallace-Musiken verschiedene Musik- und Aufnahmeexperimente, etwa die Verwendung eines besonders starken Halleffektes, durchführte. Die Verpflichtung für die internationale Großproduktion *Onkel Toms Hütte*, als Sängerinnen wurde unter anderem Eartha Kitt und Juliette Gréco verpflichtet, bewies den mittlerweile gewachsenen Status des Komponisten.

In dieser Zeit wurden zugleich die Weichen für eine intensivere Zusammenarbeit mit der Plattenfirma *Polydor* gestellt. Konstant arbeitete Thomas zudem auch weiterhin für das Fernsehen. Unter der Fülle an Produktionen stechen hier vor allem diverse Straßenfeger, etwa *Melissa* oder Wolfgang Beckers *Babeck*, hervor. Letzterer war eine Produktion Helmut Ringelmanns, für den Thomas ebenfalls verschiedene Musiken zur Fernsehserie *Der Kommissar* schrieb. In einer der Episoden war das von ihm komponierte Stück *Du lebst in deiner Welt*, gesungen von Daisy Door, zu hören. Der aus rechtlichen Gründen für *Ariola* neu aufgenommene Titel wurde zu einem großen Charterfolg und hielt sich vier Wochen auf dem ersten Platz der Wertungsliste. Thomas hatte für den Song, ebenso wie für die später entstandene erste Langspielplatte Daisy Doors, zugunsten des Synthesizers auf eine klassische Schlagerinstrumentierung verzichtet. Weiterhin war Thomas gelegentlich für die Bühne tätig, etwa mit der Musik zum Zarah-Leander-Musical *Wodka für die Königin*.

Die bis heute bekannteste Arbeit entstand für die 1966 uraufgeführte Fernsehreihe *Raumpatrouille*, die auf Platte erstmals als eine Produktion des *Peter-Thomas-Soundorchester* vermarktet wurde. Für *Raumpatrouille* erdachte Thomas den so genannten *New Astronautic Sound*, dessen Titelthema sich auf den vorderen Plätzen der deutschen Chartliste platzieren konnte. Übrigens wurde die bekannte Titelmelodie bereits 1970, von der Gruppe *Jeannette und das Land Z*, zum ersten Mal in einer Coverversion aufgelegt. Im selben Jahr schrieb Thomas auch die vor Ideen überbordende Musik zur Erich-von-Däniken-Adaption *Erinnerungen an die Zukunft*, die er selbst als seine wichtigste Arbeit bezeichnet. Der Film wurde später auch in Amerika gezeigt, wo er sich zu einem größeren Erfolg entwickelte. Aus Marketinggründen wurde das Titelthema des Films noch einmal in New York aufgenommen.

Eine weitere erfolgreiche Kinoreihe dieser Zeit drehte sich um den Groschenromanhelden Jerry Cotton. Auf der Suche nach vermarktbaren Kinostoffen sicherte sich die *Constantin Film GmbH* die Rechte an der Romanreihe um den FBI-Agenten. Die Kriminalreihe war das Vorzeigeprodukt des *Bastei-Verlags*, der mit so genannten Groschenheften die Hälfte des jährlichen Firmenumsatzes bestritt. Überhaupt war der *Bastei-Verlag* Gustav Heinrich Lübbes, mit wöchentlich beinahe zwei Millionen gedruckter Groschenhefte, der Marktführer im Bereich der Heftromane. Die Kinoadaptionen erwiesen sich für Lübbe als lukratives Geschäft, denn er war mit jeweils zehn Prozent am Gewinn beteiligt. Bis 1967 spielten allein die ersten sechs Filme etwa 29 Millionen DM ein. Cotton musste sich bei der Lösung der Kriminalfälle immer streng an das Gesetz halten und war somit die ideale Identifikationsfigur für eine möglichst breite Leserschaft und viele Kinozuschauer. Bis 1968 entstanden acht Kriminalfilme, die geradezu vom Big-Band-Thriller-Jazz des Peter Thomas' lebten. Für Thomas lag die »musikalische Sprache der Cotton-Musiken quasi in der Luft, es waren Krimis und sie spielten in Amerika, also war es fast unvermeidlich, dass die Musik jazzig sein und swingen sollte. Big-Band-Sound konnte die Szenerien der Filme am besten rüberbringen.«

Über die Vorgaben der Heftreihe hinaus spiegelten sich in den Jerry-Cotton-Filmen auch die veränderten Sehgewohnheiten des Kinopublikums. Mit *Schüsse aus dem Geigenkasten* lieferte Fritz Umgelter 1965 den ersten Beitrag zur Reihe, der sich zudem mit der Inszenierung von Actionsequenzen noch weitestgehend zurückhielt. Im Laufe der Serie gewannen diese aber an Bedeutung. Helmuth Ashley, der Regisseur von *Die Rechnung – eiskalt serviert*, erinnert sich an die Produktionsumstände: »Gedreht wurde in Hamburg. Die Budgets waren natürlich immer knapp.« Zu dem Hauptdarsteller George Nader hatte er ein gutes Verhältnis. »Mit dem war ich befreundet, ein reizender Mann. Als wir in Hamburg in einer Garage drehten, da hat uns sein Freund Rock Hudson immer bei den Dreharbeiten besucht.« Den budgetären Voraussetzungen geschuldet, konnte nicht in New York gedreht werden. Aus diesem Grund mussten bei Autofahrten und ähnlichen Aufnahmen immer wieder Rückprojektionen für die passende Atmosphäre sorgen. »Das war doch alles getürkt, natürlich, es war aber immer eine ziemliche Action drin. Was mir am meisten gefiel, das war mein langjähriger Schwenker, der Kameramann Franz Lederle. Der hat den Film phantastisch photographiert.« Darüber hinaus gefiel »mir die tolle Titelmusik« von Peter Thomas.

Dieser hatte für die ersten Jerry-Cotton-Filme nur ein sehr begrenztes Budget. Der Komponist erinnert sich: »Nach der Vorführung von *Schüsse aus dem Geigenkasten* hatte ich acht Tage Zeit zu komponieren, danach waren drei Tage Aufnahmen im Bavaria-Tonstudio in München angesetzt, an denen das Peter-Thomas-Sound-Orchester für Action sorgen sollte. Ich buchte wie immer die besten Musiker, meine ›Mannen‹, die nicht nur musikalisch top waren, sondern mit denen ich auch Spaß im Studio haben konnte. Ohne Spaß geht gar nichts, selbst wenn es auf der Leinwand noch so spannend zugeht. Es waren absolute Jazz-Cracks dabei, einige aus der Band von Max Greger, und natürlich wie immer meine musikalischen Freunde wie Saxophonist Olaf Kübler, Gitarrist Joe Quick und Hammond-Organist Otto Weiß.«

Typisch für den Komponisten ist auch der Einsatz menschlicher Stimmen, den er bereits im Edgar-Wallace-Film *Der Hexer* auf die Spitze getrieben hatte. In den Jerry-Cotton-Filmen wurde daraus nun ein prägendes Stilelement. So engagierte Thomas den Sänger James D. Atterley, der in Münchener Jazz Clubs auftrat. »Der konnte nicht nur *Summertime* singen, sondern auch erstklassig scatten, deshalb habe ich ihn bei den Cotton-Filmen als Teil des Orchesters eingesetzt. Wenn Jerry über irgendein Hausdach turnte und die Band ihn mit einem wilden Jazz-Beat untermalte, scattete James im Hintergrund ›Shoe-bab-shoe-bab‹. Wenn die Gangster etwas ausheckten, ließ ich ihn singen ›Crime doesn't pay‹, oder einmal ließ ich ihn auch buchstabieren ›J-E-R-R-Y-C-O-T-T-O-N‹. Er swingte wie verrückt, ein echtes Original.« James D. Atterley arbeitete in dieser Zeit auch für weitere Thomas-Projekte und wurde unter anderem für den Titel *Shub-A-Dooe* der *Raumpatrouille* besetzt. In den Jerry-Cotton-Filmen oft zu hören war auch die französische Sängerin Marie France. »Das war ihr echter Name! Die hatte was mit einem der Herstellungsleiter laufen, und ich sagte eines Tages: ›Bleib mal hier, sing mal mit!‹«

Der Leiter der *Constantin Film* war Waldfried Barthel, der von der Titelmusik eine spezielle Vorstellung hatte. Thomas erinnert sich, dass Komponisten normalerweise erst zur Filmabnahme eingeladen wurden. »Ich war einmal vorher da und da sagte Barthel: ›Ich bitte Sie, dass wir als Filmsong einen Marsch machen und der erklingt immer dann, wenn das Gute siegt. Vorher hat die Person des Jerry Cotton das als Thema!‹ Da bin ich nach Hause gegangen und habe den Marsch gemacht.« Das Thema sollte bewusst amerikanisch klingen, was Thomas durch eine Big Band, »Posaunen bevorzugt, plus Strings«, erreichte. Als der Constantin-Chef Barthel später den fertigen Marsch hörte, war er begeistert. »Bei dem ›Dadadadada‹ hat er gesagt: ›Junge, das ist schön. Das gefällt mir.‹ Und auf allem war ein Lächeln und dann geht auch der Film anders los.« Im Film erklingt das einprägsame Jerry-Cotton-Motiv »in mannigfaltigen Varianten immer wenn Jerry auftaucht, mal als Marsch, mal als dramatisches Motiv, oder auch mal ganz relaxed, wenn Jerry und Phil nach Feierabend ein Witzchen reißen.«

Für Fritz Umgelters *Schüsse aus dem Geigenkasten* war allen Beteiligten der bloße Marsch noch nicht genug. »Da dachten wir, wir müssten den eigentlich pfeifen.« Die Aufnahmen wurden im Tonstudio der *Bavaria Film* angefertigt. »Ich sagte: ›Jetzt machen wir Folgendes … Du spielst es dem Tonmeister vor, der spielt das alles noch mal rein und wir laufen alle im Kreis rum und pfeifen.‹ Dann liefen wir alle im Kreis herum, bis wir beinahe umgefallen sind, und pfiffen dazu. Das klingt manchmal verkehrt und das hat natürlich einen irrsinnigen Live-Charakter. Weil ich mir gesagt habe, es ist ähnlich wie der *River-Kwai-Marsch*.« Der *Jerry-Cotton-Marsch* brachte es zu einiger Bekanntheit, denn bereits 1965 veröffentlichte ihn *Polydor* als Single, und er etablierte sich zu einem kleinen Standard für Blaskapellen.

Neben einigen wenigen Aufträgen für Erotikfilme schrieb Thomas in dieser Zeit ebenfalls Musiken für große Kassenerfolge der siebziger Jahre. So etwa zeichnete er musikalisch für die Simmel-Verfilmung *Der Stoff, aus dem die Träume sind* oder den Heinz-Erhardt-Film *Unser Willi ist der Beste* verantwortlich. Für das Fernsehen entstanden weiterhin Musiken zu erfolgreichen Serien, darunter *Der Alte*, *Derrick* oder *Café Wernicke*. Für letztere wurde Thomas mit dem *Deutschen Schallplattenpreis* ausgezeichnet. Darüber hinaus entstanden freie Musiken, so genannte Archivmusiken, für die es zunächst keinen direkten Auftraggeber gab. Für die Wolf C. Hartwig-Produktion *Steiner – Das eiserne Kreuz, 2. Teil (Cross Of Iron II)* schrieb Thomas die letzte große Kinomusik. Das Augenmerk hatte sich ohnehin auf das Fernsehen verlagert, wobei hier neben Serien auch große Unterhaltungsshows produziert wurden. So war Thomas musikalisch unter anderem für Wim Thoelkes *Der große Preis* verantwortlich. In den achtziger Jahren zog sich der Komponist allmählich aus dem Fernsehen zurück, und es entstanden große Orchesterwerke, die mit dem WDR produziert wurden, darunter auch die *Märchen für Orchester*, zu denen der Berliner Autor Curth Flatow die Texte beisteuerte.

Die Kooperation mit *Karussell*, ein auf den Vertrieb von Musikkassetten spezialisiertes Label, brachte ein neues Betätigungsfeld. So etwa produzierte *Karussell* die auf der Idee von Thomas basierende Kinderhörspielserie *Die Ampelmännchen*. Sowohl *Die Ampelmännchen* als auch die Folgeserie *Arborex und der Geheimbund Kim* waren Verkaufserfolge. Darüber hinaus schrieb Thomas für *Karussell* neue Musikstücke zu bekannten Disneyfiguren, für die er zweimalig mit der *Goldenen Schallplatte* ausgezeichnet wurde.

Allmählich entdeckte auch eine jüngere Generation von Hörern und Musikern den Komponisten. Es kam zu einer Welle von Neu- und Erstveröffentlichungen, die bis in das neue Jahrtausend anhielt. Junge Musiker wollten ihn als Komponisten und Arrangeur, und es wurden neue Stücke auf Basis seiner originalen Samples angefertigt. Auf dem 1999 entstandenen Remix-Album *Warp Back To Earth* vereinten sich bekannte Musiker der DJ- und Clubkultur, um aus vorgegebenen Thomas-Samples neue Stücke zu schaffen. Der 2003 entstandene Kinozusammenschnitt *Raumpatrouille Orion – Rücksturz ins Kino* bot der *European Filmphilharmonic* die Voraussetzung, zu einem Filmkonzert. Hierdurch wurde 2006 erstmals die Musik zu einem Tonfilm live aufgeführt. Im November 2008 erhielt Thomas auf der *SoundTrack_Cologne* den Ehrenpreis für sein Lebenswerk. Die Liste der zahlreichen Film-, Fernseh- und Theateraufträge ließe sich noch lange aufzählen. Die musikalische Bandbreite des Komponisten ist entsprechend umfangreich. Eine oft gestellte Frage ist, was denn nun eigentlich der unverwechselbare *Peter-Thomas-Sound* sei. Hier gibt es drei wesentliche Tendenzen, die vor allem mit der Wahrnehmung seiner Musiken in den vergangenen Jahren zusammenhängen. Die »Thomas-Liebhaber« sind einerseits Film- und Filmmusikfans, die sich für das Unterhaltungskino der Sechziger und siebziger Jahre interessieren. Beispielsweise ist es für einen Jerry-Cotton-Filmkenner ein besonderes Vergnügen sich auch die dazugehörige Musik anzuhören, um sich damit den Charme der entsprechenden Kinoproduktionen zu vergegenwärtigen. Die andere wesentliche Gruppe sind Musikliebhaber im weitesten Sinne. Für diese hat Peter Thomas aufgrund seiner unkonventionellen Besetzungen und Aufnahmetechniken sowie seiner oftmals jazzigen Arrangements eine Menge zu bieten. Die dritte Gruppe bilden jüngere Musiker und DJs, die in Thomas' Arbeiten unkonventionelle Ansätze und moderne Elemente entdecken.

Dieser spezielle und unverkennbare Sound konnte nur deshalb entstehen, weil Thomas neben der Komposition auch das Arrangement nicht aus dem Auge verloren hat. Vor allem in der Arbeit mit Studiomusikern hatte er immer sein spezielles Soundergebnis im Hinterkopf, ließ dabei aber den, oftmals jazzerprobten, Musikern Freiraum zur Improvisation. Die Kennzeichen des *Peter-Thomas-Sound* sind daher die Eigenbestimmtheit seiner Produktionen, die Freiheiten seiner Studiomusiker und oftmals der enge zeitliche Rahmen, in dem die Aufnahmen entstanden. Dass dieser häufig sehr knapp ausfiel, beflügelte Thomas nur umso mehr.

```
------------------------------------------------------
Ausgewählte Filmographie für Kino und Fernsehen
------------------------------------------------------
```

AM GRÜNEN STRAND DER SPREE (1960) Regie: Fritz Umgelter (TV-Mehrteiler); DIE SELTSAME GRÄFIN (1961) Regie: Josef von Baky; DAS RÄTSEL DER ROTEN ORCHIDEE (1962) Regie: Helmut Ashley; DIE WEISSE SPINNE (1963) Regie: Harald Reinl; DAS INDISCHE TUCH (1963) Regie: Alfred Vohrer; VERSPÄTUNG IN MARIENBORN (1963) Regie: Rolf Hädrich; DIE ENDLOSE NACHT (1963) Regie: Will Tremper; WARTEN AUF GODOT (1963) Regie: Rolf Hädrich (TV); DER HEXER (1964) Regie: Alfred Vohrer; DR. MURKES GESAMMELTES SCHWEIGEN (1964) Regie: Rolf Hädrich (TV); ONKEL TOMS HÜTTE (1965) Regie: Géza von Radványi; SCHÜSSE AUS DEM GEIGENKASTEN (1965) Regie: Fritz Umgelter; MORDNACHT IN MANHATTAN (1965) Regie: Harald Philipp; DER UNHEIMLICHE MÖNCH (1965) Regie: Harald Reinl; MELISSA (1966) Regie: Paul May (TV-Mehrteiler); RAUMPATROUILLE - DIE PHANTASTISCHEN ABENTEUER DES RAUMSCHIFFES ORION (1966) Regie: Michael Braun und Theo Mezger (TV-Serie); DER KONGRESS AMÜSIERT SICH (1966) Regie: Géza von Radványi; PLAYGIRL (1966) Regie: Will Tremper; DIE RECHNUNG - EISKALT SERVIERT (1966) Regie: Helmuth Ashley; WINNETOU UND SEIN FREUND OLD FIREHAND (1966) Regie: Alfred Vohrer; DER MÖRDERCLUB VON BROOKLYN

(1967) Regie: Werner Jacobs; DIE SCHLANGENGRUBE UND DAS PENDEL (1967) Regie: Harald Reinl; BABECK (1968) Regie: Wolfgang Becker (TV-Mehrteiler); DER HUND VON BLACKWOOD CASTLE (1968) Regie: Alfred Vohrer; DYNAMIT IN GRÜNER SEIDE (1968) Regie: Harald Reinl; VAN DE VELDE: DIE VOLLKOMMENE EHE (1968) Regie: Franz Josef Gottlieb; DER GORILLA VON SOHO (1968) Regie: Alfred Vohrer; TODESSCHÜSSE AM BROADWAY (1969) Regie: Harald Reinl; 11 UHR 20 (1970) Regie: Wolfgang Becker (TV-Mehrteiler); DIE HERREN MIT DER WEISSEN WESTE (1970) Regie: Wolfgang Staudte; ERINNERUNGEN AN DIE ZUKUNFT (1970) Regie: Harald Reinl; ENGEL, DIE IHRE FLÜGEL VERBRENNEN (1970) Regie: Zbynek Brynych; BRUCE LEE - DIE TODESFAUST DES CHENG LI (TANG SHAN DA XIONG) (1971) Regie: Lo Wei; DIE TOTE AUS DER THEMSE (1971) Regie: Harald Philipp; DER STOFF, AUS DEM DIE TRÄUME SIND (1972) Regie: Alfred Vohrer; DREI MÄNNER IM SCHNEE (1974) Regie: Alfred Vohrer; ERICH VON DÄNIKEN: BOTSCHAFT DER GÖTTER (1976) Regie: Harald Reinl; CAFÉ WERNICKE (1978) Regie: Herbert Ballmann (TV-Serie); EIN MANN FÜR ALLE FÄLLE (1978) Regie: Wolfgang Liebeneiner (TV-Serie); DER ALTE (TV-Serie, Titelthema 1977 - 1985); STEINER - DAS EISERNE KREUZ, 2. TEIL (CROSS OF IRON II) (1979) Regie: Andrew V.McLaglen

----
Ausgewählte Discographie

Nina Westen & Peter Thomas Combo, NIGHTCLUB 61 (Single-Schallplatte 1961, Philips); **Esther Ofarim**, MELODIE EINER NACHT / KOMM DOCH ZU MIR (Single-Schallplatte 1963, Philips); **Peter Thomas Sound Orchester**, JERRY COTTON MARSCH / JUWELEN-PARTY (Single-Schallplatte 1965, Polydor); **Peter Thomas**, ONKEL TOMS HÜTTE - MELODIEN AUS DEM GROSS-FARBFILM (Langspielplatte 1965, Philips); **Peter-Thomas-Sound-Orchester (New Astronautic Sound)**, RAUMPATROUILLE. ORIGINAL-SOUNDTRACK AUS DER 7-TEILIGEN FERNSEH-SERIE DER BAVARIA (Langspielplatte 1966, Fontana); **Peter Thomas**, ERINNERUNGEN AN DIE ZUKUNFT - ORIGINAL-SOUNDTRACK (Langspielplatte 1970, Polydor); **Rosy Singers / Orchester Peter Thomas**, DER STOFF AUS DEM DIE TRÄUME SIND / SANSSOUCI (Single-Schallplatte 1973, Ariola); **Peter Thomas**, WINNETOU UND SEIN FREUND OLD FIREHAND - ORIGINAL MOTION PICTURE SOUNDTRACK (Compact Disc 1991, Tarantula Records); **Peter Thomas**, KRIMINAL-FILMMUSIK (Compact Disc 1998, BSC Music); **Peter-Thomas-Sound-Orchester**, WARP BACK TO EARTH 66/99 (Langspiel-platte und Compact Disc 1999, Bungalow); **Peter Thomas**, TACH HERR DOKTER - DER SOUNDTRACK ZUM HEINZ BECKER FILM (Compact Disc 1999, BMG Ariola); **Peter Thomas Sound Orchestra**, PETER SCORES. THE EROTIC WORLD OF THE PETER THOMAS SOUND ORCHESTRA (Langspielplatte und Compact Disc 2002, Diggler Records); **Peter Thomas**, DEUTSCHE FILM-KOMPONISTEN, FOLGE 5 (Compact Disc 2007, Bear Family Records); **Peter Thomas Sound Orchester**, DIE VOLLKOMMENE EHE (THE PERFECT MARRIAGE) (Compact Disc 2009, Allscore / CSC); **Peter Thomas Sound Orchester**, JERRY COTTON - FBI'S TOP MAN (Compact Disc 2010, Allscore / CSC); **Peter Thomas Sound Orchester**, BRUCE LEE - THE BIG BOSS (Compact Disc 2010, Allscore / CSC)

Literatur zu Peter Thomas

Gerd Naumann, DER FILMKOMPONIST PETER THOMAS. VON EDGAR WALLACE UND JERRY COTTON ZUR RAUMPATROUILLE ORION (ibidem-Verlag, Stuttgart 2009)

Peter Thomas spielt
George Nader
die Jerry-Cotton-
Filmmusik vor.

George Nader
und Peter Thomas mit
der Schallplattensingle
der Polydor.

Filmregisseur
und Autor Will Tremper
mit Peter Thomas.

Peter Thomas
bei Musikaufnahmen 2009.

Rialto-Film-Produzent
Horst Wendlandt
und Peter Thomas.

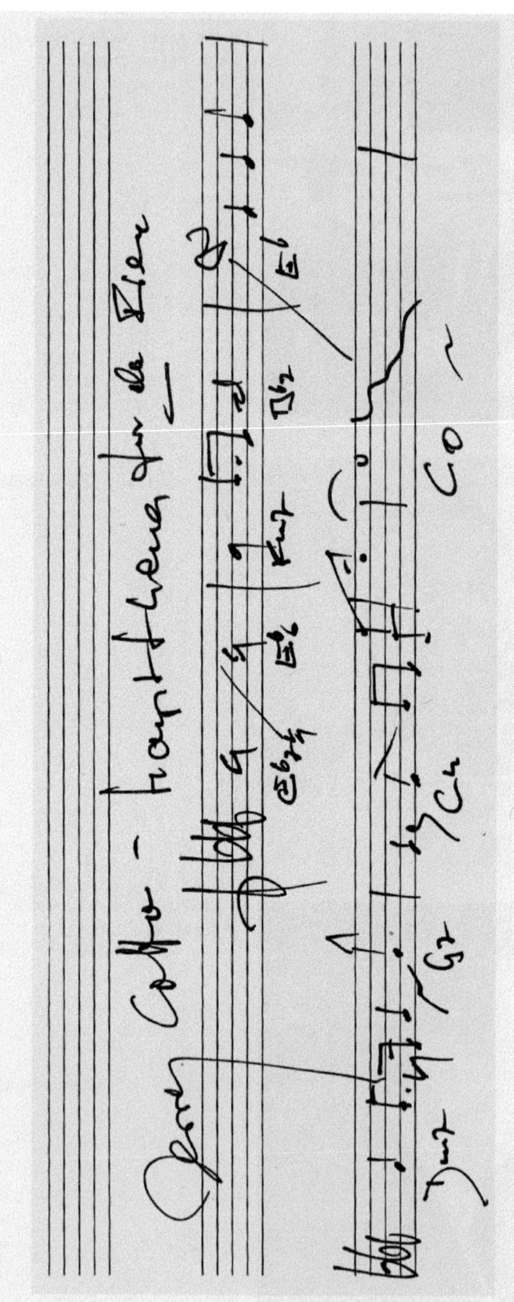

Von Peter Thomas per Hand geschriebene Noten des Jerry-Cotton-Hauptthemas.

Jerry Cotton im 21. Jahrhundert – Ein neuer Film und eine neue Musik

von David Serong

Ein neuer Jerry-Cotton-Film, eine neue Musik. Das Regieduo Cyrill Boss und Philipp Stennert griff ebenfalls auf Dienste eines Duos zurück – Helmut Zerlett und Christoph Zirngibl, mit denen die beiden bereits bei *Neues vom WiXXer* zusammengearbeitet haben. Helmut Zerlett, geboren 1957 in Köln, dürfte vielen als Bandleader der Late-Night-Shows von Harald Schmidt bekannt sein. Sein bisheriger Karrierefokus lag daher auch weniger auf der Filmmusik. Er war eher Live-Musiker, unter anderem für Marius Müller-Westernhagen. Christoph Zirngibl, geboren 1982 in Regensburg, kam ziemlich direkt zur Filmmusik, die er bei Enjott Schneider in München studiert hat. Über dreißig Filmmusiken stehen ihm bereits zu Buche, zum Beispiel für den Fernfahrerfilm *Transit* oder zusammen mit Zerlett für *Vorstadtkrokodile 3*.

Helmut Zerlett war dabei keine überraschende Wahl, denn schließlich verbindet ihn mit Peter Thomas eine lange Freundschaft, und dass auch Peter Thomas' *Jerry-Cotton-Marsch* einen Auftritt in Cottons neuester Filminkarnation haben sollte, war klare Sache. Schließlich wollte sich die Wiederaufnahme nicht völlig von der ursprünglichen Inszenierung entfernen, so blieb neben dem roten *Jaguar E-Type* auch der Marsch. An diesen Punkten hört die Aufarbeitung der Cotton-Filme der sechziger Jahre schon auf. Unsicher bewegt sich der Film zwischen Parodie, Actionkomödie und Christian-Ulmen-Kostümklamauk, wobei ihm eine klare Ausrichtung gut getan hätte. Die besten Momente hat der Film daher auch, wenn er einfach nur Actionkomödie ist.

Genau das spiegelt sich auch in der Musik wieder, denn durch eine streckenweise recht unschlüssige Mischung von Songs und neu komponiertem Score entwickelt sich keine Stimmung. Wobei der Score noch der Teil der Musik ist, der in seiner Rolle am eindeutigsten ist. Die Entscheidung, die der Film nicht getroffen hat, hat die Musik getroffen. Es ist die Musik für eine Actionkomödie geworden. Das Komponisten-Duo

Helmut Zerlett und Christoph Zirngibl hat der Figur Cottons einen ganz anderen, eigenen Anstrich verpasst. Der Christian-Tramitz-Cotton ist viel härter, viel handfester. Kräftige Rhythmen begleiten ihn bei jedem seiner Fälle. Selbst die wenigen ruhigen, emotionaleren Momente sind durch die ständige Präsenz des Schlagwerks, das nicht einmal spielen muss, um gespürt zu werden, nur Episode. Auch Cottons neues Thema ist viel düsterer; statt gepfiffen zu werden, wird es meist von den Bläsern vorgetragen. Zerlett und Zirngibl haben eine Actionmusik geschaffen, die den Vergleich mit der Musik zu Hollywood-Genreproduktionen nicht zu scheuen braucht. Ihre Musik hat die nötige Größe, um einer Figur, die im Film bereits als Legende eingeführt wird, auch den angemessenen Klangkörper zu verleihen. Wäre nur der Film so eindeutig geworden, wie es die Musik ist. Denn wo die Musik einen geradlinigen Actionpfad vorgibt, schafft es der Film nicht, sich zu entscheiden, ob er nicht doch lieber eine reine Komödie sein will.

Ein Faktor, der zum unentschlossenen Gesamteindruck beiträgt, ist auch eine inkonsequente Songauswahl. Bei der Mischung aus Beiträgen aktueller Musiker, unter anderem der Indie-Band Oceana, des französischen Chansonnier Benjamin Biolay und der Folkband Bon Ives, und älteren Stücken von The Supremes, Dean Martin und The Chantays fällt es schwer, ein Konzept zu entdecken; dramaturgisch bringen die Songs den Film auf jeden Fall kaum voran. Viel mehr wirken sie wie ein Versuch, einem möglichst breiten, jungen Publikum zu gefallen. Ein Problem, das deutsche Filme leider oft an den Tag legen; sie wollen allen gefallen und gefallen auf diese Weise niemandem mehr vollständig. Ansätze, also eine vorhandene Grundidee, welche Stimmung *Jerry Cotton* haben könnte, sind vorhanden, wie an der Musik von Zerlett und Zirngibl zu hören ist. Eine Musik, die auch die deutsche Kritik beeindruckt hat und für den *Preis der deutschen Filmkritik 2010* nominiert wurde.

Interview mit den Komponisten Helmut Zerlett und Christoph Zirngibl

von David Serong

Über die Musik und deren Entstehung standen die Komponisten Zerlett und Zirngibl im Winter 2009 der Filmmusikzeitschrift *Cinema Musica* Rede und Antwort. Dem Magazin erzählten sie, wie diese neue Musik entstanden ist, trotz der räumlichen Entfernung zwischen den beiden Komponisten. Zirngibl sitzt in München, während Zerlett sein Studio in Köln hat …

Wie seid ihr eigentlich zueinander gekommen? Wie habt ihr euch als Duo gefunden?

Helmut Zerlett: Das erste Mal haben wir für den Film *Maria an Callas* von Petra Wagner zusammengearbeitet. Da hat Chris die Orchestrierung gemacht, und ich habe ein paar Sachen arrangiert, denn der Film beinhaltet unter anderem Werke von Vincenzo Bellini, aber auch Swingstücke von Louis Jordan. Es gab drei, vier Orchesterstücke, die ich vororchestriert habe und Christoph hat sie dann ausgearbeitet. Also eigentlich kennen wir uns über Andreas Weidinger.

Christoph Zirngibl: Ja, das ist ein gemeinsamer sehr guter Freund von uns, mit dem ich hier im Studio sitze und bei dem ich auch studiert habe. Wir haben beide zusammen mit ihm am selben Projekt gearbeitet, und so haben wir uns kennen gelernt. Wir haben dann eine längere Zeit nichts voneinander gehört, erst bei *Neues vom WiXXer* haben wir wieder telefoniert.

HZ: Genau. Und da hat dich wieder Andreas Weidinger empfohlen. Ich hatte Andi gefragt und der hatte keine Zeit, aber er hat mir Christoph vorgeschlagen. Es stellte sich heraus, dass wir gut zusammen harmonieren, dass wir ähnliche Vorstellungen haben, wie es klingen soll. Obwohl wir quasi zwanzig Generationen auseinander sind, hat das einfach super geklappt. Wir haben uns dann für eine Arbeitsweise entschieden, bei der wir uns nur ab und zu persönlich treffen und die meiste Zeit separat arbeiten, beziehungsweise dann via Skype oder iChat die Sachen besprechen.

Also spiegelt die Form, in der wir gerade miteinander reden, via iChat, eure Zusammenarbeit wider. Wie macht ihr das, wenn ihr den Film dann habt?

HZ: Meist ist es so, dass jeder sich einen Cue rauspickt. *[Anmerkung: In einem so genannten »Cue Sheet« werden die Anfangs- und Endzeiten der Stellen notiert, an denen ihm fertigen Film Musik eingesetzt werden soll.]* **Das ist am Anfang erstmal so, weil wir beide Themen entwickeln. Als wir zum Beispiel für** *Jerry Cotton* **ein Hauptthema entwickeln mussten, was bekanntlich immer sehr schwer ist, ging das Ganze ein paar mal hin und her, bis dann einer eine Idee hatte, die recht gut funktionierte, und die hat der andere dann noch ein bisschen verfeinert – prompt hatten wir so unser Thema. Hauptthemen machen wir grundsätzlich beide zusammen, aber dann gibt es immer auch ein paar andere Themen… Bei** *Jerry Cotton* **waren das zum Beispiel das** *Zanuck-Thema* **und das** *Einsamkeitsthema***, da haben wir ganz klar gesagt: »Komm, mach du Zanuck, dann mach ich Einsamkeit.« Dabei haben wir immer darauf geachtet, dass die Kompositionsarbeit Fünfzig-Fünfzig aufgeteilt ist.**

CZ: Das Lustige am letztendlichen Hauptthema war, dass uns die abschließende Idee dazu erst kam, als wir nach der *SoundTrack_Cologne [Anmerkung: Filmmusikfestival in Köln]* **zusammen am Klavier saßen.**

HZ: Mit Peter Thomas zusammen. Der hat dann noch die letzten beiden Töne dazu inspiriert.

Habt ihr euch dann zum Schluss noch mal zusammengesetzt und alle eure Kompositionen zusammengebracht? Wie habt ihr dem Ganzen den »Finishing Touch« gegeben? Von dem, was ich bislang gehört habe, wäre ich nämlich nicht auf die Idee gekommen, dass zwei Komponisten daran gearbeitet haben, weil es eine Komposition aus einem Guss geworden ist.

CZ: Wir stehen ja während eines Projektes im ständigen Austausch. Sobald einer auch nur eine Skizze fertig hat, stellt er die auf den Ftp-Server. Wir haben beide identische Pro-Tools-Systeme. *[Anmerkung: »Pro Tools« ist ein Profiprogramm für Musik- und Audiobearbeitung.]* **Die Skizzen oder Demos, die der andere dann macht, legen wir uns direkt timecodegenau zum Bild an und so kann sich jeder am Material des anderen bedienen. So ergibt sich ein musikalisches Geflecht, das hinterher nicht mehr klar zu trennen ist.**

HZ: Wir funktionieren dabei auch als kontrollierende Instanz für den jeweils anderen. Dadurch sind viele Sachen, die ein Regisseur sonst anmerken würde, gar nicht mehr da. Wenn man in einer heißen Kompositionsphase ist, dann übersieht man schon mal Sachen, die der andere aber sofort entdeckt. Wenn der eine einen Cue entwickelt hat, schlägt der andere vor, dass es vielleicht gut wäre, zum Beispiel die Sache mal mit Trompeten zu machen. Auf die Idee wäre man allein vielleicht gar

nicht gekommen. Obwohl wir die Cues aufteilen, entwickeln wir die Musik dann doch gemeinsam. An einem Cue von mir hat Chris seinen Anteil, und wenn der Cue von Chris ist, habe ich auch meinen Anteil daran, so dass es zu diesem homogenen Ergebnis kommt. Das hängt aber auch damit zusammen, dass wir jetzt schon eine Weile zusammenarbeiten. Wir haben ja auch fürs Fernsehen einiges gemacht, zuletzt 39 Folgen für *Rennschwein Rudi Rüssel*. Da wächst man natürlich kompositorisch zusammen. Und bei *Jerry Cotton* haben wir auch noch mehr als bei *Neues vom WiXXer* eine homogene Musik erstellen dürfen. Beim *WiXXer* war es so, dass wir da viele genretypische Sachen einbringen mussten. Sachen wie: »Mach mal einen auf James Bond« oder »Mach mal einen auf Edgar Wallace«. Das war hier nicht so. Hier war die Vorgabe einfach, dass wir eine spannende Musik machen sollten, die nicht comedymäßig klingt.

Das hat mich an dem Film auch überrascht. Ich hatte eine Komödie wie den *WiXXer 2* erwartet, aber dann war es doch eher eine Actionkomödie in der Art von *Die Hard*. Habt ihr euch vorher amerikanische Actionkomödien angeguckt, um euch inspirieren zu lassen, oder konnten euch die Regisseure von Anfang an klipp und klar sagen, welchen »Drive« sie haben wollten?

CZ: Filme haben wir uns eigentlich nicht angesehen, außer vielleicht ein paar der alten Jerry-Cotton-Filme, um das Flair aufzunehmen. Die Regisseure haben sehr, sehr konkrete Vorstellungen von der Grundstimmung und vom Sound gehabt, den sie haben wollten. Es gab aber keinen Temp-Track *[Anmerkung: Im Rohschnitt vorab angelegte »Fremdmusik«, die den Komponisten als Orientierung für ihre Filmmusik dienen soll.]* in dem Sinne, dass es genau *so* klingen sollte. Unter dem Film, so wie wir ihn das erste Mal gesehen haben, lag ein Kauderwelsch von tausend verschiedenen Genres und Stimmungen, da war kein einheitliches Bild zu erkennen. An jedem Track war etwas eigenes, da die Flötenlinie, da der dunkle Sound... Das mussten wir zunächst alles für uns sortieren. Ich würde sagen, es gab keinen spezifischen Song oder Score, von dem wir uns inspirieren ließen.

HZ: Was natürlich gut ist, weil du dadurch die Möglichkeit hast, für den Film deinen eigenen Stil zu kreieren.

Was ich besonders spannend fand, war diese eine Szene, in der ihr ganz eng mit dem Sounddesign zusammengearbeitet habt, wo das Sounddesign quasi Teil der Musik geworden ist. Wie ist das entstanden?

HZ: Das Gute ist, dass Stefan Essl, der Cutter, selbst Schlagzeuger ist. Der hatte also schon auf den Beat geschnitten. Das ist bei dem Film öfters so, wenn man einmal ein Tempo gefunden hat, dann passt auf einmal jeder Schnitt, jede Betonung supergut. Wie zum Beispiel die Montage mit der Explosion in der Mikrowelle. Das hatte er schon so auf den Beat geschnitten, dass man sich da wundervoll an das Tempo halten konnte. Man brauchte im Grunde nur die BPM *[Anmerkung: Abkürzung für »Beats per Minute«, was frei übersetzt »Schläge pro Minute« bedeutet.]* auszurechnen und schon war man kompositorisch genau drauf. Das war klasse. Was noch dazu kam, war, dass wir noch nie so eng mit einem Sounddesigner wie mit Christian Conrad zusammenarbeiten konnten. Immer wenn wir eine neue Musik gemacht haben, haben wir ihm die hochgeladen und umgekehrt; immer wenn er ein super Sounddesign gemacht hat, hat er uns das gegeben. So kam es einmal zu einer lustigen Situation. Da schwebt ein Kaffeebecher in Zeitlupe quer durch den Raum und landet in einem Mülleimer. Hier wollten die Regisseure, dass musikalisch richtig was passiert. Jetzt wusste ich aber, dass Christian da einen Düsenjet drunter gelegt hat. Erst habe ich das Sounddesign relativ leise gemixt, und das war dann nicht genug, aber als ich dann den Level des Sounddesigns erhöht habe, war klar, wie es gemacht werden musste – Musik raus! Auch insofern war es sehr hilfreich, dass wir so eng mit dem Sounddesign zusammenarbeiten konnten. Gut, einzelne Dinge verdoppelten sich immer noch, aber so konnte man einen Großteil davon ausmerzen und wirklich nur da Musik machen, wo auch wirklich Musik gebraucht wird.

CZ: Ich finde, dass der Film, was die Tonebene angeht, extrem durchgestylt ist. Das fängt schon mit der Einleitungssequenz an, mit dieser Rückfahrt durch die vielen Buchstaben. Da ist schon alles sehr detailliert durchgeplant, wo Musik ist und wo Geräusche sind. Das zieht sich durch bis zum Schluss, wo dann beim Duell fast überhaupt kein Sounddesign mehr ist und nur Musik zu hören ist.

HZ: Genau. Oder wie bei der Szene mit der goldenen Wand, wo sie ja eigentlich mit Hochdruckgeräten die Wand abduschen. Da haben wir uns schon beim Komponieren gefragt, ob da noch was zu hören sein wird von der Musik. Aber sie haben den Sound komplett weggedreht und nur noch die Musik gelassen und die Atemgeräusche der Schauspieler, so dass es dann eine ganz eigene Welt wird. Manchmal haben sie auch den Off-Sprecher zugunsten der Musik nach hinten gesetzt oder weniger sprechen lassen, damit man mehr von der Musik hört. Das lief alles Hand in Hand.

> Wie ist das eigentlich, wenn man mit einem Regieduo zusammenarbeitet? Ihr seid ja selbst ein Duo… War das reiner Zufall oder steckt dahinter ein Konzept?

HZ: Es ist schon Zufall, dass wir als Composerduo mit einem Regieduo bei *Neues vom WiXXer* zusammengekommen sind. Ich denke aber, das ist eine ganz gute Kombi, wenn man zu zweit ist, denn so hat man noch mal eine zusätzliche Kontroll- oder besser Inspirationsinstanz; Kontrolle hört sich ja eher negativ an. Man inspiriert sich halt gegenseitig. Und so ist das bei den beiden auch. Manchmal kann das natürlich auch ein bisschen schwierig sein, weil vier Augen mehr sehen und vier Ohren mehr hören als zwei. Wenn man einen Regisseur überzeugt hat, muss man den anderen ja auch noch überzeugen. Das führte letzten Endes aber nicht zu bloßen Kompromissen, sondern es gab immer ganz klare Entscheidungen. Die Befürchtung, dass es umso schwieriger wird, je mehr Leute daran beteiligt sind, hat sich nicht bewahrheitet. Das Schöne an der Arbeit mit Stennert und Boss ist ja, dass sie sich so detailliert ausdrücken können. Manchmal, wenn wir einen neuen Cue geschrieben hatten, kam eine Musikkritik von einer halben bis zu zwei Seiten, wo du dann gedacht hast: »Oh Gott, was habe ich alles falsch gemacht?« Das war aber gar nicht so, da ging es immer nur um eine ganz bestimmte Sache, bei der sie ganz genau beschrieben, wie sie sich diese vorstellen. Natürlich bekommt man am Anfang bei so einer Änderungsliste erstmal einen Schock, aber am Ende stellte sich dann stets heraus, dass du es einfach nur so und so machen musstest, und dann war alles im Lot. Das ist sehr hilfreich als Komponist, wenn du so kompetente Regisseure hast, denn dann kann auch nicht so viel schief gehen.

Was für eine Rolle spielte Peter Thomas für euch bei der Produktion?
HZ: Ich kannte Peter Thomas schon lange bevor ich überhaupt die Neues-vom-WiXXer-Musik angeboten bekam, über einen Freund von mir, der bei RTL Redakteur war. Peter Thomas wollte dann immer irgendwas mit mir machen, ich habe nur nie rausbekommen was. Er hat mich zum Kommandanten des Orchesters der *Raumpatrouille* ernannt. *[Anmerkung: Peter Thomas hat auch die Musik zur bekannten Fernsehserie »Raumpatrouille – Die phantastischen Abenteuer des Raumschiffs Orion« geschrieben.]* Ein ganz lieber und rühriger Mann ist das. Und dann beim *WiXXer* habe ich mich zum ersten Mal auch inhaltlich mit ihm auseinandergesetzt, weil es mir wichtig war, dass wir ihn nicht falsch zitieren, sondern alles auf der richtigen Ebene funktioniert. Bei *Jerry Cotton* ist diese Auseinandersetzung dann noch enger geworden, weil wir ja auch das Thema von ihm verwenden wollten. Da sind wir dann nach Lugano gefahren und haben ihn besucht. Er hat dafür gesorgt, dass wir die ganzen Notenmaterialien bekommen und hat uns mit tausenden CDs mit allen möglichen Versionen bestückt. Wir standen wöchentlich mit ihm in Kontakt. Wann immer wir einen Mix von seinen Sachen fertig hatten, haben wir ihm den zugeschickt. Er hat dann »super« gesagt und Tipps gegeben, wie wir es noch besser machen könnten. Es war eine sehr konstruktive und fruchtbare Zusammenarbeit mit Peter Thomas. Für uns war es eine große Ehre, dass solch eine Koryphäe der Filmmusik mit uns arbeitet.

Ich habe gelesen, dass euch auch die Live-Musik sehr wichtig ist. Inwieweit spiegelt sich das in eurer alltäglichen Arbeit wider, zum Beispiel bei *Jerry Cotton*?

HZ: Wir haben bis auf wenige Soundeffekte alles mit Live-Instrumenten einge-spielt. Chris ist mit einem Schlagzeuger befreundet, der alles getrommelt hat. Markus Wienstroer hat alle Gitarren gespielt, und den Rest hat eben das Orchester gemacht. Percussion haben wir zum Teil selber eingespielt.

CZ: Ich denke, dass es eine generelle Denkweise ist, weil man gewisse Sachen ganz anders angeht, ganz anders schreibt, als Leute, die sich nicht mit Live-Musik befas-sen oder die nicht aktive Musiker sind. Vor allem, wenn man, wie bei diesem Score, auch mit Rockmusikern zusammenarbeitet, wie jetzt mit Stephan Ebn, Schlagzeug, oder eben Markus Wienstroer, Gitarren. Da muss man auch ein Händchen und ein bisschen Ahnung haben, wie man solchen Leuten Ideen präsentiert, damit sie diese dann auch so umsetzen, wie man es haben will. Ich glaube, der Unterschied könnte nicht größer sein zwischen Orchestermusik und Bandmusik. Das sind kom-plett verschiedene Welten, die man ganz verschieden behandeln muss, obwohl zum Schluss ja alles zusammen funktionieren soll.

HZ: Wenn ich zum Beispiel eine Gitarrenfigur komponiere, dann denke ich oft schon an denjenigen, der das dann spielen wird. So dass derjenige eigentlich nur noch so spielen muss wie immer, und dann ist das Resultat genau das, was ich haben will. Das ist bei Leuten wie Stephan Ebn und Markus Wienstroer besonders »easy«, weil sie beide ein sehr breites Spektrum haben. Stephan hat mit Gianna Nannini viel Live-Erfahrung gesammelt und Markus hat schon bei Lalo Schifrin im Orchester gearbeitet, außerdem spiele ich mit ihm wöchentlich bei Harald Schmidt.

CZ: Gerade an dieser Produktion ist vielleicht die Tatsache interessant, dass das Wenigste dadurch entstanden ist, dass wir zusammen mit den Musikern in einem Raum saßen, sondern fast alles über digitale Bahnen abgewickelt wurde. Das ein-zige, wo wir wirklich vor Ort waren, waren die Orchesteraufnahmen mit dem Film-orchester Babelsberg. Das war aus rein zeitlichen Gründen so, weil die Arbeit wirk-lich komplett durchging über Weihnachten und Neujahr bis hin zur letzten Orchesteraufnahme im Januar. So blieb gar keine Zeit, alle Musiker selbst aufzu-nehmen. Sobald etwas fertig und abgenommen war, ging es sofort an unsere Orchestratoren Tilo Heinrich und Lorenz Dangel sowie den entsprechenden Musiker raus, der seine Parts dann im eigenen Studio aufgenommen und uns die Sachen wieder zurückgeschickt hat. Diese Spuren haben wir dann in die von unserem Pro-Tools-Operator Ceslaus Jentzmyk parallel vorbereiteten Pro-Tools-Sessions ein-gebaut. So lief eigentlich die ganze Produktion ab. Was uns am Anfang schon ein bisschen traurig gestimmt hat, weil man sich ja eigentlich denkt, wenn man Filmmusik für einen Kinofilm macht, hat man etwas mehr Zeit als bei einem

Fernsehfilm, wo die Zeitpläne immer sehr knapp bemessen sind. Bei einem Kinofilm stellt man sich vor, man könnte sich richtig darauf konzentrieren, mit den Musikern zusammenzuarbeiten und sich im Studio Zeit zu nehmen. Stattdessen haben wir fast nur digital über iChat und den ftp-Server zusammengearbeitet.

HZ: Aber das hat auch sehr gut funktioniert. Wir mussten ja fast siebzig Minuten Musik komponieren. Wir haben zum Beispiel das Schlagzeug nicht erst in der Filmmusikmischung abgemischt, sondern haben das in Berlin von einem befreundeten Toningenieur, Nico Berthold, machen lassen, der uns die Einzelspuren von Stephan, die direkt nach Berlin gingen, als Stereospur fertig bearbeitet hat. Das hat sich als sehr positiv herausgestellt, weil jeder weiß, wie lange man an so einem Schlagzeugsound sitzt; manchmal sitzt man da Stunden an einem einzigen Stück. Die Zeit, um achtzig Cues zu machen, hätten wir natürlich niemals gehabt. Für die gesamte Endmischung hatten wir gerade mal drei Tage Zeit. Parallel zur Orchesteraufnahme saß Luc Bonnet in einem zweiten Studio und editierte die bis dahin aufgenommenen Orchestertakes. Die Resultate gingen dann nach Eichenau bei München, wo wir die Spuren im Orchestermix in den *Dorian Gray Studios* zusammenführen konnten.

Glaubt ihr, das ist die Zukunft? Dass man mehr digital und über größere Entfernungen hinweg zusammenarbeitet als tatsächlich zusammenzusitzen?

HZ: Ich glaube ja, leider. Es wird zwar immer noch Momente geben, wo man zusammensitzt, aber das andere wird eher die Regel sein. Wobei es für uns wunderbar geklappt hat, wir hatten zusammen mit den Orchestratoren, der Music-Preparation Abteilung von *HEIKO Music*, den Musikern und Toningenieuren ein Team von 20, 25 Leuten, die alle wie ein Uhrwerk zusammengearbeitet haben. Dadurch, dass wir so viele Leute hatten, konnten wir natürlich auch recht viel komponieren und sehr detailliert auf alles eingehen. Ich denke, beim nächsten Film werden wir es genauso machen.

Wie sehen eure Zukunftspläne aus? Stehen schon neue Projekte an?

CZ: Bislang hatten wir noch kaum Zeit darüber nachzudenken, weil wir ja parallel zu *Jerry Cotton* auch noch die Fernsehserie *Rennschwein Rudi Rüssel* hatten. Die ersten sieben Folgen davon mussten wir noch vor *Jerry Cotton* fertig kriegen, dafür haben wir Tag und Nacht durchgearbeitet. Und seit der letzten Note der Orchesteraufnahmen sitzen wir nun an den letzten sechs Folgen. Das wird jetzt noch ungefähr zwei Wochen dauern, und dann brauche ich erstmal ein bisschen Urlaub.

HZ: Ich werde auch erstmal Urlaub machen. Wir haben schließlich seit September durchgearbeitet. Bis auf Heiligabend und Silvester hatten wir sozusagen keinen

Tag frei. Es gibt schon wieder ein paar Sachen, die am Horizont winken, aber im Moment möchte ich mir erstmal keine Gedanken darum machen, sondern einfach mal entspannen und mein ganzes Equipment updaten. Die ganzen Computer jetzt wieder vernünftig zum Laufen zu kriegen, das ist definitiv besser, als wenn man dann wieder mit heißer Nadel neue Software installieren muss. Die läuft dann zwar meistens mit Ach und Krach, aber im Nachhinein muss man das Ganze auch wieder stabilisieren. Unsere Computer sind immer bis an die Grenzen ausgereizt, voll mit den neuesten Sounds. Das ist eine recht wackelige Sache, die man, wenn man mal eine Pause hat, ganz gerne in Ordnung bringt.

Ich frage auch, weil ich im Internet gelesen habe, dass Boss und Stennert schon wieder den nächsten Klassiker im Auge haben, nämlich *Doktor Mabuse*. Da drängt sich natürlich die Frage auf, ob ihr beide wieder mit dabei seid.

CZ: Dazu können wir im Moment leider noch nichts sagen.

HZ: Aber die Zusammenarbeit mit den Jungs war klasse. Es soll ja eventuell auch einen *WiXXer 3* geben, aber auch da muss man mal schauen, was passiert. Und wenn *Jerry Cotton* kein Flop wird, was ich nicht denke, weil der Film einfach zu schön geworden ist und sicher vielen Leuten gefällt, dann wird es auch da mit Sicherheit einen zweiten Teil geben.

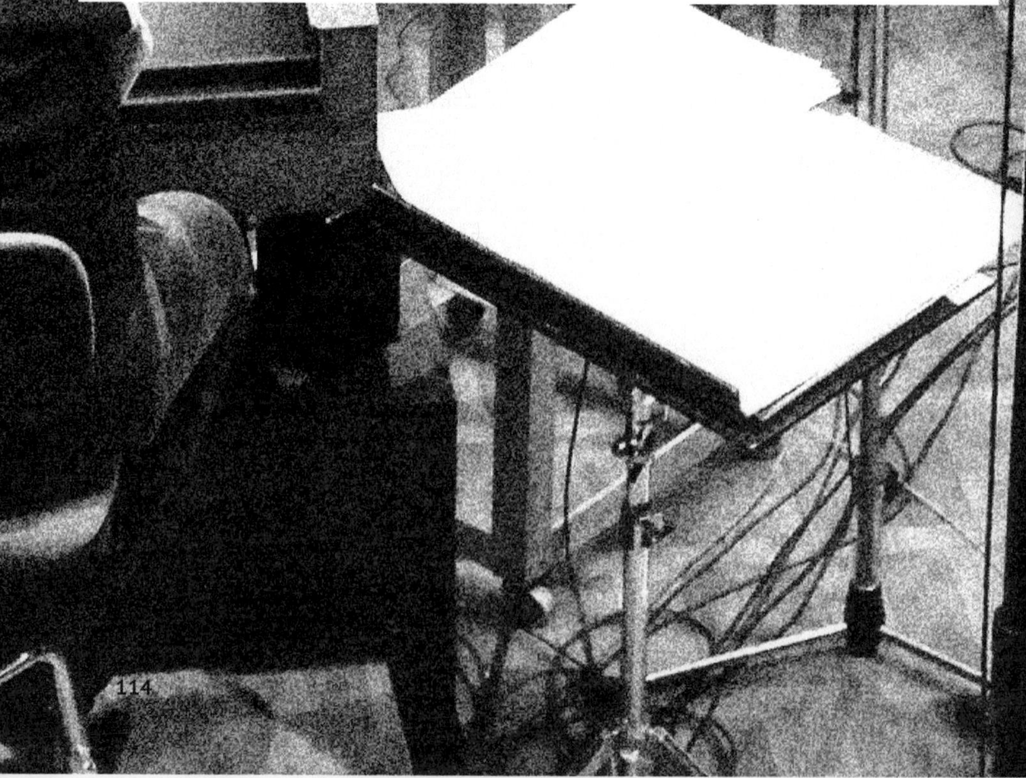

Das Filmorchester
bei der Aufnahme.

Helmut Zerlett und
Peter Thomas 2009 auf der
»Soundtrack_Cologne«.

Das Team der Sound-
trackaufnahme
und die Komponisten.

Der deutsche Kriminalfilm

von Marco Geßner

Gibt es in Deutschland einen speziellen Typ des Kriminalfilms? Eine eigene Art der Erzählung, der Inszenierung oder des dramaturgischen Aufbaus? Mit den USA assoziiert man den stilprägenden »Film Noir«, mit England den klassischen »Whodunit«, mit Italien den gewalttätigen »Giallo« und »Polizieschi« und mit Frankreich dessen ganz eigenen, melancholisch-grüblerischen Polizei- und Kriminalfilm. Hat Deutschland dem etwas Gleichwertiges entgegenzusetzen? Die Frage muss verneint werden, denn ein Filmepochen übergreifender, größerer Ansatz ist nicht auszumachen. Angesichts der bewegten, teils unrühmlichen deutschen Geschichte ist dies auch wenig überraschend. Sorgten die politischen und gesellschaftlichen Extreme doch immer wieder für radikale Brüche anstatt für Weiterentwicklungen der deutschen Filmproduktion. Trotzdem, oder vielmehr gerade deshalb, ist es spannend, einmal hundert Jahre deutscher Kriminalfilmunterhaltung Revue passieren zu lassen.

Von Siegfried Kracauer stammt aus den dreißiger Jahren das Argument, der geringe Anteil von Kriminalstoffen in der damaligen einheimischen Filmproduktion sei mit der politischen Systemausrichtung Deutschlands zu erklären. Die Helden des Genres, vor allem Polizisten und Detektive, hätten in demokratisch gewachsenen Staatsstrukturen den Stand von Beschützern der Freiheit und der Vielfältigkeit, während in autoritären Systemen, wie dem damaligen Deutschland, der Polizist eher als Unterdrücker, der Detektiv als Spitzel und Denunziant gesehen werde. Wie viel Wahrheit dieser These innewohnt, sei hier einmal dahin gestellt. Sie täuscht jedoch ein wenig darüber hinweg, dass der Kriminalfilm in den zehner und zwanziger Jahren in Deutschland zwar nicht zu den beliebtesten und kassenträchtigsten Genres zählte, jedoch alles andere als ein kümmerliches Dasein fristete.

Vorrangig stand damals die Detektivarbeit im Mittelpunkt der Stoffe, wie beispielsweise in einer ganzen Reihe von Sherlock-Holmes-Verfilmungen zwischen 1914 und 1920, deren erste die Adaption des Bestsellers *Der Hund von Baskerville* war. Zum ersten großen Klassiker des deutschen Krimis geriet 1922 *Dr. Mabuse, der Spieler*, den Fritz Lang nach literarischen Vorlagen von Norbert Jaques in zwei Teilen auf die Leinwand brachte. In epischer Weise schilderte Lang darin den Kampf eines Oberstaatsanwaltes gegen einen skrupellosen Machtmenschen, der nach der Weltherrschaft trachtet. Er ist ein Mann der zahlreichen Verkleidungen und Täuschungen, der die wirtschaftliche wie gesellschaftliche Unruhe des Nachkriegsdeutschlands für sich ausnutzt. Eine Phase, die von extremen Klassengegensätzen, Vergnügungssucht, Misstrauen und Depression gekennzeichnet war. Eine bizarre und brisante Mischung, die Lang dazu verwandte, den rationalen Zukunftsängsten seines Publikums ein Gesicht und Ventil zu geben. Der Figur des Dr. Mabuse sollte sich der Regisseur auch später erneut zur Charakterisierung gesellschaftlicher Zustände bedienen. 1928 kehrte Lang mit *Spione* wieder zum Genre zurück, einem Film in dem ein Geheimagent auf den Chef eines großen Bankhauses angesetzt wird, der zugleich Kopf eines internationalen Spionageringes ist. Ebenfalls zu erwähnen ist *Der Bettler vom Kölner Dom*, in dem ein Beamter einer internationalen Fahndungspolizei einer Einbrecher- und Hochstaplerbande auf der Spur ist, die den Schwerpunkt ihrer Aktivitäten nach Köln verlegt hat.

Weitere Filme, die nun auch die Polizeiarbeit in den Fokus der Handlung stellten, erschienen mit der Durchsetzung des Tonfilms in den frühen dreißiger Jahren. Carl Lamac inszenierte und produzierte die beiden Edgar-Wallace-Verfilmungen *Der Zinker* (1931) und *Der Hexer* (1932), die beide aus heutiger Sicht etwas unentschieden zwischen Spannungserzeugung und Romantik hin- und herpendeln. Interessante frühe Tonfilmproduktionen sind sie in jedem Fall.

Und sie waren nicht die einzigen – Erich Engels erkundete 1932 *Das Geheimnis des blauen Zimmers*, Hans Albers jagte in *Der Greifer* (1930) als Scotland-Yard-Beamter in London einen Serientäter sowie in *Ein gewisser Herr Gran* (1933) als Geheimdienstler den Konstruktionsunterlagen einer geheimen Flugabwehr hinterher. Der Actionheld, pardon, Sensationsdarsteller Harry Piel wagte den *Sprung in den Abgrund* (1933). Am bekanntesten wurden zwei, inzwischen längst legendäre und weltweit als Meilensteine der Filmgeschichte eingestufte Werke Fritz Langs. *M – Eine Stadt sucht einen Mörder* (1931) gilt als Blaupause des Thriller- und Serienkillerfilms, seine dramaturgischen Kniffe, wie ineinander übergehende Parallelmontagen, wurden zahlreich kopiert. In Langs vorerst letztem deutschen Film reanimierte er die Figur des Superverbrechers Dr. Mabuse, um neben einer spannenden Krimihandlung ein weiteres Mal gesellschaftliche Stimmungen aus einem Land am politischen Scheideweg einzufangen. In *Das Testament des Dr. Mabuse* (1932) setzt der Direktor einer Irrenanstalt die vom Patienten Mabuse im Wahn gekritzelten Anweisungen für Verbrechen in die Tat um, um eine Herrschaft des Verbrechens zu errichten. Aufgrund der vorhandenen Subtexte sind beide Lang-Filme in den nachfolgenden Jahrzehnten fast schon überinterpretiert worden. Fakt ist jedoch, dass sie sowohl als

Gesellschaftsstudie, als großes Schauspielkino wie auch als Kriminalfilme gleichermaßen funktionieren. Es ist wenig verwunderlich, dass beide Filme von den Nationalsozialisten verboten wurden. Doppelbödige, hintersinnige Krimikost war im Dritten Reich selbstredend kein Thema, sehr wohl aber leichte Krimiunterhaltung.

Obgleich die Anzahl der zum Genre zählenden Produktionen bis 1945 überschaubar blieb, waren Krimis generell möglich, jedoch mit Einschränkungen. Deutsche Bürger wurden im Dritten Reich generell als »nicht kriminell« eingestuft, demzufolge gab es offiziell derartige Kapitalverbrechen nicht. Drehbuchschreiber und Regisseure umgingen dieses Problem, indem die Täter aus dem Ausland kamen (*Verräter* von 1936), die Handlung des Films ganz außerhalb Deutschlands spielte (*Einer zuviel an Bord* von 1935 und *Sergeant Berry* von 1938) oder aber die Handlung in zwielichtigen oder verruchten Milieus (*Gleisdreieck* von 1936) angesiedelt wurde.

Auch Carl Lamacs Arbeiten hielten sich daran, so etwa die als Krimikomödie angelegte Edgar-Wallace-Verfilmung *Der Doppelgänger* (1934) und *Der Hund von Baskerville* (1936), eine in Teilen durchaus stimmungsvolle erneute Variation des beliebten Sherlock-Holmes-Stoffes. Auch Harry Piel bediente vor Kriegsausbruch erneut das Genre, in *90 Minuten Aufenthalt* (1936) und *Sein bester Freund* (1937). Aus dieser Zeit erwähnenswert sind neben dem Komödienklassiker *Der Mann, der Sherlock Holmes war* (1937) und *Dr. Crippen an Bord* (1942), dem erfolgreichsten Film der vierziger Jahre, auch der heute eher unbekannte Streifen *Oberwachtmeister Schwenke* (1935), in dem durchaus versteckte Kritik am aufkommenden Nationalsozialismus gesehen werden kann. Als Genrespezialist tat sich in dieser Epoche der Regisseur Erich Engels hervor, der neben *Dr. Crippen an Bord* unter anderem auch *Mordsache Holm* (1938) und *Zentrale Rio* (1939) inszenierte. Kriminalfilme gehörten unter gewissen Bedingungen also durchaus zum Repertoire dieser Zeit. Sogar einer der letzten Filme des Dritten Reiches, der nicht mehr beendet wurde, war ein solcher Genrefilm – *Shiva und die Galgenblume* (1945) mit Hans Albers.

Nach 1945 begann eine schwierige Phase für den Kriminalfilm. Seine speziellen Topoi und Charakteristika hatten in dieser katastrophalen Zeit kaum Gebrauchswert, erst recht keinen Unterhaltungswert für die Bevölkerung. Die erste Generation der »Trümmerfilme« beinhaltete jedoch in Ansätzen kriminalistische Aspekte, war aber, vor allen Dingen in der sowjetischen Besatzungszone und in nachvollziehbarer Weise, eher an der Aufarbeitung des faschistischen Terrorregimes interessiert.

Eine der wenigen Ausnahmen lässt sich in den Anfangsjahren der *Deutschen Film A.G.* (DEFA) finden: *Razzia* (1947) stellt einen Hauptkommissar im Kampf gegen die schwerkriminellen Elemente des

Schwarzmarkthandels in den Blickpunkt, der bei den kleinen Leuten öfter mal ein Auge zudrückt. Der Film von Werner Klingler fand jedoch trotz seines Erfolges keine Nachfolger, zu sehr wurde nach der Gründung der DDR dem Film das Leitbild des »sozialistischen Realismus« aufgedrückt, nach dessen Sichtweise es kriminelle Subjekte im Arbeiter- und Bauernstaat nicht geben sollte. Auch in den westlichen Besatzungszonen behandelten die wenigen »Trümmerfilme« nur in Ansätzen kriminalistische Themen, so etwa das Hans-Albers-Vehikel *... und über uns der Himmel* (1947). Der Film wandte sich ebenfalls dem Sujet des Schwarzmarkthandels zu, zeigte als Hauptpersonen jedoch einen Heimkehrer und dessen Sohn, die den Hauptkonflikt miteinander lösen müssen. Schon an diesem Film zeigten sich bestimmte Tendenzen, die für das nachfolgende Kino der fünfziger Jahre prägnant werden sollten. Dass Vater und Sohn aus dem Krieg kommen, wird im Film allwissend vorausgesetzt, jedoch nie explizit erwähnt. Die jüngst zurückliegende Zeit wird ausgeklammert, der Text des Titelliedes animiert zum Nachvorneschauen: »Was soll denn werden – es muss doch weitergehen ... Wir fangen einfach von vorne an!«

Der westdeutsche Film der Wirtschaftswunderzeit kam dem Verlangen der Bevölkerung nach Ablenkung von der tristen und schwierigen Nachkriegszeit entgegen und feierte mit seriell und preiswert hergestellten Heimat-, Revue- und Schlagerfilmen enorme Erfolge. Mit dem Wiederaufbau der deutschen Armee gelangte ab 1954 auch eine große Anzahl an Kriegsfilmen in die Kinos, mit denen die Abenteuer- und Heldenlust der männlichen Jugend angesprochen wurde. Diese Filme konnten selbstverständlich den Zweiten Weltkrieg nicht mehr verschweigen. Sie mussten einen gesellschaftlich akzeptierten Spagat vollführen – die fein säuberliche Trennung zwischen Verführern und Verführten, Nazis und Deutschen, SS und Wehrmacht. Kriminalstoffe wurde in dieser Zeit kaum bedient. Sie versprachen keinen Kassenerfolg, da sich genrebedingt kein damals so gewünschtes »Happy End« bewerkstelligen ließ. Zu den wenigen Ausnahmen des ersten Nachkriegsjahrzehnts gehören lediglich *Blockierte Signale* (1948), *Der Schatten des Herrn Monitor* (1950) oder *Wer fuhr den grauen Ford?* (1950).

Alibi (1955), mit O.E. Hasse und Hardy Krüger, war einer der ersten Versuche, einen handfesten Genrebeitrag beim Publikum zu lancieren, auch wenn die Ermittlungstätigkeit hier von einem Zeitungsreporter geleistet wurde. Der Film scheiterte an der Kinokasse. Immerhin versuchten sich nun neue Filme am Genre, auch weil einige Produzenten den Beginn einer Veränderung in der Gesellschaft erahnten. Doch obwohl die kommenden Filme handwerklich und vom Unterhaltungswert her einiges zu bieten hatten, teilweise heutzutage sogar als Klassiker gelten, brachten sie noch nicht den nötigen Publikumsdurchbruch. Immerhin entdeckten Filme wie *Nachts, wenn der Teufel kam* (1957), *Es geschah am hellichten Tag* (1958) und *Der Greifer* (1958) einen interessanten und »gruseligen« Charakter wieder – den Serientäter.

Auch das öffentliche Interesse am Mordfall der Edelprostituierten Rosemarie Nitribitt und dessen erfolgreiche Verfilmung *Das Mädchen Rosemarie* (1958) sowie seine filmischen Trittbrettfahrer wie *Unser Wunderland bei Nacht* (1959) bewiesen, dass die Zeit in Deutschland langsam wieder für Geschichten jenseits des Heile-Welt-Prinzips reif wurde. Es zeigte sich, dass die Bevölkerung auch wieder an den Schattenseiten des Wirtschaftswunderlandes interessiert war und dass sich damit Geld verdienen ließ. Einzig und allein war die gewinnbringende Formel für einen deutschen Kriminalfilm noch nicht gefunden. Bis 1959 *Der Frosch mit der Maske* erschien, der damit nicht nur den Auftakt einer langen und erfolgreichen Reihe von Edgar-Wallace-Verfilmungen markierte, sondern auch auf Anhieb alle Elemente des deutschen Sechziger-Jahre-Kriminalfilms vorwegnahm. Er markierte erstmals eine Mischung aus Krimi-, Grusel-, Drama- und Komödienelementen, die beim Publikum ein Jahrzehnt lang sehr populär sein würde. Zu den Höhepunkten der klassischen Edgar-Wallace-Reihe gehörten unter anderem *Der grüne Bogenschütze* (1960), *Die toten Augen von London* (1961), *Der Zinker* (1963), *Das indische Tuch* (1963) sowie *Der Hexer* (1964).

Der enorme Erfolg der ersten Wallace-Filme rief wie üblich die Konkurrenz auf den Plan. Basierten *Der Rächer* (1960) sowie *Der Fluch der gelben Schlange* (1962) noch auf Arbeiten von Edgar Wallace selbst, suchten findige Produzenten nach anderen Schriftstellern und Filmfiguren, um eigene Filmserien zu starten. So konnte Artur Brauner den Regisseur Fritz Lang dazu gewinnen, einen weiteren Dr.-Mabuse-Film zu inszenieren. 1960 erschien *Die 1000 Augen des Dr. Mabuse*, der zwar nicht an die Vorgängerfilme herankam, trotzdem aber einen spannenden Krimi sowie ein stimmiges Zeitbild darstellte. Diesmal machte sich der Superschurke die ehemaligen Abhöranlagen eines von den Nazis kurz vor Ende des Zweiten Weltkrieges gebauten Luxushotels zu Nutze, um reiche internationale Geschäftsleute auf seinem Weg zur Herrschaft über das Verbrechen zu erpressen. Lauerten da hinter dem neuen Luxus der Wirtschaftswunderzeit verborgen noch die alten Vertreter der jüngsten Vergangenheit, die im Hintergrund weiter aktiv waren? Eine Rückkehr zu alter Weltmannssucht? Langs Film schloss sich eine kurzlebige Serie an. 1961 erschien *Im Stahlnetz des Dr. Mabuse*, der gesellschaftliche Kommentare außen vor ließ, als spannender und atmosphärischer Krimi aber bestens funktionierte. Etwas schwächer, jedoch immer noch unterhaltsam gerieten die beiden Folgefilme *Die unsichtbaren*

Krallen des Dr. Mabuse (1962) und *Das Testament des Dr. Mabuse* (1962). Schließlich klang die Serie mit den beiden mittelprächtigen Filmen *Scotland Yard jagt Dr. Mabuse* (1963) und *Die Todesstrahlen des Dr. Mabuse* (1964) aus.

Zu diesem Zeitpunkt hatte Produzent Artur Brauner bereits eine weitere Krimiserie am Markt installieren können. Als cleveren Schachzug hatte er sich die Rechte an den Werken von Bryan Edgar Wallace gesichert, dem Sohn des »Originals«. Ab 1962 entstanden in mehr oder weniger freien Adaptionen überzeugende Verfilmungen wie *Der Henker von London* (1963), gute Krimiware mit *Der Würger von Schloss Blackmoor* (1963) und *Das 7. Opfer* (1964) sowie durchschnittliches mit *Das Phantom von Soho* (1963) oder *Das Geheimnis der schwarzen Koffer* (1962). Großen Anklang fanden die vier Verfilmungen von Romanen des deutschen Autors Louis Weinert-Wilton, eigentlich Alois Weinert, die zwischen 1962 und 1964 entstanden – *Der Teppich des Grauens* (1962), *Die weiße Spinne* (1963), *Das Geheimnis der schwarzen Witwe* (1963) sowie *Das Geheimnis der chinesischen Nelke* (1964). Teilweise waren diese Filme geschäftlich sogar noch erfolgreicher als die zeitgleich laufenden Edgar-Wallace-Filme.

Mitte der sechziger Jahre versuchte *Constantin Film*, in Koproduktion mit einer englischen Firma, einen neuen Superschurken im Kino zu platzieren, der, wie auch Dr. Mabuse, akademische Weihen genoss. Nach den Romanen von Sax Rohmer schlüpfte Christopher Lee in diese Filmserienrolle erstmals 1965 mit *Ich, Dr. Fu Man Chu*. Schneller als andere Filmstaffeln glitten die Nachfolgefilme *Die 13 Sklavinnen des Dr. Fu Man Chu* (1966) und *Die Rache des Dr. Fu Man Chu* (1967) mit ihrem Pendeln zwischen Horror, Krimi- und Mysteryelementen ins »Trashige« ab. Das bittere Ende war spätestens mit der Verpflichtung von Regisseur Jesus Franco Manera (Jess Franco) für *Der Todeskuß des Dr. Fu Man Chu* (1968) und *Die Folterkammer des Dr. Fu Man Chu* (1969) erreicht.

Ein populärer Kriminebenstrang führte in den sechziger Jahren ins Metier der Geheimagenten. Mit dem großen Erfolg der James-Bond-Reihe ab 1962 wurden speziell in Europa dutzende Kollegen der englischen Doppelnullnummer in Dienst genommen. Die Italiener hatten die Agenten S3S oder 077, Frankreich seinen OSS 117 und die Deutschen ihren Kommissar X, der produktionstechnisch allerdings italienische Anteile besaß. Zum ersten Mal trat er 1965 in *Kommissar X – Jagd auf Unbekannt* in Erscheinung. Stets begleitet wurde er von seinem Sidekick und auch Konkurrenten Captain Rowland. Ansonsten hatte er, wie das große Vorbild Bond, einen Schlag bei den Frauen, immer einen lockeren Spruch auf Lager und gab sich überheblich-charmant-lässig. Auch andere Werke der damaligen Euro-Spy-Welle kamen gänzlich oder in Koproduktion aus Deutschland, so etwa *Das Geheimnis der drei Dschunken* (1965), *Das Geheimnis der gelben Mönche* (1966), *Operation Taifun* (1967), *Du stirbst um 6 in Tetuan* (1967) oder *Mister Dynamit – Morgen küsst euch der Tod* (1967).

Neben all diesen exotisch-eskapistischen Filmen und der in einem imaginierten England angesiedelten Edgar-Wallace-Serie gab es in Deutschland aber auch vereinzelt Kriminalstoffe mit Lokalkolorit, hier vor allen Dingen die »St.-Pauli-Filme« der sechziger und siebziger Jahre. Als Ursprung dieses Krimi-Subgenres mit auf Hamburgs »Sündenmeile« spielenden Geschichten können durchaus Helmut Käutners *Große Freiheit Nr. 7* (1944) oder Wolfgang Liebeneiners *Auf der Reeperbahn nachts um halb eins* (1954) angesehen werden, ganz sicher aber Jürgen Rolands *Polizeirevier Davidswache* von 1964. Neben spekulativen Kolportageelementen, die innerhalb der Serie später immer stärker werden sollten, war hier noch ein naturalistisch-reportagehafter Ansatz zu finden, der in Folge mehr und mehr zurückgenommen wurde. Schließlich blieb der Naturalismus nur noch bloße Behauptung und wurde durch alle erdenklichen Klischees des verruchten Hamburger Stadtteils ersetzt. Dieser »Hauch des Realen« bewirkte allerdings auch, dass die St.-Pauli-Filme mit ihrem urbanen Charme sowohl inhaltlich als auch inszenatorisch deutlich moderner ausfielen als die anderen deutschen Krimis der damaligen Zeit. In *Vier Schlüssel* (1965) versetzte Regisseur Jürgen Roland die Haupthandlung um einen Einbruchsplan mit dokumentarisch anmutenden Szenen, unter anderem dem Wahlkampf von Ludwig Ehrhardt, die den Film fest in seiner Entstehungszeit verorteten. Weitere Filme dieser ersten Periode waren *St. Pauli zwischen Nacht und Morgen* (1966) und *Mädchenjagd auf St. Pauli* (1966).

Die sexuelle Revolution mit ihren Auswirkungen ließ die St.-Pauli-Filme ab 1970 immer mehr in Richtung »Sex & Crime« driften. Als prägnantes Beispiel sei hier Rolf Olsens *Das Stundenhotel von St. Pauli* (1970) genannt. In dem kammerspielartigen Film geht es um einen Polizisten, der in besagtem Stundenhotel einen Mord aufklären muss, während sein Sohn, der bei einer Protestaktion verunfallt ist, im Krankenhaus eine komplizierte Operation über sich ergehen lassen muss. Die Befragung der anwesenden Gäste der Absteige bringt nahezu das komplette Arsenal zu Tage, das sich der gemeine Bürger dieser Zeit als Auswuchs der sexuellen Revolution ausgemalt haben dürfte – Voyeurismus, Rollenspiele, vorehelicher Sex halbstarker Teenager und Homosexualität. Diese spekulativ dargebotene Melange wurde verbunden mit dem Konflikt zwischen der 68er- und ihrer Elterngeneration. Dazu gesellten sich auf inszenatorischer Ebene noch ein »gialloesker« Mord, reale Aufnahmen einer Herzoperation sowie das kurze Durchblättern eines zu diesem Zeitpunkt noch verbotenen Pornoheftes vor der Kamera. Fertig war ein 1A-Exploitation-Krimi deutscher Fabrikation. Die anderen Exponate dieses Genres gingen, verglichen mit *Das Stundenhotel von St. Pauli*, deutlich zaghafter vor, setzten jedoch ebenso auf Schauwerte neben und in der Krimihandlung, so zum Beispiel *Wenn es Nacht wird auf St. Pauli* (1967), *Der Arzt von St. Pauli* (1968), *Auf der Reeperbahn nachts um halb eins* (1969), *Die Engel von St. Pauli* (1969), *Unter den Dächern von St. Pauli* (1970), *Der Pfarrer von St. Pauli* (1970), *Fluchtweg St. Pauli – Großalarm für die Davidswache* (1971) und *Jürgen Rolands St.-Pauli-Report* (1971). Weitere in St. Pauli verortete Krimis waren *Perrak* (1970) und *Zinksärge für Goldjungen* (1973).

Ende der sechziger Jahre begann sich eine grundlegende Wende im deutschen Filmschaffen abzuzeichnen. Der »Junge«, später der »Neue deutsche Film« setzte sich nach seiner Absichtserklärung 1962 in Oberhausen mehr und mehr über die Förderinstitutionen durch. Gleichzeitig fand sich das Unterhaltungskino in einer künstlerischen wie wirtschaftlichen Krise wieder. Zu lange hatten die Produzenten von Genrefilmen an tradierten Formen festgehalten und darüber den Anschluss an die Kinosprache und -themen anderer europäischer Länder verloren. Dabei verlangten gerade das Spannungs- und Krimigenre dringend nach Neuerungen, die dem schwindenden Zuschauerinteresse entgegenwirken konnten. Internationale Koproduktionen schienen den deutschen Produzenten nun der geeignete Weg, Kosten zu minimieren und modernere Genrefilme in Deutschland zu etablieren. Italien bot sich mit seiner florierenden Filmproduktionslandschaft hierbei als idealer Partner an. Schon 1964 stand bei dem Film *Blutige Seide* (*Sei Donne Per L'assassino*), der Geburtsstunde der italienischen Form des Krimithrillers, auch »Giallo« genannt, erstmals einer italienischen Firma ein deutscher Koproduzent zur Seite. Ab Ende der sechziger Jahre wurden nun in dieser Form verstärkt Zusammenarbeiten realisiert, deren Ergebnisse sich zumeist als qualitativ hochwertig erwiesen. Artur Brauners *CCC-Filmkunst* war für das zweite wichtige Schlüsselwerk des »Giallo« mitverantwortlich – Dario Argentos *Das Geheimnis der schwarzen Handschuhe* (*L' uccello dalle piume di cristallo* von 1969), dessen großer Erfolg in Italien einen Boom dieses Subgenres auslöste. Weitere gelungene Beispiele waren *Die neunschwänzige Katze* (*Il gatto a nove code* von 1970), *Das Geheimnis der grünen Stecknadel* (*Cosa Avete Fatto a Solange?* von 1971) *Das Geheimnis des gelben Grabes* (*L' etrusco uccide ancora* von 1971) sowie *Das Rätsel des silbernen Halbmondes* (*Sette orchidee macchiate di rosso* von 1971). All diese Filme wurden nur in Deutschland als Edgar-Wallace- beziehungsweise Bryan-Edgar-Wallace-Verfilmungen vermarktet. Auch wenn sie in der Regel gute Geschäfte an der Kinokasse machten, blieb diese mediterrane Umformulierung des Genres dem deutschen Kinogänger als Ganzes letztendlich doch eher fremd, zumal es stilistisch nur noch wenige Anknüpfungspunkte an die bisher gewohnten Wallace-Filme gab. Vermutlich auch aus diesem Grund stellten sie die Endphase beider Serien dar.

Parallel zum Niedergang des deutschen Genrekinos trat der selbsternannte deutsche »Autorenfilm« über Politik und ideologische Filmkritik seinen Siegeszug an. Bei der Kritik konnte sich der »Neue deutsche Film« auch international gut positionieren, beim breiten heimischen Kinopublikum traf er aufgrund seiner oft sperrigen, unterkühlten und verkopften Art seltener auf große Gegenliebe. Ausnahmen waren Filme wie die Ende der sechziger Jahre hergestellten *Abschied von gestern* (1966), *Tätowierung* (1967), *Wilder Reiter GmbH* (1967), *Zur Sache Schätzchen* (1968) und *Engelchen – oder die Jungfrau von Bamberg* (1968). Bis auf den Erstgenannten waren dies Beispiele filmischer Versuche, eine Art »Neues deutsches Unterhaltungskino« zu kreieren. Diese erlahmten jedoch schon zu Beginn der siebziger Jahre, und Regisseure wie Marran Gosov zogen sich vom Filmbetrieb zurück, da sie ihre Filme nur unter großen Schwierigkeiten produzieren konnten. Auch gab es zwischen ihnen und den Vertretern der Ideale des »Neuen deutschen Films« Konfrontationen, wie beispielsweise bei Roland Klick. Andere wiederum, Klaus Lemke zum Beispiel, suchten ihr Heil in der kompletten Unabhängigkeit. Der Hauptursprung dieser Konflikte lag in der resoluten Ablehnung des Unterhaltungskinos durch die Protagonisten des »Neuen deutschen Films«, darunter Alexander Kluge, Edgar Reitz, Rainer Werner Fassbinder, Wim Wenders, Margarethe von Trotta und Volker Schlöndorff, die »Opas Kino« bereits 1962 im Oberhausener Manifest für tot erklärt hatten.

Der deutsche Unterhaltungsfilm hatte mit seiner rückschrittlichen und oftmals geradezu peinlichen Gestaltung und Themenfindung sicher einen guten Teil dazu beigetragen, dass er nun als Feindbild einer neuen Generation Filmemacher diente. Hinzu kam aber auch, dass die durch die Studentenunruhen stark politisierten jüngeren Filmschaffenden den scheinbar unpolitischen Unterhaltungsfilm als Propagandawerkzeug einer herrschenden Klasse betrachteten. Als Beispiel diente ihnen das Kino der Nationalsozialisten, das nicht nur unterschwellig Botschaften vermitteln, sondern immer auch von den Wahrheiten ablenken sollte. Der Unterhaltungsfilm, und damit jedwede Genrekonvention, bekamen in diesem Zusammenhang gestellt den Beigeschmack eines tendenziell verdummenden, einlullenden und verklärenden Freizeitvergnügens mit reaktionärem Subtext. Trotz aller Vorbehalte benutzten allerdings auch die Jungfilmer dann und wann Elemente des

Kriminalfilms in ihren Werken. Neben Fassbinders früher Gangster-filmanlehnung *Liebe ist kälter als der Tod* (1969) sind hier *Der Mörder mit dem Seidenschal* (1965), *Mord und Totschlag* (1968) oder *Zuckerbrot und Peitsche* (1968) zu nennen.

Nach dem Auslaufen der altmodisch gewordenen Wallace-, Cotton- und Kommissar-X-Krimiserien versuchten sich einige Produzenten und Macher in zeitgemäßeren Krimivarianten. Wolfgang Petersen verfilmte mit *Einer von uns beiden* (1973) einen Roman des Krimiautors –ky. Ralf Gregans harter Thriller *Das Amulett des Todes* (1974) scheiterte ebenso wie Alfred Vohrers Versuche mit moderneren Krimisujets ohne Serien-charakter, wie *Verbrechen nach Schulschluss* (1975) und *Anita Drögemöller und die Ruhe an der Ruhr* (1976). Viele der Stammkräfte vor und hinter der Kamera schlugen ihre Zelte nun dauerhaft beim Fernsehen auf. Gerade das Krimigenre hatte dort zuvor mit legendären »Straßenfe-gern« wie *Das Halstuch* (1962), *Die fünfte Kolonne* (1963) oder *Der Tod läuft hinterher* (1967) und der Reihe *Stahlnetz* für Ereignisse gesorgt. Nun schlug in dieser Übergangsperiode die Geburtsstunde einiger lang-lebiger Krimiserien wie *Der Kommissar* (ab 1969), *Tatort* (ab 1970) und *Derrick* (ab 1974).

Die deutsche Unterhaltungsfilmproduktion der siebziger Jahre zog sich von nun an auf die anspruchslosen Themen Sexreport, Lederhose, Pennäler und tolle Tanten zurück. Lediglich die Verfilmungen der erfolg-reichen Romane Johannes Mario Simmels, die allesamt mehr oder minder starke Krimianteile aufzuweisen hatten, versuchten sich an einem gestalterischen Niveau. Am stärksten trifft dies sicherlich auf *Der Stoff, aus dem die Träume sind* (1972), *Gott schützt die Liebenden* (1973), *Die Antwort kennt nur der Wind* (1974) und *Bis zur bitteren Neige* (1975) zu. Erwähnenswert ist hier vor allem die von Alfred Vohrer, Regisseur aller Simmel-Filme zwischen 1971 und 1974, und seinem Stammkamera-mann Charly Steinberger entwickelte Bildsprache, die auf extreme Handkamera und ungewöhnliche Blickwinkel setzte und sich weitge-hend einfachen Schuss-Gegenschuss-Bildauflösungen verweigerte. Die Simmel-Verfilmungen bleiben bis zum heutigen Tag die letzte deutsche Kinofilmserie, die zumindest teilweise dem Genre des Kriminalfilms zu-zuordnen ist.

War zu Beginn der siebziger Jahre das Genre ins Fernsehen abge-wandert, so erhielt es Mitte der achtziger Jahre vom Fernsehen ausge-hend einen rückläufigen Impuls. Seit 1981 ermittelte in Duisburg ein Kriminalhauptkommissar namens Horst Schimanski im ARD-Dauer-brenner *Tatort*. Die von Götz George verkörperte Figur des schnoddrigen Ermittlers brachte es beim Publikum zu einer derartigen Beliebtheit, dass der produzierende Sender WDR zwei Kinofilme in Auftrag gab, die erst nachträglich als Tatort-Folgen gesendet wurden – *Zahn um Zahn* (1985) und *Zabou* (1987). Ersterer stand zusammen mit *Der Bulle und das Mädchen* (1984) am Beginn einer kleinen Reihe von Genrekinofilmen, wie *Der Joker* (1987) oder *Die Katze* (1988), die jedoch keinen neuen Krimiboom deutscher Machart auslösen konnten. Sporadisch gibt es allerdings bis heute immer wieder einmal Kriminalfilmausnahmen in der deutschen Kinofilmlandschaft, allesamt Einzelgänger, die, obwohl durchaus gelungen, allerdings keine große Spur hinterlassen und zumeist unberechtigterweise im unendlichen Dschungel des Heimvideomarktes ihr Dasein fristen. Als Beispiel seien *Die Sieger* (1994), *Tattoo* (2002) und *Antikörper* (2005) genannt.

Literatur zum Kriminalfilm

Meinolf Zurhorst, LEXIKON DES KRIMINALFILMS (Heyne Verlag, München 1993); Michael Ross, SHERLOCK HOLMES IN FILM UND FERNSEHEN. EIN HANDBUCH (Baskerville Bücher, Köln 2003); Knut Hickethier, FILMGENRES. KRIMINALFILM (Reclam, Stuttgart 2005); Georg Seeßlen, FILMWISSEN. DETEKTIVE (Schüren Verlag, Marburg 2011)

Das Testament
des Dr. Mabuse

Das
Stunden-
Hotel von
St. Pauli

Der Arzt
von
St. Pauli

Wenn es NACHT wird
auf der REEPERBAHN

ICH,
DR.
FU
MAN
CHU

Johannes Mario
Simmel

Vom Bahnhofskiosk auf die Leinwand — Deutsche Romanheftverfilmungen

von Christopher Klaese

Nicht allzu oft wagte sich das deutsche Spannungskino der sechziger und siebziger Jahre an Originalstoffe. Kein Wunder, trafen diese doch beim Publikum meist nicht auf die erhoffte Resonanz. Als Initialzündung für potentielle Filmserien angelegte Streifen, wie *Ich spreng' euch alle in die Luft* (1968) von Rudolf Zehetgruber (Untertitel: *Inspektor Blomfields Fall Nr. 1*), schafften es nicht, beispielsweise Götz George als Serienhelden zu etablieren. Deshalb hielten deutsche Filmproduzenten schon immer lieber die Augen nach bewährten literarischen Vorlagen auf und fanden diese nicht nur bei Karl May, Edgar Wallace und Johannes Mario Simmel, sondern auch unter den damals wie heute als »Schundliteratur« verrufenen Heftromanen. Eine Ausnahme innerhalb der Kriminalfilme dieser Zeit ist Alfred Vohrers *Perrak* (1970), in dem Horst Tappert die Rolle des gleichnamigen Inspektors spielt. Obwohl der Stoff Serienqualitäten aufweist, war er nie als Fortsetzungsthema angelegt. *Perrak* entstand im Zuge der St.-Pauli-Filmwelle und war Alfred Vohrers Versuch, einmal in diesem Milieu »mitzumischen«.

Etwa zu Beginn des 20. Jahrhunderts gab es einen ersten Boom der Mischung aus Buch und Zeitschrift, im englischsprachigen Raum auch Penny Dreadfuls, Dime Novels oder Pulps genannt. Hier fand der Leser schon immer, in leicht konsumierbarer Form, fast alle Genres und Klischees der gängigen Unterhaltungsliteratur wieder, von Heimat, Liebe und Schicksal bis zu Abenteuer, Western, Phantastik und Krimi. Erst in den achtziger Jahren sank der Stern der »Heftchen«, als die neu entstandenen Medien Privat-TV und Videokassette Unterhaltung rund um die Uhr zu bieten begannen. Bis heute haben nur ganz wenige der damaligen Romanserien überlebt, darunter *Jerry Cotton*, deren Auflagen sind im Vergleich zu früher jedoch stark geschrumpft. Als mit *G-Man Jerry Cotton* Mitte der sechziger Jahre das deutsche Kino den ersten »Groschenheft«-Helden für sich entdeckte, erreichten Romanhefte hierzulande noch Millionenauflagen. Verlagshäuser wie *Bastei*, *Pabel*, *Moewig*, *Zauberkreis*, *Marken* und *Kelter* warfen Dutzende Serien aller denkbaren Genres auf den Markt. Die positiven Einspielergebnisse der ersten Jerry-Cotton-Filme führten unausweichlich dazu, dass sich konkurrierende Filmproduzenten nach ähnlichen Stoffen umsahen.

Theo Maria Werner, Chef der Münchner *Parnass Film*, schaltete am schnellsten. Jedoch war er nicht der erste, denn die Produktionsfirma *Piran Film* mit ihrem gleichnamigen Verleiharm kündigte bereits für 1965 das erste Kommissar-X-Abenteuer *Der Zeiger steht auf Mord* an. Unter der Regie von Helmuth Ashley sollte Harald Leipnitz Jo Walker, genannt Kommissar X, verkörpern. Neben Peter Carsten als Captain Rowland sollten Jane Axell, Kai Fischer und Wolfgang Kieling in dem Film zu sehen sein. Doch kurz vor Beginn der Dreharbeiten musste die einst erfolgreiche Produktionsfirma inklusive Verleih Konkurs anmelden. Werners Idee, einen Roman der Heftreihe *Kommissar X* zu verfilmen, kursierte in der Branche schon seit einiger Zeit. Die Krimireihe erschien wöchentlich im *Pabel-Verlag*, und ihr Erfinder Karl-Heinz Günther versteckte sich zusammen mit anderen Autoren der Serie hinter dem Verlagspseudonym Bert F. Island. In den Romanheften waren die Stories um den New Yorker Privatdetektiv Jo Walker und seinen Freund Captain Tom Rowland, Chef der Manhattaner Mordkommission, noch recht offensichtlich am erfolgreichen Cotton-Vorbild angelehnt. Auch Jo Walker löste seine Fälle zumeist im »Big Apple« und war handelsüblichen Gangstern, Erpressern und Mafiabossen auf der Spur. Produzent Werner und Ilse Kubaschewski, Chefin des Münchner *Gloria-Filmverleihs*, realisierten den ersten Kommissar-X-Film jedoch bereits als internationale Koproduktion mit italienischen und jugoslawischen Partnern, und die legten Wert darauf, ihn auch außerhalb Deutschlands, wo man die Heftromane nicht kannte, erfolgreich vermarkten zu können. Deshalb verwandelte man den New Yorker Privatdetektiv in einen weltreisenden Gangsterjäger mit Bond-Appeal. Die Autoren griffen tief in die gerade populäre Agentenkiste und peppten Jo Walkers Fälle mit exotischen Schauplätzen rund um die Welt, aufwendigen Actionszenen und technischen Gimmicks auf. Schon der erste Teil der Serie begab sich mit unterirdischen Goldlagern, einem Superbösewicht und einer blonden Girl-Armee deutlich in Goldfinger-Nähe und entfernte sich damit von den bodenständigeren Heftvorlagen.

Im Spätsommer 1965 begannen in Jugoslawien die Dreharbeiten zu Abenteuer Nummer Eins, *Kommissar X - Jagd auf Unbekannt*. Die beiden Protagonisten Jo Walker und Tom Rowland wurden vom smarten Italiener Tony Kendall, gebürtig Luciano Stella, und dem muskulösen Amerikaner Brad Harris, einem ehemaligen Star des Sandalenfilms, dargestellt. Die übrige Besetzung des Erstlings punktete mit den Starlets Maria Perschy und Christa Linder sowie mit im europäischen Kino jener Zeit bekannten Gesichtern wie Nikola Popovic, Pino Mattei und Jacques Bézard. Die Regie übernahm der durch Arbeiten wie *Die Diamantenhölle am Mekong* auf turbulente Action spezialisierte Italiener Gianfranco Parolini unter seinem Pseudonym Frank Kramer. Er trat in seinen Kommissar-X-Filmen stets auch als Nebendarsteller auf. Für die Musik wurde der in Deutschland tätige jugoslawische Komponist und Big-Band-Leiter Mladen »Bobby« Gutesha verpflichtet, der neben jazzigen Action-Cues auch den Titelsong *I love you, Jo Walker* beisteuerte. Der dynamische Jazz-Walzer wurde von der in Italien geborenen Schlagersängerin Angelina Monti interpretiert und pünktlich zum Kinostart als Ariola-Single veröffentlicht. Bis zum vorletzten Film der Serie blieb er im Einsatz.

Noch bevor *Jagd auf Unbekannt* am 11. März 1966, eine Woche nach dem dritten Jerry-Cotton-Film *Um null Uhr schnappt die Falle zu*, in den Lichtspielhäusern Premiere feierte, hatte Produzent Werner bereits mit den Dreharbeiten zum Nachfolger *Kommissar X - Drei gelbe Katzen* begonnen. Diesmal wurde der Österreicher Rudolf Zehetgruber als Regisseur verpflichtet. Als Gaststars für den größtenteils in Sri Lanka gedrehten Film versammelte man Ann Smyrner, Siegfried Rauch, Michèle Mahaut, Philippe Lemaire und Karate-Star Dan Vadis. Genau wie vorher Kollege Parolini spielte auch Regisseur Zehetgruber diesmal in einer größeren Nebenrolle mit. Die Musik stammte vom italienischen Tonsetzer Gino Marinucci jr., der nicht nur geschickt Guteshas *Jo-Walker-Thema* interpolierte, sondern auch einen abwechslungsreichen, den exotischen Handlungsorten angemessenen Krimiscore verfasste. Diesmal war man dem Konkurrenten Jerry Cotton zeitlich voraus, da man am 17. Mai 1966, kaum zwei Monate nach der Premiere von *Jagd auf Unbekannt*, bereits den zweiten Kommissar-X-Film in die Kinos brachte.

So wie der *Bastei-Verlag* stolz mit den populären Cotton-Filmen kokettierte, griff auch *Pabel* die neue Filmserie begierig auf. Eine neue Unterzeile in den Romanheften besagte ab sofort: »Die Serie mit den großen Film-Erfolgen«. Anders als George Nader tauchte Schauspieler Tony Kendall allerdings niemals auf den Kommissar-X-Hefttitelbildern auf. Das allerdings hauptsächlich, weil diese, anders als bei Jerry Cotton, gezeichnet waren. Lediglich spezielle Taschenbuchausgaben zu den Filmen verwendeten Photos aus den Kinoabenteuern.

In rasantem Tempo legte Werner den dritten Film der Serie nach. Schon im Sommer 1966 gingen in Singapur die Dreharbeiten für *Kommissar X - In den Klauen des goldenen Drachen* über die Bühne. Neben Regisseur Parolini war nahezu der gesamte Drehstab des Erstlings erneut mit an Bord, so auch Komponist »Bobby« Gutesha, diesmal mit asiatischen Klängen und swingendem Jazz amerikanischer Prägung. Bei den Darstellern traf man ebenfalls bekannte Gesichter wieder, da neben den Neulingen Barbara Frey, Ernst Fritz Fürbringer, Carlo Tamberlani und Gisela Hahn auch Jacques Bézard, Pino Mattei und Nikola Popovic ein zweites Mal dabei waren. Mittlerweile hatte der Cotton-Verleih *Constantin Film* das Potential der Kommissar-X-Serie erkannt und die Auswertungsrechte von der *Gloria* übernommen. Als der Film am 30. September 1966 startete, befand sich nicht nur die Serie um Jo Walker auf dem Popularitätshöhepunkt, sondern auch die weltweite »Bond-Manie« und die daraus resultierende Welle europäischer Nachahmerfilme.

Dass nach dem anfänglichen atemberaubenden Produktionstempo bis zum dritten Kinoeinsatz von Jo Walker und Tom Rowland über ein halbes Jahr verging, lag vor allen Dingen an Produzent Theo Maria Werner, der parallel auch mit anderen, ähnlich gearteten Stoffen in Serie gehen wollte. Ab September 1966 verfilmte er, mit dem durch seine Old-Shatterhand-Verkörperungen in Deutschland zum Superstar gewordenen Amerikaner Lex Barker in der Titelrolle, an spanischen, deutschen und amerikanischen Schauplätzen eine Story aus der Romanreihe *Mister Dynamit*. Die Vorlagen drehten sich um den BND-Beamten Robert »Bob« Urban. Die Geschichten erschienen seit 1965, wie *Kommissar X*, im *Pabel-Verlag* und stammten gleichfalls aus der Feder von Karl-Heinz Günther, hier allerdings unter dem Pseudonym C. H. Guenter. Die Abenteuer des deutschen Superagenten kamen zwar nicht im Heftformat, sondern als Taschenbuch heraus, waren stilistisch aber dennoch eher dem Groschenroman als dem literarischen Thriller zuzuordnen.

Obwohl Theo Maria Werner für das Drehbuch und die Regie von *Mister Dynamit* den Genreprofi Franz Josef Gottlieb verpflichten konnte und mit Schauspielern wie Amedeo Nazzari, Wolfgang Preiss, Ralf Wolter, Dieter Eppler, Eddi Arent und Gustavo Rojo sowie den »Kommissar-X«-erprobten Akteuren Brad Harris, Maria Perschy, Siegfried Rauch, Pino Mattei und Gisela Hahn ein beeindruckendes Staraufgebot auffuhr, erreichte das am 18. August 1967 gestartete Endprodukt *Mister Dynamit - Morgen küsst euch der Tod* nicht das erhoffte Einspielergebnis. Auch ein witziger Cameo-Auftritt von Joachim Fuchsberger konnte daran nichts ändern. Werner nahm daher vom bereits angekündigten Nachfolger *Mister Dynamit - Verrat am Nil* Abstand und konzentrierte sich stattdessen auf den vierten Kommissar-X-Film *Drei grüne Hunde*. Gedreht wurde diesmal vor allen Dingen in der Türkei, und am 07. April 1967 kam der Streifen in Deutschland in die Kinos. Rudolf Zehetgruber saß ein letztes Mal für die Serie auf dem Regiestuhl, während es vor der Kamera ein Wiedersehen mit Christa Linder und Carlo Tamberlani gab. Dazu gab es erstmals Auftritte von Dietmar Schönherr, Herbert Fux und Brad Harris' damaliger Ehefrau Olga Schoberová. Zum ersten Mal komponierte auch der Italiener Francesco de Masi einen Score für die Filmreihe, wobei er seinen für ähnliche Agentenfilme bereits erprobten Stil zwischen Lounge und Jazz auch hier wirkungsvoll zum Einsatz brachte. Daneben co-produzierte Werner Mino Guerrinis Thriller *Agent 3S3 setzt alles auf eine Karte* und war damit so beschäftigt, dass erst am 4. April 1968 ein fünfter Film um Jo Walker anlief. Mit *Kommissar X - Drei blaue Panther* entstand an amerikanischen und jugoslawischen Schauplätzen zum letzten Mal ein Film der Reihe unter der Regie von Gianfranco Parolini. Als Gastakteure waren Siegfried Rauch, Corny Collins, Hannelore Auer, Erika Blanc, Franco Fantasia und Erwin Strahl vertreten. Für die Musik verpflichtete der italienische Co-Produktionspartner seinen Stammkomponisten Marcello Giombini, der einen facettenreichen Soundtrack mit vielen Jazz- und sogar Sakralbezügen einbrachte. Es sollte der letzte uneingeschränkt gute Film der Reihe werden.

Obwohl die Kommissar-X-Filme bis zu diesem Zeitpunkt immer ein rentables Geschäft darstellten, wurden die Zeiten für derartige Agentenfilmproduktionen langsam härter, ein Ermüdungseffekt des Publikums ließ sich nicht leugnen. Trotz der negativen Erfahrungen mit *Mister Dynamit* setzte Theo Maria Werner allerdings ein weiteres Mal auf einen potentiellen Serienhelden. Der von Guido Zurli inszenierte *Mister Zehn Prozent - Miezen und Moneten* entstand nach einem in der Zeitschrift *Neue Revue* veröffentlichten Fortsetzungsroman von Mike Widborg. Allerdings wurde der Film, trotz Besetzung mit einigen Größen des Euro-Kinos wie George Martin, Karin Field und ›Enfant Terrible‹ Klaus Kinski sowie einer fetzigen Musik von Gino Peguri, kein Kassenschlager. Werner setzte daher lieber wieder voll auf sein Erfolgspferd *Kommissar X*. Aber leider erging es dem am 18. April 1969 gestarteten neuen Abenteuer *Drei goldene Schlangen* nicht viel besser als *Mister Dynamit* und *Mister Zehn Prozent*, denn der Film rechnete sich nicht. Vielleicht lag es auch daran, dass der Film vom Oktober 1968 bis zum April 1969 immer wieder verschoben wurde.

So wurde der für 1969 vorgesehene siebente Kommissar-X-Film *Drei rote Ratten* auf Eis gelegt. Als Regisseur wäre Dr. Harald Reinl und als Schauplatz Florida, San Francisco vorgesehen gewesen. Die große Zeit des europäischen Agentenfilms im James-Bond-Fahrwasser schien endgültig vorbei. Regisseur Roberto Mauri war zwar ein recht solider

Abenteuerstreifen gelungen, doch letztendlich war es eher der Leistung der beiden Hauptdarsteller und den Akteuren wie Monica Pardo, Loni Heuser, Hansi Linder, Herbert Fux und Pino Mattei zu verdanken, dass der Film überhaupt zündete. Die unter dem Strich nur durchschnittliche Handlung und die wenig mitreißende Filmmusik von Roberto Pregadio versuchte die deutsche Synchronbearbeitung von Rainer Brandt und Karlheinz Brunnemann vergessen zu machen, die dem schalen Abenteuer zumindest verbalen Pep verlieh. Nach dem ernüchternden Einspielergebnis legte man die Serie bei *Constantin* erstmal auf Eis.

Theo Maria Werner entschloss sich 1971 allerdings zu einem Kommissar-X-Relaunch und konnte erneut Ilse Kubaschewski und ihren *Gloria-Verleih* gewinnen. Selbstverständlich waren auch die beiden Verkörperungen der Romanhelden, Tony Kendall und Brad Harris, wieder mit dabei. Mit Jerry-Cotton-Regisseur Dr. Harald Reinl saß diesmal eine deutsche Kinolegende auf dem Regiestuhl, und als Nebendarsteller gewann man Gisela Hahn, Ernst Fritz Fürbringer und Rainer Basedow. Die Musik stammte zum zweiten Mal von Francesco de Masi, der neben einem romantischen Titelthema viel spannendes Klangkolorit in bester Italomanier beisteuerte. Der in Pakistan, Afghanistan und Amerika entstandene *Kommissar X jagt die roten Tiger* war zwar ein sauber inszenierter und teilweise recht ruppiger Abenteuerfilm im typischen Stil der siebziger Jahre, konnte allerdings nicht an den Charme der ersten fünf Filme anknüpfen. Die endgültig ins Alberne tendierende deutsche Bearbeitung durch Rainer Brandt und Karlheinz Brunnemann tat ihr Übriges dazu. Der am 20. August 1971 in den deutschen Kinos angelaufene Streifen wurde das letzte Aufbäumen der einzigen langlebigen Filmreihe neben *Jerry Cotton*, die von der Popularität einer Groschenromanreihe profitierte.

Ähnlich wie Werners Mister-Dynamit-Versuch erging es auch einigen anderen deutschen Filmproduzenten, die eine Filmreihe basierend auf einer Romanheftfigur etablieren wollten. So versuchte sich beispielsweise der spätere Schulmädchen-Report-Produzent Wolf C. Hartwig 1965 an den schon in den dreißiger Jahren erschienenen Heftabenteuern um den Draufgänger Rolf Torring. Mit exotischen Abenteuerkrimis hatte Hartwig schon seit einigen Jahren Erfolg. *Rolf Torring - Der Fluch des schwarzen Rubin*, gedreht an thailändischen Schauplätzen, sollte eine Serie beginnen, wurde aber eines der letzten Elaborate der Hartwig-Abenteuerwelle. Mit Thomas Alder in der Titelrolle, Horst Frank, Peter Carsten, Carlo Tamberlani, Serge Nubret und Jacques Bézard sowie dem thailändischen Starlet Chitra Ratana gab es ein Stelldichein sympathischer Akteure. Manfred R. Köhler inszenierte mit dem in die sechziger Jahre transponierten Kolonialabenteuer seinen vielleicht besten

Spielfilm, flankiert von einem dynamischen Soundtrack von Gert Wilden, in dessen amüsantem Titelthema ein namenloser Vokalist immer wieder die Worte »Rolf Torring, Rolf Torring, Rolf Torring!« hervorstieß. Als der Film am 17. April 1965 in den Kinos anlief, bemerkte man jedoch schnell, dass er von einer Serienreife wohl weit entfernt war. Weitere Torring-Adaptionen, wie der für 1965 vorgesehene Film *Die Rache des grünen Skorpions*, wurden nicht mehr realisiert.

Ein legendär missglückter Versuch einer Groschenromanadaption ist *Perry Rhodan - SOS aus dem Weltall*. 1966 initiierte Produzent Ernst Ritter von Theumer nach einigen achtbaren Erfolgen im Krimi- und Agentenfilmgenre diese Produktion um den erfolgreichsten literarischen Science-Fiction-Helden aller Zeiten. Die bis heute ununterbrochen erscheinende Heftreihe entstand 1961 unter Leitung von Autor Karl-Herbert Scheer und dem unter dem Pseudonym Clark Darlton schreibenden Walter Ernsting für den *Moewig-Verlag*. So wie die vorgenannten Produzenten sah sich allerdings auch Ernst Ritter von Theumer gezwungen, seinen Film als Co-Produktion mit Italien zu verwirklichen. Die Italiener allerdings verlangten, das Drehbuch von Karl-Herbert Scheer, basierend auf der Handlung der ersten Hefte der Serie, zu erweitern, schließlich war Romanheld Perry Rhodan in Italien wie im Rest der Welt unbekannt. Erneut wiederholte sich das Schicksal, das auch *Kommissar X* ereilt hatte. *Perry Rhodan* aber brach es das Genick. Wieder verlor ein Serienheld nahezu all seine literarischen Spezifikationen und mutierte zu einem Krimihelden von der Stange.

In Italien wurde der Film unter dem Titel *...4 ...3 ...2 ...1 ...morte* herausgebracht und war im Endeffekt eine ziemlich unausgegorene Mischung aus Science Fiction und Gangsterjagd auf Mutter Erde. Unter der Regie von Primo Zeglio waren mit Essy Persson, Pinkas Braun, Joachim Hansen und Ann Smyrner zwar bekannte Darsteller dabei, die Titelrolle des Perry Rhodan konnte der steife kanadische Western- und Agentenfilmheld Lang Jeffries jedoch nicht überzeugend ausfüllen. Auch wenn der Film ein flottes Tempo vorlegte und die teils avantgardistische, teils ungemein poppige Filmmusik, besonders der Titelsong *Seli* aus der Feder des Spaniers Antón García Abril und des Italieners Marcello Giombini Laune machte, konnte der Film dennoch seine produktionsbedingten Knappheiten nicht vertuschen. Bei den Perry-Rhodan-Fans, die schon damals ihre Serie weit ernster nahmen als die Filmemacher ahnten, geriet er zu einem spektakulären Misserfolg, obgleich der *Moewig-Verlag* mit viel Promotion und einem Taschenbuch zum Film kräftig die Werbetrommel mitgerührt hatte.

Nicht nur das Kino, sondern auch das bundesdeutsche Fernsehen nahm sich einiger Groschenromanreihen an, boten sich diese doch aufgrund ihrer Episodenstruktur für Serienproduktionen geradezu perfekt an. *John Klings Abenteuer* basierte auf einer erstmals 1926 herausgegebenen Heftreihe und handelte von den beiden Privatdetektiven John Kling und Jones Burthe, die im Namen verschiedener Geheimorganisationen rund um den Erdball ermittelten. In den Jahrgängen 1965/1966 und 1969/1970 entstanden 26 Episoden für das Vorabendprogramm des *Zweiten Deutschen Fernsehens*, die von Hans-Georg Thiemt, Kurt Ulrich und Franz Marischka inszeniert wurden. Uwe Friedrichsen und Hellmut Lange übernahmen die Hauptrollen, die stimmungsvolle Musik stammte von Gerhard Narholz, dessen *John-Kling-Twist* gar von *Polydor* als Single herausgebracht wurde. Ähnlich strukturiert war die zwischen 1969 und 1972 realisierte Fernsehserie *Percy Stuart*, die es auf beachtliche 52 Folgen brachte und sich einen hohen Beliebtheitsgrad »ersendete«. Basierend auf einer Groschenheftserie, die zwischen 1908 und 1923 erschien, waren Percy Stuart und sein Begleiter Reginald Prooster weltweit unterwegs, um die Prüfungen des »Clubs der 13« zu bestehen. Mit Claus Wilcke und Horst Keitel in den Hauptrollen lieferten die Regisseure Ernst Hofbauer und Hans Georg Thiemt familientaugliche Vorabendunterhaltung mit Witz und milder Spannung ab. Die Musik komponierte Siegfried Franz, der mit dem von Wilcke nicht allzu musikalisch, aber pfiffig vorgetragenen Titelsong einen echten Ohrwurm ablieferte. Auch *Butler Parker*, eine 26-teilige Serie, die 1972/1973 im Vorabendprogramm der ARD zu sehen war, basierte auf einer bekannten Heftroman-Serie. Hier gelang es sogar, den Autor der Romane, Günter Dönges, als Drehbuchautor zu gewinnen. Die Titelrolle des blasierten, Kriminalfälle mit links lösenden Butlers spielte Dirk Dautzenberg.

Als in den achtziger Jahren das neue Privatfernsehen startete, blieb es nicht aus, dass man sich hier an einigen Romanheftstoffen versuchte. So entstanden unter anderem familientaugliche Unterhaltungsserien wie *Dr. Stefan Frank* (RTL) oder *Der Bergdoktor* (SAT 1) auf der Grundlage literarischer Heftvorlagen. Eines der ambitioniertesten Projekte stellte jedoch die 1997 entstandene Verfilmung *John Sinclair - Die Diamantenhochzeit* nach einem Roman über den gleichnamigen »Geisterjäger« dar. Die Figur, 1973 von Autor Helmut Rellergerd unter dem Pseudonym Jason Dark erfunden, entwickelte sich im *Bastei-Verlag* zur erfolgreichsten deutschen Gruselserie überhaupt. Der von Klaus Knoesel für RTL inszenierte TV-Film stieß auf ein durchaus veritables Zuschauerinteresse und war zudem mit Florian Fitz und Jophi Ries für deutsche Fernsehverhältnisse prominent besetzt. 1999 wurde die neunteilige Fernsehserie *Geisterjäger John Sinclair* nachgeschoben, die allerdings, wie so häufig, die Romane nicht werkgetreu umsetzte. Die konzeptionellen

Änderungen akzeptierten die Heftfans nicht und ein zusätzliches Publikum konnte nicht gewonnen werden. Die mit Kai Maertens und Urs Remond besetzte Serie wies immerhin schöne Szenenmusiken von Karel Svoboda auf, konnte aber die von Seiten des Senders in sie gesetzten Erwartungen, trotz großer Werbekampagne, nicht erfüllen und wurde eingestellt.

Damit war auch im TV ein weiterer Beweis dafür erbracht, dass sich die in der Vorstellung des Lesers entstehenden Bilder und Emotionen offensichtlich nicht ganz so leicht ins Medium Film transportieren lassen, selbst wenn es sich bei den Vorlagen um so genannte Trivialstoffe handelt. So blieb es im Rückblick lediglich den beiden Krimihelden Jerry Cotton und Jo Walker vergönnt, mehr als nur einmal ihre »Heftchen« zu verlassen und auf der großen Kinoleinwand zum Leben erweckt zu werden.

KOMMISSAR X
Jagd auf Unbekannt
GLORIA FILM-BÖRSE

KOMMISSAR X
Drei blaue Panther

Der Fluch des schwarzen RUBIN

KOMMISSAR X
Drei blaue Panther

MISTER DYNAMIT
·Morgen küsst euch der Tod·
NORA

Inspektor Blomfields Fall Nr. 1
NITRO
Ich spreng euch alle in die Luft

Perry Rhodan
SOS aus dem Weltall

Lang Jeffries
Perry Rhodan
SOS aus dem Weltall
mit Essy Persson
Joachim Hansen, Ann Smyrner, Luis Davila,
Daniele Martin und Pinkas Braun   Regie: Primo Zeglio
Constantin-Film   Ein FARBFILM der TEFI-Filmproduktion, München, P.E.A.-Film Rom, AITOR-Film, Madrid

G-Men, Gangster und Ganoven – Das FBI im Wandel der Zeiten

von Bertram Dietze

Hören Cineasten oder Fernsehserienjunkies »FBI«, so denken sie sofort an elegant gekleidete Damen und Herren mit Dienstmarke, die schnelle Autos fahren und den Revolver recht locker im Halfter stecken haben. Kaum ein Hollywoodstreifen, in dem Verbrechen begangen werden, kommt ohne die Mitarbeiter des FBI aus. Oft stehen sie sogar im Mittelpunkt der Handlung, wie beispielsweise Agentin Clarence Starling (Jodie Foster) in *Das Schweigen der Lämmer*, die Agenten Fox Mulder (David Duchovny) und Dana Scully (Gillian Anderson) in der Fernsehserie *Akte X – Die unheimlichen Fälle des FBI* oder eben die deutschen Filme um Jerry Cotton (George Nader und Christian Tramitz). Oft werden die Filmagenten mystifiziert. Es wird ihnen eine geheimnisvolle Aura beigegeben, die viel Raum für Spekulationen lässt. Ein Grund mehr also, sich einmal etwas ausführlicher mit der Institution zu befassen, die den Stoff für ungezählte Zelluloidgeschichten liefert.

Das FBI, das *Federal Bureau of Investigation*, ist eine Bundesbehörde der Vereinigten Staaten von Amerika, deren hauptsächliche Aufgabe es ist, die Einhaltung der Gesetze der USA zu überwachen und deren Aufrechterhaltung zu garantieren. Das FBI gewährt kleineren lokalen Polizeidienststellen und Landesbehörden Amtshilfe bei größeren und komplexen Aufgaben der Verbrechensbekämpfung. Weiterhin schließt das Tätigkeitsfeld die Unterstützung der USA gegen terroristische Bedrohungen und Angriffe ausländischer Geheimdienste mit ein. Der Kampf gegen das organisierte Verbrechen sowie Ermittlungen im Bereich der Wirtschaftskriminalität nehmen ebenfalls einen großen Raum der FBI-Arbeit ein. Der Wahlspruch des FBI lautet: »Fidelity – Bravery – Integrity«, was »Redlichkeit, Tapferkeit, Rechtschaffenheit« bedeutet. Mit einem Jahresbudget von 7.9 Mrd. USD (Stand 2010) verfügt das FBI heute über einen Mitarbeiterstab von etwa 35.500 Personen (Stand Januar 2011). Davon sind etwa 14.000 Angestellte als Special Agents tätig. Der Großteil des Apparates setzt sich jedoch aus Analysten, Sprachexperten, Wissenschaftlern und Informatikern zusammen. Der Hauptsitz des FBI befindet sich seit 1975 im *J. Edgar Hoover Building* in Washington D.C.;

von hier aus werden 56 Außenbüros (»field offices«) geleitet, die zumeist in Großstädten über die USA verteilt angesiedelt sind. Hinzu kommen über vierhundert so genannte »Resident Agencies« in kleineren Städten und Ortschaften innerhalb der amerikanischen Landesgrenzen. Zudem verfügt die Behörde über mehr als sechzig internationale Büros (»legal attachés«), die an die US-Botschaften in den jeweiligen Staaten angegliedert sind. Die Ausbildung neuer Mitarbeiter erfolgt in der FBI-Akademie in Quantico (Virginia).

Die Anfänge des FBI waren bei weitem bescheidener und wenig spektakulär. Vor Gründung der Behörde bis hinein ins erste Jahrzehnt des 20. Jahrhunderts war das US-Justizministerium gezwungen, für Ermittlungen gegen Bundesgrenzen überschreitende Verbrechen (»federal crimes«) Privatdetektive oder Geheimagenten des *Secret Service* zu beauftragen. Besonders letztere waren zwar gut ausgebildet und engagiert, aber auch sehr teuer. Vor allem aber waren sie dem Justizministerium nicht zur Auskunft verpflichtet, da sie diesem nicht unterstanden. Dieser Zustand war für Justizminister Charles Joseph Bonaparte nicht hinnehmbar. Als ersten wichtigen Schritt hin zur Gründung einer eigenen Ermittlungsbehörde erließ Bonaparte, übrigens ein Großenkel des berühmten Napoleon Bonaparte, mit Unterstützung des Kongresses am 27. Mai 1908 ein Gesetz, welches sein Ministerium von der Pflicht entband, Secret-Service-Agenten in bestimmten Fällen heranziehen zu müssen. In den folgenden Wochen stellte er eine Einheit von Spezialagenten zusammen, die an das Justizministerium angegliedert waren. Zunächst setzte sich die Abteilung aus zehn ehemaligen Secret-Service-Agenten sowie einigen Mitarbeitern des Justizministeriums zusammen. Dieses Corps hatte anfangs noch keinen Namen und, abgesehen vom Justizminister, keinen obersten Dienstherrn. Am 26.7.1908 wurde mit der Gründung der zunächst als *Bureau of Investigation* (BOI) bezeichneten Behörde die offizielle Geschichte des FBI eingeleitet. Bei dem ab sofort eingesetzten Chefermittler Stanley W. Finch liefen nun alle Berichte und Ermittlungsergebnisse der anfangs 34 Agenten zusammen.

In der Anfangszeit befasste sich das neu gegründete *Bureau* vorwiegend mit Insolvenz- und Einbürgerungsdelikten, Grundbesitzbetrügereien und der Aufdeckung von Wirtschaftskartellen. Eine erste große Ausweitung der Befugnisse erfuhr das BOI mit der Verabschiedung des *Mann-Act* (auch *White-Slave-Act*) Dieses Bundesgesetz trat am 25. Juni 1910 in Kraft. Der *Mann-Act* verbot die Verbringung von Schutzbefohlenen über die Grenzen von Bundesstaaten hinweg, wenn im Grund der Mitnahme unlautere Absichten (»immoral purposes«) erkennbar waren.

Erst jetzt war es der Bundesregierung möglich, umfangreich und (bundes-)grenzüberschreitend gegen Verdächtige zu ermitteln. Da

Stanley W. Finch zum Beauftragten für Vergehen gegen den *Mann-Act* berufen war, wurde der ehemalige Sonderermittler A. Bruce Bielaski als neuer Leiter des BOI eingesetzt. In den folgenden Jahren stieg die Zahl der Special Agents auf über dreihundert Personen an, die durch weitere dreihundert Angestellte unterstützt wurden. Von Anfang an verfügte das BOI über Außenbüros in zumeist größeren Städten, vor allem aber auch entlang der Grenze zu Mexiko. Hier beispielsweise galt der Einsatz der Bekämpfung von Spionage- und Schmuggelaktivitäten im Zuge der mexikanischen Revolution. Jede dieser Außendienstermittlungen wurde von einem zuständigen Special Agent betreut, der wiederum der Zentrale in Washington direkt unterstellt war.

Mit dem Eintritt der USA in den Ersten Weltkrieg, im April 1917 unter Präsident Woodrow Wilson, wurde das BOI mit neuen Aufgaben, auch im Ausland, betraut. Hierzu gehörten Spionage- und Sabotageeinsätze. In diesen Jahren erhielt das BOI Zuwachs durch erfahrene Ermittler mit umfangreichen Fremdsprachenkenntnissen. Als das Leben nach Kriegsende wieder in normalen Bahnen verlief, kehrte auch das BOI zu seinen eigentlichen Ressorts zurück. Im Juli 1919 erhielt die Behörde mit William J. Flynn, dem früheren Chef des *Secret Service*, einen neuen Direktor.

Durch den im ersten Viertel des letzten Jahrhunderts wieder erstarkenden Ku-Klux-Clan und die Folgen der Prohibitionsgesetze standen die Bundesbehörden vor neuen Herausforderungen. Im Zuge des strikten Alkoholverbotes nahmen Schwarzmarkthandel, Schmuggel und Bandenkriminalität ungeheure Ausmaße an. Da auch große Teile der Bevölkerung die Prohibitionsgesetze missachteten, wurden die folgenden Jahre zuweilen auch als »gesetzlose Jahre« beschrieben. Bei der Ahndung prohibitionsbedingter Straftaten fiel das Gros der Delikte unter die Zuständigkeit des Finanzministeriums. Kompetenzstreitigkeiten zwischen diesem und dem Justizministerium waren die unweigerliche Folge. Nur leidlich gelang es dem BOI, durch die Nutzung von Schlupflöchern und Gesetzeslücken in vereinzelten Fällen von Bandenkriminalität zu ermitteln. Diese waren zwar objektiv betrachtet dem bundesbehördlichen Aufgabenbereich zugehörig, gesetzlich oblag die Verfolgung dieser Fälle jedoch lokal agierenden Stellen. Absurde Situationen blieben nicht aus. So fahndete das BOI nach Al Capone nicht als Verbrecher und Bandenboss, sondern als auf der Flucht befindlichen Bundeszeugen.

Im Jahre 1921 bestieg William J. Burns den Direktorenstuhl des BOI und ernannte John Edgar Hoover, gerade 26 Jahre, zu seinem Stellvertreter. Ersterer hatte zuvor eine eigene Detektei geleitet, letzterer hatte sich seine Sporen als Chef der Geheimdienstbehörde GID (*General Intelligence Division*) unter Justizminister A. Mitchell Palmer verdient, wo er das größte bis dato existierende Datenarchiv geschaffen hatte, in welchem etwa 450.000 revolutionäre Anarchisten, Kommunisten und Radikale erfasst waren. Unter Burns' Führung zogen Korruptionsfälle weite Kreise innerhalb des BOI. Damit, und durch die aufgrund der wenigen Mitarbeiter zusehends ineffizienter arbeitende Behörde, verschlechterte sich deren Bild in der Öffentlichkeit rapide. Die Konsequenz folgte nach Präsident Hardings Tod. Sein Nachfolger Calvin Coolige ernannte Harlan Fiske Stone zum neuen Justizminister. Als erstes wollte dieser mit den unhaltbaren Zuständen im BOI aufräumen und sah in Hoover den richtigen Mann dafür. Am 10. Mai 1924 ernannte er Hoover zum Direktor über sechshundertfünfzig Angestellte in Außenbüros in neun Städten der USA.

Hoover begann ohne Umschweife, das BOI zu reformieren. Sein erstes Ziel war der Aufbau einer professionell und effektiv arbeitenden Behörde. Dafür entließ er zunächst jene Agenten und Mitarbeiter, die nach seinem Dafürhalten unqualifiziert und unfähig erschienen. Weiterhin führte er einen neuen Agententyp innerhalb der bestehenden Riege von Special Agents ein – die *G-Men*. Die *G-Men*, das »G« steht für »Government«, unterstanden nur Hoover persönlich. Nicht dem Justizminister und nicht einmal dem Präsidenten waren sie zur Auskunft verpflichtet. Die *G-Men* sollten das neue Image des BOI in der Bevölkerung verkörpern und mussten dementsprechend zahlreichen Anforderungen genügen. Wer *G-Men* werden wollte, musste von weißer Hautfarbe und zwischen 25 und 35 Jahren alt sein. Ein *G-Man* sollte aus der Mittelschicht kommen, durfte nicht verheiratet sein und war angehalten, enthaltsam zu leben. Hoover duldete Frauen in diesen Reihen ebenso wenig wie Schwarze, Hispanos oder Juden. Die Bezeichnung *G-Men* übernahm Hoover der Legende nach von einem Ausspruch des Gangsters Machinegun-Kelly. Bei seiner 1933 durch FBI-Agenten erfolgten Verhaftung soll dieser gerufen haben: »Don't shoot, G-Men!«.

Weiterhin erhielt das BOI ein modernes kriminaltechnisches Labor sowie ein Fingerabdruckarchiv. Ab sofort arbeiteten Expertenteams rund um die Uhr an ballistischen Studien, Gift- und Haaranalysen und Gewebeuntersuchungen. Schnell wurde das Labor zur modernsten Einrichtung dieser Art weltweit. Hoover sorgte dafür, dass nun alle kriminalistisch relevanten Informationen in seiner Behörde zusammenliefen.

All diese Neuerungen bildeten das Fundament, auf dem Macht und Einfluss des BOI in der Folgezeit wuchsen. Im Jahre 1932 sorgte die Entführung des Säuglings von Flugpionier Charles Lindbergh für Wirbel in den Nachrichtenblättern. Hoover bemühte sich um Übernahme des Falls, da er hierin die Möglichkeit sah, das Bild der Behörde auch in der Öffentlichkeit wieder gerade rücken zu können. Das Kind fand man wenige Tage nach seinem Verschwinden tot auf. Die Schuld hierfür gab Hoover den Bundesgerichten, die seiner Meinung nach die Ermittlungen behindert hatten. Als Konsequenz aus diesen Fehlern forderte er für seine Agenten das Recht, Bundesstaaten übergreifend arbeiten sowie eine Schusswaffe tragen zu dürfen, was ab 1934 offiziell genehmigt wurde. Des Weiteren konnte das BOI mit sofortiger Wirkung jede Person beobachten lassen, die verdächtigt wurde, eine Gefahr für die USA darzustellen. Mit diesen enormen rechtlichen Zugeständnissen änderte sich im Juli 1935 auch der Name der Behörde. Von nun an hieß sie *Federal Bureau of Investigation* (FBI).

Hoover, stets auf seine Außenwirkung bedacht, erkannte nun auch die Macht der Medien und verstand es, diese für sich nutzbar zu machen. So ließ er die Ergreifung und Ermordung des Gangsterpärchens Bonnie Parker und Clyde Barrow fürs Fernsehen nachstellen. Es folgte eine Radioserie über die G-Men, an deren Umsetzung und Gestaltung Hoover maßgeblich beteiligt war. Zudem trieb er den Auf- und Ausbau der FBI-Presseabteilung voran. Ab Mitte der dreißiger Jahre erschienen Filme, Comichefte und Romane, in denen FBI-Agenten die Helden waren und nicht mehr, wie noch wenige Jahre zuvor, die Gangster und Ganoven.

Mittlerweile stand der Zweite Weltkrieg bevor. Nicht wenige Amerikaner sahen in Adolf Hitler und Nazideutschland ein Bollwerk gegen den Kommunismus. Zahlreiche Persönlichkeiten des öffentlichen Lebens, darunter auch der Diplomat Joseph P. Kennedy, der Vater von John F. Kennedy, warben offen für eine Allianz mit dem Deutschen Reich. Hoover, der ebenfalls um Unterstützung dieser Allianz ersucht wurde, verweigerte seine Beteiligung an dieser Kampagne, da er in den Nationalsozialisten eine größere Gefahr sah als in den Kommunisten. Stattdessen ließ er unzählige Dossiers über Mitglieder der mehr und mehr erstarkenden amerikanischen Nazipartei anfertigen, um diese anklagen und vor Gericht stellen lassen zu können. Selbst bekannte Persönlichkeiten wie der Schauspieler Errol Flynn blieben von den Verdächtigungen nicht verschont. Zu dieser Zeit kursierte der hämische Vergleich des FBI mit der Gestapo in Nazideutschland.

Im Juni 1939 wurde FBI-Chef Hoover von Theodor Roosevelt offiziell zur Speerspitze im Kampf gegen Spionage und Sabotage ernannt. Im Jahr darauf wurde dem FBI vom Präsidenten eine neue Waffe für diesen Kampf in die Hand gegeben, denn ab Mai 1940 war es der Behörde erlaubt, Telefonverbindungen aller Art abzuhören. Auch war Hoover seit dieser Zeit nur noch dem Präsidenten der Vereinigten Staaten von Amerika Rechenschaft über seine Tätigkeiten schuldig. Im Dezember 1941 und in der Folgezeit geriet das Ansehen Hoovers und seines FBI erneut stark ins Wanken. Am 07. Dezember des Jahres griffen japanische Bomber die US-Flotte vor Pearl Harbor an und fügten dieser eine vernichtende Niederlage zu. Daraufhin behauptete der gebürtige Jugoslawe Dusko Popov, seines Zeichens britisch-deutscher Doppelagent, er habe Hoover persönlich bereits vier Monate zuvor von dem geplanten Angriff berichtet. Popov gab schlussendlich Hoover die Schuld am Desaster von Pearl Harbor, da er seine Informationen nicht an den Präsidenten weiter gegeben habe. Nur mit Mühe konnte sich Hoover in der Folgezeit der Anschuldigungen erwehren. Das Glück griff ihm unter die Arme, als es dem FBI im Juni 1942 gelang, mehrere von Anhängern der Nazipartei geplante Anschläge und Sabotageakte auf dem Territorium der USA zu vereiteln. Durch die geschickte Darstellung des Erfolges in der Öffentlichkeit konnte das Ansehen des FBI nicht nur wieder hergestellt werden, vielmehr noch entstand der Mythos der Unbesiegbarkeit.

Nach Roosevelts Tod im April 1945 beschlichen Harry S. Truman, dem Nachfolger im Präsidentenamt, allmählich Zweifel und Besorgnis ob der in den vergangenen Jahren enorm angewachsenen Machtfülle des FBI-Apparates. Hoover gelang es, den Präsidenten kurzzeitig zu beschwichtigen und von dessen Notwendigkeit zu überzeugen, indem er ihm ein Dossier mit Abhörprotokollen zu Tommy Cocrane vorlegte. Der ehemalige Vertraute Trumans hatte mittlerweile die Lager gewechselt und war zu einem gefährlichen Gegner geworden. Die Bedeutung umfangreicher politischer Spionage lag für Truman damit auf der Hand. Dennoch blieb er skeptisch.

Zu dieser Zeit zeichneten sich langsam die ersten Vorboten für jene Ereignisse ab, die mit dem von Senator Bernard M. Baruch geprägten Begriff »Kalter Krieg« in die Geschichtsbücher eingehen sollten. Die USA sahen sich gezwungen, ihren bestehenden militärischen Geheimdienst OSS (*Office of Strategic Services*) zu reformieren und um ein Vielfaches zu vergrößern. Mit dem *National Security Act* vom 18. September 1947 ging aus dem alten OSS die neu gegründete CIA hervor. Für Truman hatte sie den äußerst beruhigenden Nebeneffekt, das FBI damit in seiner Macht empfindlich beschnitten zu haben, da nun ausschließlich die Jungs aus Langley (Virginia) für Spionage und sonstige Geheimdienstaktivitäten im Ausland zuständig waren. Zudem verlangte Truman im Zuge der einsetzenden »Hexenjagd« auf Kommunisten von jedem Bundesbeamten die Zustimmung, dessen Loyalität dem Staat gegenüber prüfen zu lassen.

Gleichzeitig arbeitete Hoover sehr eng mit dem *Komitee für unamerikanische Umtriebe* zusammen. Dabei wurde auch vor den Größen Hollywoods nicht halt gemacht. Zu den ersten Anhörungen im Oktober 1947 wurden so namhafte Stars wie Ronald Reagan, Gary Cooper oder Robert Taylor geladen. Die Studiobosse waren angehalten, jeden zu entlassen, der auch nur ansatzweise den Verdacht erregte, Kommunist zu sein. Hoover drohte mit einer Zerstörungskampagne gegen die Filmindustrie. Zahlreiche Drehbuchautoren, Regisseure und Darsteller wurden verurteilt. Als Humphrey Bogart, Lauren Bacall, Ava Gardner und Frank Sinatra sich an Washington wandten, um für ihre Kollegen einzutreten, war Hoover dermaßen empört, dass er damit drohte, deren Karrieren zu ruinieren. Die Stars ruderten zurück und stellten sich öffentlich gegen den Kommunismus. Aber nicht nur Künstler gerieten in Hoovers Visier. Zahlreiche Intellektuelle und Wissenschaftler, darunter Albert Einstein, standen unter Verdacht. Zu ihnen wurden Informationen gesammelt und geheime Akten angelegt, die es offiziell nicht geben durfte. Truman ging dieser ganze Aktionismus viel zu weit, und er suchte nach Wegen, Hoover los zu werden. Allerdings musste er erkennen, dass jener durch sein umfangreiches Wissen viel zu mächtig geworden war, als dass er »von seinem Thron« gestoßen werden konnte. Hoover seinerseits verfolgte die Taktik, seine Informationen gegenüber Staat und Öffentlichkeit weitestgehend zurück zu halten, diejenigen jedoch, deren Geheimnis er kannte, dieses wissen zu lassen.

Mit seinen Informationen konnte Hoover aktiv in die Politik eingreifen und sogar die anstehende Präsidentenwahl manipulieren. Um sicher zu gehen, dass sein Wunschkandidat Dwight David Eisenhower das Rennen machen würde, trat er eine Verleumdungskampagne gegen den Gegenkandidaten Adlai Ewing Stevenson los. In anonymen Schreiben bezichtigte man ihn als Homosexuellen und Kommunistenfreund. Stevensons FBI-Akte erklärte man kurzerhand zur geheimen Verschlusssache. Letztendlich gewann Eisenhower die Wahlen, was zum Teil sicherlich auch Hoovers Intervention zu verdanken war.

Eisenhower, wie zuvor auch schon Truman, genehmigten die Ausweitung der Ermittlungsbefugnisse des FBI in Bezug auf die Aufdeckung von Bedrohungen der nationalen Sicherheit. Jede amerikanische Institution, ob öffentlich oder privat, jede Person war angehalten, Verdachtsmomente auf antiamerikanische Aktivitäten sofort dem FBI zu melden. Die Befugnisse zur Sammlung von Daten über Familienverhältnisse von bereits tätigen sowie angehenden Mitarbeitern des öffentlichen Dienstes als auch von Bundesbehörden wurden in diesen Jahren stark ausgeweitet. In den Augen des FBI war dieses Vorgehen erfolgreich. Beispielsweise konnten so die Spione Julius und Ethel Rosenberg, die im Staatsdienst beschäftigt waren, enttarnt werden. Aber auch auf dem Sektor der Verbrechensbekämpfung kam dem FBI seit den fünfziger Jahren eine größere Rolle zu, da die Behörde nun verstärkt örtliche und bundesstaatliche Polizeibehörden bei ihrer Arbeit unterstützte. Dies vor allem deshalb, weil die Behörde mit ihren umfangreichen Ressourcen über die neuesten technischen Entwicklungen verfügen konnte und im Bereich der Forensik mit den neuesten Verfahren arbeitete. Seit 1950 veröffentlicht das FBI die berühmte Liste der *Ten-Most-Wanted-Fugitives*.

Die sechziger Jahre waren in den USA eine von Idealismus geprägte Zeit. Im Gegensatz dazu sah sich das Land einer steten Zunahme von Aggression und Kriminalität, vor allem in den Städten, gegenüber. Überschattet wurde dieses Jahrzehnt innenpolitisch durch die Ermordung des Präsidenten John F. Kennedy, außenpolitisch durch den Vietnamkrieg, der in der Bevölkerung mehr und mehr auf Ablehnung stieß. In Ermangelung spezieller Verhaltensrichtlinien gegen Antikriegsaktivisten begegnete das FBI ihnen ebenso wie schon zuvor den Kommunisten und den Anhängern des Ku-Klux-Klan – mit einer Kombination aus traditionellen Ermittlungstechniken und speziellen Methoden, die ursprünglich für die Spionageabwehr entwickelt wurden. Für Hoover und viele seiner Kollegen stellte das Konglomerat aus »Neuer Linken« und engagierten Vietnamkriegsgegnern einen Quell des Terrorismus von Innen dar. Zur Bekämpfung desselben rief das FBI das Programm COINTELPRO (*Counter Intelligence Program*) auf den Plan, das von 1956 bis zu seiner Auflösung 1971 gezielt gegen politisch links stehende Parteien, Studenten- und Bürgerrechtsbewegungen vorging. Parallel dazu erließ der Kongress im Laufe der sechziger Jahre eine Reihe neuer Gesetze, die die Betätigungsfelder des FBI erneut ausweiteten. Nun befasste sich die Behörde zusätzlich zu den bisherigen Aufgaben mit Bürgerrechtsverletzungen, Erpressung und Glücksspieldelikten.

Am 02. Mai 1972 starb Hoover nach 48 Dienstjahren als FBI-Direktor. Am nächsten Tag wurde er in der Rotunde des *Kapitols* aufgebahrt, eine Ehre, die bisher nur 21 weiteren Amerikanern zuteil geworden ist. Einen Tag nach Hoovers Tod wurde der zu dieser Zeit als Staatssekretär im Justizministerium tätige Louis Patrick Gray III. von Präsident Nixon zum geschäftsführenden Direktor des FBI bestellt. Wenige Tage nach Grays Amtsantritt wurden fünf Männer im *Watergate Building*, dem Hauptsitz der Demokratenpartei, festgenommen, als diese offenbar im Begriff waren, heimlich Dokumente zu photographieren. Wie sich später herausstellen sollte, war der Einbruch von der Führungsriege der Republikanerpartei in die Wege geleitet worden. Sofort begann das FBI unter Leitung von Gray-Stellvertreter Mark Felt mit den Untersuchungen der später so bezeichneten *Watergate-Affäre*. Durch ein Sicherheitsleck in den Reihen der ermittelnden Beamten drangen immer mehr Einzelheiten über die laufenden Untersuchungen an die Presse. Auf diese Weise gelangten auch zahlreiche Ermittlungsfehler und Pannen ans Licht der Öffentlichkeit, vor allem aber wurde die Verstrickung von hochrangigen

Mitgliedern der Nixon-Regierung in den Watergate-Fall offenkundig. Trotz seiner 1973 erfolgten Nominierung zum regulären FBI-Direktor, die eine Welle der Empörung hervorrief, sah Gray sich gezwungen, von seinem Posten zurückzutreten. Zunächst führte der Kongressabgeordnete William Rucklehaus die Amtsgeschäfte weiter, bis schließlich der bis dahin als Polizeichef von Kansas City tätige Clarence M. Kelley am 09. Juli 1973 zum neuen Direktor des FBI ernannt wurde. Zu dieser Zeit liefen die Untersuchungen des Watergate-Falls auf Hochtouren und führten schlussendlich zum Amtsenthebungsverfahren von Präsident Richard Nixon, der am 09. August 1974 seinen Stuhl räumte. Am selben Tag noch wurde Gerald Rudolph Ford als neuer Präsident der Vereinigten Staaten von Amerika vereidigt.

Für das FBI galt es in dieser Zeit, das verlorene Vertrauen in der Öffentlichkeit wieder herzustellen. Vor diesem Hintergrund gab Kelley beispielsweise Richtlinien mit strengen Kriterien aus, nach welchen neue Führungskräfte für das FBI ausgewählt und ausgebildet werden sollten. Um ein zweites Watergate zu verhindern und die Fortschritte der Umstrukturierungsmaßnahmen in Erfahrung zu bringen, wurde Kelley zu Anhörungen vor den Kongress geladen. Ein besonders wichtiges, unter seiner Ägide etabliertes Novum war der auf einen kurzen Slogan herunter gebrochene Ermittlungsleitsatz »Qualität vor Quantität«. In diesem Zusammenhang war jedes »Field Office« dazu angehalten, den spezifischen Arbeitsbereich zu analysieren und zu prüfen, welchen Arten von Delikten darin eine besonders große Bedeutung zukamen. In der Folge waren dann die Ressourcen auf die festgestellten Hauptdelikte in der jeweiligen Region zu konzentrieren. Aber auch die FBI-Behörde als Ganzes legte drei Hauptschwerpunkte für ihre zukünftige Arbeit fest. In den Fokus rückten die Spionageabwehr, das organisierte Verbrechen und die Wirtschaftskriminalität. In der Folge kamen auch Undercover-Operationen vermehrt zur Anwendung. Eine weitere bedeutende Maßnahme unter Kelleys Führung war die Ergänzung des Agentenstabes um Frauen und Menschen aus ethnischen Minderheiten. Am Ende der siebziger Jahre waren nahezu achttausend »Special Agents« und etwa elftausend intern tätige Angestellte in 59 »Field Offices« sowie dreizehn »Legal Attaché Offices« beim FBI beschäftigt.

Als Kelley 1978 von seinem Posten zurücktrat, folgte der Bundesrichter William H. Webster auf den Direktorenstuhl. Ebenfalls in diesem Jahr setzte die *Abteilung Spurensicherung* des FBI erstmals Lasertechnik ein, um verborgene Fingerabdrücke an Tatorten aufzuspüren. Zu Beginn der achtziger Jahre stieg die Zahl terroristischer Aktivitäten weltweit sprunghaft an. Diese Tatsache veranlasste Webster 1982, die Terrorismusbekämpfung als viertes Hauptaugenmerk in den Aufgabenbereich des

FBI einzureihen. Jedoch waren an allen Fronten zahlreiche Brände zu löschen. Spionageaktivitäten durch ausländische Geheimdienste nahmen ungeahnte Ausmaße an. 1985 wurden dermaßen viele Fälle verzeichnet, dass die Presse sich bemüßigt fühlte, das *Jahr des Spions* auszurufen. Der illegale Drogenhandel ließ die Strafverfolgungsbehörden nahezu ihre Grenzen erreichen. Um den Druck zu mildern und der Lage wenigstens einigermaßen Herr zu werden, gründete das Justizministerium 1982 die *Drug Enforcement Administration* (DEA). Die Ermittlungen auf dem weiten Feld der Wirtschaftskriminalität mussten ebenfalls intensiviert werden. Die vom FBI in diesem Zusammenhang initiierte *ABSCAM-Operation* hatte zahlreiche Verurteilungen unter anderem mehrerer Mitglieder des Repräsentantenhauses zur Folge. Im Zuge der durch Fehler im Spar- und Kreditgewerbe ausgelösten Finanzkrise der achtziger Jahre konnten zahlreiche Betrugsfälle aufgedeckt werden. Ermittelte das FBI 1981 noch gegen zehn Betrugsdelikte, waren es 1987 bereits 282.

Mit der Überwachung und Gewährleistung der Sicherheit der Olympischen Spiele von 1984 in Los Angeles war das FBI ebenfalls betraut. Um Terroranschlägen und Straßenkriminalität vorzubeugen, wurde ein Kommunikations- und Interaktionsnetz zwischen lokalen Polizeidienststellen sowie Landes- und Bundesbehörden aufgebaut. Zudem stellte das FBI eine Spezialeinheit auf, die im Umgang mit Geiselnahmen geübt war. Im Bereich der Terrorismusbekämpfung wurden die Befugnisse von FBI-Agenten erheblich ausgeweitet. Ab 1986 genehmigte der Kongress Auslandseinsätze, wenn dadurch terroristische Aktionen aufgedeckt und Übergriffe auf amerikanische Staatsbürger verhindert werden konnten. Drei Jahre später war es FBI-Agenten, bewilligt durch das Justizministerium, sogar möglich, gesuchte Verdächtige außerhalb der USA, auch ohne Einwilligung des jeweiligen Einsatzlandes, festzunehmen.

Am 26. Mai 1987 verließ Webster das FBI, um den Direktorenposten beim CIA zu übernehmen. Die Weiterführung der Geschäfte übernahm John E. Otto bis zum 02. November 1987. Er erklärte den Kampf gegen den organisierten Drogenhandel zur fünften Kernaufgabe des FBI. Als neuer regulärer Direktor des FBI wurde Bundesrichter William Steel Sessions vereidigt. Unter seiner Führung verlagerte sich der Schwerpunkt der FBI-Arbeit auf Verbrechen vorbeugende Maßnahmen. So rief er ein Drogenaufklärungsprogramm ins Leben, das eng mit Schulen und lokalen Behörden zusammenarbeitete. Landesweit wurden Beratungsstellen eingerichtet, die von Initiativen wie *Adopt-a-School* oder *Junior-G-Man-Program* begleitet wurden.

Der Fall der Berliner Mauer 1989 war ein wichtiger Schritt auf dem Weg zum Ende des »Kalten Krieges«, das mit der offiziellen Auflösung der Sowjetunion am 25. Dezember 1991 vollzogen war. Das FBI reagierte auf diese Ereignisse mit der Abberufung von dreihundert »Special Agents« aus der Spionageabwehr und der Eingliederung derselben in die Kriminalitätsbekämpfung innerhalb der USA. Die Behörde erfuhr eine Neubewertung ihrer Strategien zur Verteidigung der nationalen Sicherheit, da deren Hauptpfande nun nicht mehr im Mantel des Kommunismus oder der nuklearen Bedrohung erschienen, sondern vielmehr im Inneren des Staates zu suchen waren. Zur Eindämmung von Gewaltverbrechen und Straßenkriminalität, die in den vorangegangenen Jahren vor allem in urbanen Gebieten stark zugenommen hatten, rief das FBI die *Operation Safe Streets* auf den Plan. Mit diesem Programm weitete die Behörde ihre operative Unterstützung von lokalen Polizeistellen enorm aus.

Zwei Ereignisse ließen das Bild des FBI in der öffentlichen Wahrnehmung erneut wanken. Gegen Ende 1992 kam es in Ruby Ridge (Idaho) durch das unbedachte Verhalten von Bundesbeamten während der Observierung des Verdächtigen Randy Weaver zu einer Schießerei, in deren Verlauf Weavers Frau und Sohn getötet wurden. Wie sich herausstellen sollte, war Weaver unschuldig. Der späteren Empfehlung, die Bundesbeamten anzuklagen, wurde nicht entsprochen. Kurz darauf, im Februar 1993, geriet das FBI erneut in die Schlagzeilen. In der Folge einer gescheiterten Razzia mit mehreren Todesopfern in einer zur Festung ausgebauten Ranch der Branch-Davidian-Sekte belagerten Bundesbeamte das in der Nähe von Waco (Texas) befindliche Anwesen fünfzig Tage lang. Am 51. Tag brannte ein Feuer die Ranch nieder. Mehr als achtzig Menschen, darunter mehrere Kinder, starben in den Flammen. Unklar ist bis heute, wer das Feuer gelegt hat. Diese beiden Geschehnisse warfen zahlreiche Fragen auf, Vorwürfe wurden laut und ließen Öffentlichkeit und Bundesbehörden an der Fähigkeit des FBI zweifeln, auf Krisensituationen angemessen reagieren zu können. In der Folge wurde die *Critical Incident Response Group* (CIRG) gegründet, um derartige Vorfälle in Zukunft zu vermeiden.

Am 19. Juli 1993 wurde Sessions durch den amtierenden Präsidenten Bill Clinton seines Amtes entbunden. Ab dem 01. September 1993 hieß der neue Direktor des FBI Louis J. Freeh. Sofort nach seinem Amtsantritt nahm er sich der grassierenden und sich beständig ausweitenden Kriminalitätsdelikte an, indem er eine klare Agenda formulierte, wie diesen Problemen zu begegnen sei. Im Sommer 1994 entsandte Freeh eine Delegation hochrangiger Diplomaten und Vertreter der Strafverfolgungsbehörden zu einem Treffen mit europäischen Regierungsvertretern mit dem Ziel, grenzübergreifende Polizeipartnerschaften im Kampf gegen die wachsende internationale Kriminalität zu schaffen.

Mit der Ausweitung der FBI-Aktivitäten auf dem internationalen Sektor wurden 21 zusätzliche »Legal Attaché Offices« in Übersee eröffnet. Zu diesen gehörte auch die am 04. Juli 1994 eröffnete Repräsentanz in Moskau, der früheren Metropole des kommunistischen Ostblocks.

Auch im Inneren zeigten die Anfang der neunziger Jahre aufgelegten, offensiv gegen terroristische Akte vorgehenden Programme Wirkung. Konnten Anschläge auch nicht in jedem Fall verhindert werden, so waren die Ermittlungen doch meist von raschem Erfolg gekrönt. Man denke hier an die Bombenanschläge auf das New Yorker *World Trade Center* 1993 und das *Murrah Federal Building* in Oklahoma City 1995. Auch der seit vielen Jahren erfolglos gesuchte UNA-Bomber, Theodor Kaczynski, konnte 1996 festgenommen werden.

Langsam gehörten Computer und Internet zur Standardausstattung amerikanischer Haushalte. Damit einhergehend entwickelten sich mit der Cyberkriminalität neue Formen krimineller Machenschaften. Als Gegenmaßnahme gründete das FBI das so genannte *Computer Investigations and Infrastructure Threat Assessment Center* (CITAC), um gegen Hackerangriffe auf amerikanische Einrichtungen gewappnet zu sein. Bereits seit 1991 wurden Ermittler mit dem notwendigen technischen Wissen in einer besonderen Abteilung, dem *Computer Analysis and Response Team* (CART) zusammengefasst, um in den Besitz von Beweismaterial zu gelangen, das sich auf Computern von verdächtigen Personen befindet. Das seit 1995 laufende *Innocent Image Programm* (IIP) befasst sich ausschließlich mit dem Anliegen, die Verbreitung von Kinderpornographie im Internet aufzuspüren und zu unterbinden.

Am 4. September 2001 wurde der frühere Staatsanwalt Robert Swan Mueller neuer FBI-Direktor. Er hatte das Mandat inne, die Informations- und Kommunikationstechnik des FBI aufzurüsten, um effektiver gegen Spionageaktivitäten vorgehen zu können. Dies vor dem Hintergrund des früheren FBI-Agenten Robert Hanssen, der unerkannt über viele Jahre hinweg als Spion für die Sowjetunion tätig war.

Nur wenige Tage nach der Amtseinführung Muellers ereigneten sich die Anschläge auf das *World Trade Center* in New York und das *Pentagon* in Washington D.C.; die sofort anlaufenden Ermittlungen, mit etwa siebentausend FBI-Mitarbeitern, wurden von Direktor Mueller geleitet. Das FBI arbeitete bei der als PENTTBOM (*Pentagon / Twin Towers / Bombing Investigation*) bezeichneten Untersuchung mit allen US-Strafverfolgungsbehörden, der US-Regierung und ausländischen Verbündeten zusammen. Nach nur wenigen Tagen bereits konnte das FBI die Flugzeugentführer mit bestimmten Passagieren in Verbindung bringen, die dem Umkreis von Al Quaida zugeordnet wurden. Im Laufe der Ermittlungen stellte sich heraus, dass einige der Attentäter dem FBI bereits schon seit bis zu zwei Jahren bekannt waren und in diesem Zusammenhang zum Teil sogar schon ins Visier der Ermittler geraten waren. Einige Zeit später geriet die Behörde wegen dieser und verschiedener anderer Pannen in die Kritik.

Am 25.10.2001 verabschiedete der Kongress, im Zuge des »Krieges gegen den Terrorismus«, den *USA Patriot Act*. Dieses Bundesgesetz dient der Vereinfachung der Ermittlungen von Bundesbehörden wie dem FBI. Unabhängig davon verlangte Direktor Mueller eine komplette Umstrukturierung des FBI-Apparates, um den neuen Anforderungen und Bedrohungen gewachsen zu sein. Von Bürgerrechtlern werden diese zusätzlichen Vollmachten, die unter anderem umfangreiche Überwachungsmöglichkeiten von Terrorverdächtigen beinhalten, als äußerst bedenklich eingeschätzt. Diese Vorwürfe scheinen nicht von ungefähr. Zwischen 2001 und 2006 soll das FBI einem Regierungsbericht zufolge seine Kompetenzen weit überschritten haben, indem es unter dem Deckmantel des Antiterrorkampfes unangemessen gegen Gruppierungen wie *Greenpeace*, die Tierschutzorganisation *PETA* oder die Bürgerrechtsgruppe *Thomas Merton Center* vorgegangen sein soll. Zu einem neuen Arbeitsfeld ist für die Fahnder vom FBI auch die jüngste Finanzkrise in den USA geworden.

Mittlerweile besteht das FBI seit über einem Jahrhundert. Von einem kleinen Dreißig-Mann-Betrieb, der sich auf die Ausübung reiner Polizeiaufgaben beschränkte, ist es auf eine weit über dreißigtausend Mitarbeiter zählende Mammutbehörde mit kaum zu überschauenden Betätigungsfeldern angewachsen. Den Weg zu ihrer heutigen Form und Größe ebnete John Edgar Hoover, wenn auch seine Methoden, nicht nur aus heutiger Sicht, fragwürdig erscheinen. In seiner Geschichte geriet das FBI sehr oft in schlechtes Licht, Korruption und Manipulation waren häufig die Begleiter. Doch was in den Köpfen hängen bleibt, sind die moralisch einwandfreien Helden des FBI, die uns in unzähligen Filmen gezeigt wurden und werden.

Literatur zum FBI

Jan-Ulrich Ellermann, EUROPOL UND FBI (Nomos Verlag, Baden-Baden 2005); Frank B. Metzner, FBI: EIN JAHRHUNDERT VERBRECHERJAGD (Motorbuch Verlag, Stuttgart 2008); Gunda Müller-Wallraff, David Southwell, GESCHICHTE DES ORGANISIERTEN VERBRECHENS (Fackelträger-Verlag, Köln 2007); Raffael Winkler, DIE GESCHICHTE DES FBI (Baltic Sea Press, Rostock 2009)

Akteure vor und hinter der Kamera

DIE REGISSEURE

Fritz Umgelter

* 18.08.1922

in Stuttgart

† 09.05.1981

in Frankfurt am Main

Ausgewählte Filmographie für Kino und Fernsehen
WENN DIE CONNY MIT DEM PETER (1958); DER HUND VON BASKERVILLE (1955); SO WEIT DIE FÜSSE TRAGEN (1959, TV-Serie); AM GRÜNEN STRAND DER SPREE (1960, TV-Serie); DANTONS TOD (1963, TV); DIE PHYSIKER (1964, TV); SCHÜSSE AUS DEM GEIGENKASTEN (1965); DIE LETZTE KOMPANIE (1967), ELSA BRÄNDSTRÖM (1971, TV); IM VORHOF DER WAHRHEIT (1974, TV); DES CHRISTOFFEL VON GRIMMELSHAUSEN ABENTEUERLICHER SIMPLIZISSIMUS (1975, TV-Serie); TATORT: ZWEI FLUGKARTEN NACH RIO (1976, TV)

Umgelter war der Regisseur des ersten Jerry-Cotton-Falls *Schüsse aus dem Geigenkasten* (1965).

Er war einer der Pioniere des deutschen Fernsehens, für das er überwiegend arbeitete. Zunächst war Umgelter Regisseur und Schauspieler am *Staatstheater* in Wiesbaden, Bühnenbildner in Tübingen und ab 1953 Regisseur und Programmgestalter des *Hessischen Rundfunks*. Seit 1956 war er freier Regisseur und Mitglied der *Deutschen Akademie der Darstellenden Künste*. Obwohl Umgelter meist für das Fernsehen tätig war, inszenierte er gelegentlich auch Kinospielfilme. So etwa *Wenn die Conny mit dem Peter* (1958), *Mit Eva fing die Sünde an* (1958), *Alle Sünden dieser Erde* (1958), *Freddy – Nur der Wind* (1961), *Jerry Cotton Fall Nr. 1 – Schüsse aus dem Geigenkasten* (1965) und *Die letzte Kompanie* (1967). Nachdem *Die letzte Kompanie*, trotz der Änderung des Titels in *Eine Handvoll Helden*, nicht positiv angenommen wurde, zog er sich 1968 nach der Co-Regie zu *Der Turm der verbotenen Liebe* aus dem Kinogeschäft zurück.

Danach inszenierte er nur noch für das Fernsehen. Umgelters größte Fernseherfolge waren die Mehrteiler *Soweit die Füße tragen* (1959) und *Am grünen Strand der Spree* (1960) sowie *Wer einmal aus dem Blechnapf frißt* (1962) und *Der Winter, der ein Sommer war* (1976). Noch bis Anfang 1981 war er für die erste Staffel der ZDF-Serie *Das Traumschiff* zuständig. (jk)

Harald Philipp

* 24.04.1921

in Hamburg

† 05.07.1999

in Berlin

Ausgewählte Filmographie für Kino
DAS ALTE FÖRSTERHAUS (1956); RIVALEN DER MANGE (1958);
DER CZARDAS-KÖNIG (1958); STRAFBATAILLON 999 (1959);
DIVISION BRANDENBURG (1960); UNTER AUSSCHLUSS DER ÖFFENT-
LICHKEIT (1961); DER ÖLPRINZ (1965); MORDNACHT IN
MANHATTAN (1965); UM NULL UHR SCHNAPPT DIE FALLE ZU (1965);
WINNETOU UND DAS HALBBLUT APANATSCHI (1966); HURRA,
WIR SIND MAL WIEDER JUNGGESELLEN (1970); DIE TOTE AUS
DER THEMSE (1971); EHEMÄNNER-REPORT (1971); DIE BRÜCKE
VON ZUPANJA (1975)

Philipp war als Regisseur und Autor tätig. Er wurde für *Jerry Cotton – Fall Nr. 2: Mordnacht in Manhattan* (1965) und *Jerry Cotton – Fall Nr. 3: Um null Uhr schnappt die Falle zu* (1965) engagiert.

Der Sohn eines Elektroingenieurs und einer Schauspielerin besuchte nach Absolvierung einer kaufmännischen Lehre die Schauspielschule. In den fünfziger Jahren etablierte er sich vor allem als Regisseur von Filmen aus dem Soldatenmilieu und genoss den Ruf eines guten Handwerkers. Seit Anfang der siebziger Jahre übernahm Philipp zunehmend die Regie bei Fernsehproduktionen. Nachhaltiger Erfolg gelang Philipp im Fernsehen unter anderem auch mit der Serie *Drei Damen vom Grill* (1977). Er war mit der Schauspielerin Viola Liessen verheiratet. (jk)

Helmuth Ashley

* 17.09.1919

in Wien, Österreich

Ausgewählte Filmographie für Kino und Fernsehen
DAS SCHWARZE SCHAF (1960); MÖRDERSPIEL (1961); DAS RÄTSEL
DER ROTEN ORCHIDEE (1962); DAS KRIMINALMUSEUM (1963–1968,
TV–Serie); WEISSE FRACHT FÜR HONGKONG (1964); DIE RECHNUNG
– EISKALT SERVIERT (1966); NOTARZTWAGEN 7 (1976–1977,
TV–Serie); DERRICK (1977–1997, TV–Serie); DER TROTZKOPF
(1982, TV–Serie)

Der österreichische Kameramann und Regisseur inszenierte *Jerry Cotton – Fall Nr. 4: Die Rechnung – eiskalt serviert* (1966).

Ashley wurde als Sohn einer österreichischen Offiziersfamilie in Wien geboren. Eine frühe Typhuserkrankung zwang ihn, das Gymnasium in der 6. Klasse zu verlassen. Während der Genesungszeit geriet er als Volontär in ein Photoatelier. Das brachte ihn auf den Gedanken, die traditionsreiche Wiener *Graphische Staatslehr- und Versuchsanstalt* zu absolvieren, aus der Meister wie Franz Planer und Georg Bruckbauer hervorgingen. Mit dem Abschlusszeugnis ging Ashley 1938 nach Berlin, wo er, kaum angekommen, zur Wehrmacht eingezogen wurde. Als ausgebildeter Photograph wurde er zu Beobachtungsflügen eingesetzt. Doch schon 1942 war er wieder Zivilist und hielt Einzug in die Berliner Ateliers. Bei dem Altmeister der deutschen Filmkunst, Carl Hoffmann, wurde er Kameraassistent. Später wurden auch Ekkehard Kyrath, Kurt Schulz und vor allem Oskar Schnirch und G. W. Pabst seine Lehrmeister. In der Nachkriegszeit arbeitete Ashley zunächst ein Jahr bei der Wochenschau *Welt im Bild*.

Nach 33 Spielfilmen, die er als selbstständiger Kameramann betreute, wechselte er mit dem Heinz-Rühmann-Film *Das schwarze Schaf* (1960) ins Regiefach, was zugleich der erste Film für die *Bavaria* war. Das verdankte er Rühmann selbst, der Ashleys Arbeiten als Kameramann schätzte und ihn vorschlug, weil der vorgesehene Regisseur Axel von Ambesser nicht zur Verfügung stand. Nach *Das schwarze Schaf* gab ihm Produzent Utz Utermann die Chance, die Regie von *Mörderspiel,* eine Verfilmung des Kriminalromans von Max Pierre Schaeffer, zu übernehmen. Danach erkannte auch die *Constantin Film* Ashleys Talent. Produktionschef Gerhard F. Hummel gab ihm den Regieauftrag für den Wallace-Film *Das Rätsel der roten Orchidee.* Mit Präzision und Geschick für das Metier lieferte Ashley einen Krimi, der sich zwar dramaturgisch in die von Hummel kreierte Serie einfügte, aber trotzdem eine Sonderstellung einnahm. So ist es zu bedauern, dass Ashley nach Differenzen mit Horst Wendlandt für keinen weiteren Wallace-Film zur Verfügung stand. Immerhin lieferte er mit *Die Rechnung – eiskalt serviert* (1966) den wohl besten Streifen in der Schwarz-Weiß-Ära der Jerry-Cotton-Serie.

Bevor Ashley sich endgültig vom Kinofilm verabschiedete und zum Konkurrenten Fernsehen wechselte, inszenierte er den Spielfilm *Weiße Fracht für Hongkong* (1964). Beim Fernsehen war er unter anderem für die Serien *Derrick, Der Alte, Der Kommissar, Das Kriminalmuseum* und *Die fünfte Kolonne* verantwortlich. (jk)

Werner Jacobs

* 24.04.1909

in Berlin

† 24.01.1999

in München

Ausgewählte Filmographie für Kino

STRASSENSERENADE (1953); GITARREN DER LIEBE (1954);
DER BETTELSTUDENT (1956); SANTA LUCIA (1956); DER GRAF
VON LUXEMBURG (1957); DAS EINFACHE MÄDCHEN (1957);
DER STERN VON SANTA CLARA (1958); MÜNCHHAUSEN IN AFRIKA
(1958); IM WEISSEN RÖSSL (1960); CONNY UND PETER MACHEN
MUSIK (1960); MARIANDL (1961); DREI LIEBESBRIEFE AUS
TIROL (1962); FREDDY UND DAS LIED DER SÜDSEE (1962);
DIE LUSTIGE WITWE (1962); MARIANDLS HEIMKEHR (1962);
... UND SO WAS MUSS UM ACHT INS BETT (1964); HEIDI
(1965); TANTE FRIEDA - NEUE LAUSBUBENGESCHICHTEN (1965);
DAS SÜNDIGE DORF (1966); DER MÖRDERCLUB VON BROOKLYN
(1966); ONKEL FILSER - ALLERNEUESTE LAUSBUBENGESCHICHTEN
(1966); DAS RÄTSEL DES SILBERNEN DREIECK (1965/66);
DIE HEIDEN VON KUMMEROW UND IHRE LUSTIGEN STREICHE (1967);
WENN LUDWIG INS MANÖVER ZIEHT (1967); CHARLEYS ONKEL
(1969); WAS IST DENN BLOSS MIT WILLI LOS? (1970); HEINTJE
- MEIN BESTER FREUND (1970); ZWANZIG MÄDCHEN UND EIN
PAUKER: HEUTE STEHT DIE PENNE KOPF (1971); MORGEN FÄLLT
DIE SCHULE AUS (1971); UNSER WILLI IST DER BESTE (1971);
WILLI WIRD DAS KIND SCHON SCHAUKELN (1971); MEINE TOCHTER -
DEINE TOCHTER (1972); ALTER KAHN UND JUNGE LIEBE (1973);
DAS FLIEGENDE KLASSENZIMMER (1973); SCHWARZWALDFAHRT
AUS LIEBESKUMMER (1973); AUCH ICH WAR NUR EIN MITTELMÄS-
SIGER SCHÜLER (1974); ZWEI HIMMLISCHE DICKSCHÄDEL (1974)

Der deutsche Regisseur führte Regie bei *Jerry Cotton – Fall Nr. 5: Der Mörderclub von Brooklyn* (1966).

Jacobs gilt neben Harald Reinl, Alfred Vohrer und Kurt Hoffmann als erfolgreichster Regisseur des deutschen Nachkriegfilms. Seit 1930 arbeitete er zunächst im Synchronbereich. Er verkehrte im Berliner Künstlertreff *Romanisches Café* und lernte dort Filmgrößen wie den späteren Hollywood-Regisseur Billy Wilder kennen. Es folgten Jahre als Cutter bei der Münchener *Bavaria* sowie als Regieassistent bei Hans Schweikart und Viktor Tourjansky. Von 1945 bis 1949 war er Chefcutter der ersten Nachkriegswochenschau *Welt im Film*. Nach mehreren Kurzfilmen, unter anderem *Richard Strauss – Ein Leben für die Musik* (1949) und der mit dem *Bundesfilmpreis* ausgezeichnete *Modebummel* (1951), startete Jacobs mit dem Lustspiel *Der weißblaue Löwe* (1952) die eigene Regiekarriere.

Mehrere seiner umsatzstarken Filme erhielten die *Goldene Leinwand*. Darunter sind *Heimweh nach St. Pauli* (1963), *Die Lümmel von der ersten Bank 1. Teil: Zur Hölle mit den Paukern* (1968), *Die Lümmel von der ersten Bank 2. Teil: Zum Teufel mit der Penne* (1968), *Heintje – Ein Herz geht auf Reisen* (1969) und *Die Lümmel von der ersten Bank 4. Teil: Hurra, die Schule brennt* (1969). Dennoch blieb Jacobs zeitlebens selbst für Filminteressierte ein Unbekannter. Er inszenierte durchweg leichte Kinoware, die filmgeschichtlich kaum Beachtung erfuhr. Zudem war Jacobs ein gänzlich uneitler Filmemacher, der den branchenüblichen Rummel verabscheute. Er beeindruckte als vielseitiger Filmhandwerker und hochinteressanter Zeitzeuge. (jk)

Harald Reinl

* 09.07.1908
Bad Ischl, Österreich
† 09.10.1986
Puerto de la Cruz,
Teneriffa

Ausgewählte Filmographie für Kino
ZEHN JAHRE SPÄTER (1947); WEISSE HÖLLE MONTBLANC (1951);
FEGEFEUER DER LIEBE (1951); DER HERRGOTTSCHNITZER VON
AMMERGAU (1952); HINTER KLOSTERMAUERN (1952); DER KLOSTER-
JÄGER (1953); ROSEN-RESLI (1954); DIE FISCHERIN VOM
BODENSEE (1956); JOHANNISNACHT (1956); ALMENRAUSCH UND
EDELWEISS (1957); DIE GRÜNEN TEUFEL VON MONTE CASSINO
(1958); ROMAREI - DAS MÄDCHEN MIT DEN GRÜNEN AUGEN (1958);
U 47 - KAPITÄNLEUTNANT PRIEN (1958); DER FROSCH MIT DER
MASKE (1959); DIE BANDE DES SCHRECKENS (1960); WIR WOLLEN
NIEMALS AUSEINANDERGEHEN (1960); DER FÄLSCHER VON LONDON
(1961); IM STAHLNETZ DES DR. MABUSE (1961); DIE UNSICHT-
BAREN KRALLEN DES DR. MABUSE (1961); DER TEPPICH DES
GRAUENS (1962); DIE WEISSE SPINNE (1963); DER WÜRGER VON
SCHLOSS BLACKMOOR (1963); ZIMMER 13 (1963); WINNETOU 2. TEIL
(1964); DER LETZTE MOHIKANER (1965); WINNETOU 3. TEIL
(1965); DER UNHEIMLICHE MÖNCH (1965); DYNAMIT IN GRÜNER
SEIDE (1967); DER TOD IM ROTEN JAGUAR (1968); TODESSCHÜSSE
AM BROADWAY (1968/69); PEPE, DER PAUKERSCHRECK (1969);
DR. MED. FABIAN - LACHEN IST DIE BESTE MEDIZIN (1969);
WIR HAU'N DIE PAUKER IN DIE PFANNE (1970); WER ZULETZT
LACHT, LACHT AM BESTEN (1971); VERLIEBTE FERIEN IN TIROL
(1971); DER SCHREI DER SCHWARZEN WÖLFE (1972); GRÜN
IST DIE HEIDE (1972); DIE BLUTIGEN GEIER VON ALASKA (1973);
SCHLOSS HUBERTUS (1973); EIN TOTER TAUCHER NIMMT KEIN
GOLD (1974); DER JÄGER VON FALL (1974)

Filme über Harald Reinl
DIE HEILE WELT DER MÄRCHENHELDEN (Erstsendung 26.02.1974,
ZDF); HARALD REINL - KINO OHNE PROBLEME (Erstsendung
15.12.1986, BR)

Reinl war Regisseur, Schnittmeister und Autor und gilt als erfolgreichster Regisseur des deutschen Nachkriegsfilms. Er inszenierte *Jerry Cotton – Fall Nr. 6: Dynamit in grüner Seide* (1967), *Jerry Cotton – Fall Nr. 7: Der Tod im roten Jaguar* (1968), *Jerry Cotton – Fall Nr. 8: Todesschüsse am Broadway* (1968/69).

Der Sohn eines Bergrats und Ingenieurs studierte nach dem Abitur Jura in Innsbruck. Als begeisterter Skifahrer wurde er 1930 in Österreich *Akademischer Weltmeister* und anschließend Mitglied der Ski-Nationalmannschaft. 1938 folge die Promotion zum Dr. jur. und eine Tätigkeit in einer Anwaltskanzlei. Der Bergfilmer Arnold Fanck engagierte ihn als Skifahrer für die Filme *Stürme über dem Montblanc* (1930) und *Der weiße Rausch* (1930/31). Dadurch lernte er Leni Riefenstahl kennen, für die er 1940/41 in dem Film *Tiefland* als Regieassistent tätig war. 1949 debütierte er mit seinem ersten Spielfilm *Bergkristall*.

Nach zahlreichen Heimatfilmen wechselte Reinl 1958 ins Genre der Kriegs- und Actionfilme. Kritiker bezeichneten ihn als »Meister des deutschen Trivialfilms«. Nach dem Erfolg der Wallace-Serie inszenierte er mit *Der Schatz im Silbersee* (1962) den ersten Karl-May-Film, der auch zum Kassenschlager wurde. Unter Reinls Regie entstand ferner die zweiteilige Kinogroßproduktion *Die Nibelungen* (1966). Basierend auf Edgar Allan Poes Erzählung entstand 1967 *Die Schlangengrube und das Pendel*. 1968 war er für den letzten Film der Karl-May-Welle, *Winnetou und Shatterhand im Tal der Toten*, verantwortlich. Zudem beteiligte er sich an der Jerry-Cotton- und der Pauker-Filmreihe und drehte Streifen nach Vorlagen von Jack London und Ludwig Ganghofer. Mit Ausnahme von *Kommissar X jagt die roten Tiger* (1971) und *Sie liebten sich einen Sommer* (1972) wurden alle Filme dieser Zeit bedeutende Erfolge. Resonanz bei Presse und Publikum erzielte auch der Dokumentarfilm *Erinnerungen an die Zukunft* (1970) nach Erich von Däniken, dem 1975/76 *Botschaft der Götter* folgte. Mit seiner Adaption des Werner-Keller-Bestsellers *Und die Bibel hat doch recht* (1977) drehte er seinen dritten Dokumentarfilm. Reinls letzter Film, den er mit bereits 74 Jahren inszenierte, war *Im Dschungel ist der Teufel los* (1982).

Der Regisseur war dreimal verheiratet, darunter von etwa 1946 bis 1950 mit Corinna Frank und von 1954 bis 1968 mit der 28 Jahre jüngeren Karin Dor, die in vielen seiner Filme Rollen übernahm. Das Paar hat einen gemeinsamen Sohn. 1976 heiratete Reinl die 33 Jahre jüngere tschechische Schauspielerin Daniela Maria Dana, mit der er ab 1979 auf Teneriffa lebte. Eine Tragödie ereignete sich, als Dana ihn 1986 unter Alkoholeinfluss erstach.

Reinl schuf als Regisseur die naiv-märchenhafte Aura der ersten *Winnetou*-Filme. Der überragende Erfolg der Serie ging nicht zuletzt auf sein Geschick zurück, Motive des amerikanischen Western und des deutschen Heimatfilms wirkungsvoll zu verschmelzen. Dabei ging ihm nach eigenem Bekunden Wirksamkeit vor Qualität. Produzent Artur Brauner urteilte: »Es gab keinen, der mehr vom Medium Film und seinen Wirkungsmöglichkeiten verstanden hätte. Und er hat immer an das Geld seines Produzenten gedacht – größte Effekte mit geringstem Aufwand!« Schon 1966 prognostizierte Heiko R. Blum: »In späteren Zeiten wird man in ihm wahrscheinlich den typischen Vertreter der 20 Jahre deutschen Nachkriegsfilms sehen und nicht Käutner, Staudte und Hoffmann.« (jk)

Cyrill Boss
* 24.11.1974
in München
Philipp Stennert
* 25.08.1975
in Göttingen

Ausgewählte Filmographie für Kino und Fernsehen
DIE PRO7 MÄRCHENSTUNDE – RAPUNZEL (2006, TV); DIE PRO7
MÄRCHENSTUNDE – ZWERG NASE (2006, TV); NEUES VOM WIXXER
(2007); JERRY COTTON (2010)

Bereits seit 2000 arbeiten Cyrill Boss und Philipp Stennert als Regie- und Autoren-duo. Den Regieabschluss an der *Filmakademie Baden-Württemberg* absolvierte Boss 2003, Stennert schloss sein Studium ein Jahr später an derselben Akademie ab.

Nach verschiedenen Drehbüchern für Fernsehformate, darunter die Serie *Was nicht passt, wird passend gemacht*, erhielt das Duo die Chance, die Regie zweier Episoden der für den Sender *Pro Sieben* hergestellten Reihe *Die Pro7 Märchen-stunde* zu übernehmen.

Den ersten Kinofilm übernahmen die beiden mit der Erfolgsfortsetzung *Neues vom WiXXer*, die ebenso wie der Vorgänger ein geschäftlicher Erfolg wurde. Mit *Jerry Cotton* legte das Duo den zweiten Kinofilm vor. (gn)

Heinz Willeg

*16.09.1918
in Berlin

† Februar 1991
in Berlin

Ausgewählte Filmographie für Kino

DIE CHRISTEL VON DER POST (1956) Regie: Karl Anton; DER GREIFER (1957) Regie: Eugen York; ROSEN FÜR DEN STAATS- ANWALT (1959) Regie: Wolfgang Staudte; DREI MANN IN EINEM BOOT (1961) Regie: Helmut Weiss; KOHLHIESELS TÖCHTER (1962) Regie: Axel von Ambesser; DAS KANN DOCH UNSEREN WILLI NICHT ERSCHÜTTERN (1970) Regie: Rolf Olsen; PROS- TITUTION HEUTE (1970) Regie: Ernst W. Hofbauer; ALTER KAHN UND JUNGE LIEBE (1973) Regie: Werner Jacobs; SCHWARZ- WALDFAHRT AUS LIEBESKUMMER (1973) Regie: Werner Jacobs

Willeg war verantwortlicher Produzent der Jerry-Cotton-Filmserie.

Er begann seine Filmlaufbahn 1948 als Produktionsleiter bei der *Berolina Film* von Kurt Schulz und Kurt Ulrich und wurde 1958 deren Produktionschef. Verant- wortlich war er hier unter anderem für die Filme *Am Brunnen vor dem Tore* (1952), *Wenn der weiße Flieder wieder blüht* (1953), *Die Christel von der Post* (1956), *Der Greifer* (1957), *Rosen für den Staatsanwalt* (1959), *Der Rächer* (1960), *Drei Mann in einem Boot* (1961), *Die Dreigroschenoper* (1962) und *Kohlhiesels Töchter* (1962).

Nach dem Ausscheiden von Horst Wendlandt als Produktionschef bei der *CCC Film* übernahm Willeg dessen Posten. Bei CCC betreute er unter anderem die Filme *Scotland Yard jagt Dr. Mabuse* (1963), *Der Henker von London* (1963), *Old Shatterhand* (1963/64), *Das Phantom von Soho* (1963/64), *Das Ungeheuer von London-City* (1964) und *Der Schut* (1964). Nach einem kurzen Intermezzo bei Alfons Carcasonas *Inter- national Germania Film*, wo Willeg den Reinl-Film *Der letzte Mohikaner* (1965) her- stellte, gründete er gemeinsam mit Mohr von Chamier die *Allianz Film GmbH* in Berlin. Mit dieser Firma produzierte er von 1964 bis 1974 verschiedene Filme im Auftrag der *Constantin Film*, beginnend mit *Freddy, Tiere, Sensationen* (1964). Zu den in dieser Phase hergestellten Filmen zählen auch die *Jerry-Cotton-Serie* (acht Filme von 1965 bis 1968), die *St.-Pauli-Serie* (sieben Filme) und drei Filme mit dem Kin- derstar Heintje.

Für die zwei Filme *Der Arzt von St. Pauli* (1968) und *Heintje – Ein Herz geht auf Reisen* (1969) erhielt er als Produzent die *Goldene Leinwand*. Ab 1974 produzierte Willeg für das Fernsehen, darunter unter anderem die Serie *Sergeant Berry* und die Fallada-Verfilmung *Ein Mann will nach oben*. (jk)

Lilo Pleimes

*18.04.1929

in Berlin

Ausgewählte Filmographie für Kino und Fernsehen
DAS KANN DOCH UNSEREN WILLI NICHT ERSCHÜTTERN (1970)
Regie: Rolf Olsen; FLUCHTWEG ST. PAULI - GROSSALARM FÜR
DAVIDSWACHE (1971) Regie: Wolfgang Staudte; SCHWARZ-
WALDFAHRT AUS LIEBESKUMMER (1973/73) Regie: Werner Jacobs;
CAFÉ WERNICKE (1978) Regie: Herbert Ballmann (TV-Serie);
EIN MANN WILL NACH OBEN (1978) Regie: Herbert Ballmann
(TV-Serie); MANNI, DER LIBERO (1981) Regie: Franz Josef
Gottlieb (TV-Serie); DIE GRÜNSTEIN-VARIANTE (1984) Regie:
Bernhard Wicki (TV); CASPAR DAVID FRIEDRICH - GRENZEN
DER ZEIT (1985/86) Regie: Peter Schamoni (TV); SANSIBAR
ODER DER LETZTE GRUND (1985-1987) Regie: Bernhard Wicki (TV);
DER BLAUE DIAMANT (1992/93) Regie: Otto W. Retzer (TV)

Ab 1943 absolvierte Pleimes bei der *Tobis-Klangfilm* eine Ausbildung, die 1945 mit einem Abschluss als Industriekaufmann endete. Von 1946 bis 1948 war sie Produktionssekretärin der DEFA in Berlin. Es folgte bis 1951 die *Mosaik Film*, bei der Pleimes, neben der Verantwortlichkeit als Produktionssekretärin, auch technische Assistentin war.

Von 1951 bis 1962 war sie Aufnahme- und Produktionsleiterin bei Kurt Ulrich, dem erfolgreichsten deutschen Produzenten der fünfziger Jahre, und dessen *Berolina Film*. Hier lernte sie auch Heinz Willeg kennen und schätzen. Nachdem Heinz Willeg eigene Wege ging, folgte sie ihm, neben einem kurzen Zwischenspiel bei *Magnet Film*, zu dessen *Allianz Film*. Hier betreute sie bis in die achtziger Jahre alle Filme als Produktionssekretärin und Produktionsleiterin beziehungsweise Herstellungsleiterin. Nach der Trennung von Heinz Willeg arbeitete sie für verschiedene Produzenten wie *Phoenix Film*, *Lisa Film* und *Cine Images*. Insgesamt war Lilo Pleimes während ihrer Laufbahn für nahezu 250 Spielfilme und etwa 150 Fernsehproduktionen verantwortlich. (jk)

Christian Becker

*06.05.1972

in Krefeld

Ausgewählte Filmographie für Kino und Fernsehen
BANG BOOM BANG - EIN TODSICHERES DING (1999) Regie:
Peter Thorwarth; KANAK ATTACK (2000) Regie: Lars Becker;
SEVEN DAYS TO LIVE (2000) Regie: Sebastian Niemann;
DAS JESUS VIDEO (2002) Regie: Sebastian Niemann (TV–
Mehrteiler); DAS BLUT DER TEMPLER (2004) Regie: Florian
Baxmeyer (TV–Mehrteiler); DER WIXXER (2003) Regie:
Tobi Baumann; HUI BUH - DAS SCHLOSSGESPENST (2006)
Regie: Sebastian Niemann; NEUES VOM WIXXER (2007) Regie:
Cyrill Boss, Philipp Stennert; DIE WELLE (2008) Regie:
Dennis Gansel; WICKIE UND DIE STARKEN MÄNNER (2009)
Regie: Michael Bully Herbig; JERRY COTTON (2010) Regie:
Cyrill Boss, Philipp Stennert

Bereits frühzeitig sammelte Becker Erfahrungen in der Filmbranche, zuerst als Aufnahme- und später auch als Produktionsleiter. Noch während des Studiums an der *HFF München* produzierte Becker zahlreiche Kurz- und Dokumentarfilme. So war er 1996 auch am Kurzfilm *Was nicht passt, wird passend gemacht* beteiligt, der große Popularität erreichte und dem 2002 ein Kinofilm folgte.

Die erste große Kinoproduktion feierte 1999 mit *Südsee, eigene Insel* Premiere. Diese war ein Projekt der *Indigo Filmproduktion*, die Becker gemeinsam mit Thomas Häberle gründete. Das bald darauf in *Becker & Häberle Filmproduktion* umbenannte Unternehmen war für Kinoerfolge wie Peter Thorwarths *Bang Boom Bang – Ein todsicheres Ding* verantwortlich.

2002 rief er die *Rat Pack Filmproduktion* ins Leben, die zunächst verschiedene aufwendige Fernsehprojekte für den Privatsender *Pro Sieben* herstellte. Mit dem nur ein Jahr später, gemeinsam mit Phil Friederichs gegründeten DVD-Label *Turbine Medien* gelang Becker ein Standbein im Heimvideobereich. Erfolgreiche DVD-Veröffentlichungen waren unter anderem *Kalkofes Mattscheibe* und Dieter-Hallervorden-Produktionen.

Die mit den bekannten Komikern Oliver Kalkofe und Bastian Pastewka besetzte Edgar-Wallace-Filmparodie *Der WiXXer* war 2003 ein Kinoüberraschungserfolg und ebnete der *Rat Pack Filmproduktion* den Weg für weitere ambitionierte Leinwandprojekte. Dazu zählen unter anderem *Hui Buh – Das Schlossgespenst* (2006), *Die Vorstadtkrokodile* (2009) und *Jerry Cotton* (2010). (gn)

DIE DARSTELLER

George Nader

* 19.10.1921
in Pasadena,
Kalifornien
† 04.02.2002,
in Woodland Hills,
Kalifornien

Literatur zu George Nader
Christos Tses, Dirk Brüderle, GEORGE NADER UND SEINE
FILME (Granlex PIV-Eigenverlag; Kerken 1998)

Ausgewählte Filmographie für Kino und Fernsehen
TAKE CARE OF MY LITTLE GIRL (1950) Regie: Jean Negulesco;
RUSTLERS ON HORSEBACK (1950) Regie: Fred C. Brannon;
DEM SATAN SINGT MAN KEINE LIEDER (THE PROWLER) (1950) Regie:
Andrea Forzano; DREI FRAUEN EROBERN NEW YORK (TWO TICKETS
TO BROADWAY) (1951) Regie: James V. Kern; EIN FREMDER
RUFT AN (PHONE CALL FROM A STRANGER) (1952) Regie: Jean
Negulesco; MONSUN (MONSOON) (1952) Regie: Rodney Amateau;
MEMORY OF LOVE (1952) Regie: Sven Lindberg, Robert
Spafford; DOWN AMONG THE SHELTERING PALMS (1953) Regie:
Edmund Goulding; LETTER TO LORETTA (1953 bis 1954) Regie:
John Newland, Rudolph Maté (TV-Serie); SINS OF JEZEBEL
(1953) Regie: Reginald Le Borg; MISS ROBIN CRUSOE (1953)
Regie: Eugene Frenke; ROBOT MONSTER (1954) Regie: Phil
Tucker; RUMMELPLATZ DER LIEBE (THE CARNIVAL STORY) (1954)
Regie: Kurt Neumann; DIE NACHT DER RACHE (FOUR GUNS TO
THE BORDER) (1954) Regie: Richard Carlson; SEINE LETZTE
CHANCE (SIX BRIDGES TO CROSS) (1955) Regie: Joseph Pevney;
DAS GIBT ES NUR IN KANSAS (THE SECOND GREATEST SEX)
(1955) Regie: George Marshall; DIE NACKTE GEISEL (LADY
GODIVA OF COVENTRY) (1955) Regie: Arthur Lubin; KLAR
SCHIFF ZUM GEFECHT (AWAY ALL BOATS!) (1956) Regie: Joseph
Pevney; BLUTROTER KONGO (CONGO CROSSING) (1956) Regie:
Joseph Pevney; IN DEN FÄNGEN DES TEUFELS (THE UNGUA
RDED MOMENT) (1956) Regie: Harry Keller; WEM DIE STERNE
LEUCHTEN (FOUR GIRLS IN TOWN) (1956) Regie: Jack Sher;
ÜBERALL LAUERT DER TOD (MAN AFRAID) (1957) Regie: Harry
Keller; DIE ROSE VON TOKIO (JOE BUTTERFLEY) (1957)
Regie: Jesse Hibbs; DAS HERZ IST STÄRKER (FLOOD TIDE) (1957)
Regie: Abner Biberman; The Female Animal (1957) Regie:
Harry Keller; APPOINTMENT WITH A SHADOW (1958) Regie:
Richard Carlson; GEJAGT (NOWHERE TO GO) (1958) Regie:
Seth Holt; SHANNON (1961–1962) Regie: Fred Jackman Jr.
(TV-Serie); ALFRED HITCHCOCK PRESENTS (1961–1962) Regie:
Diverse (TV-Serie); DAS ZEICHEN DER MUSKETIERE (LE SECRET
D'ARTAGNAN) (1962) Regie: Siro Marcellini; FBI JAGT
PHANTOM (THE HUMAN DUPLICATORS) (1965) Regie: Hugo Grimaldi;
JERRY COTTON, FALL NR. 1: SCHÜSSE AUS DEM GEIGENKASTEN
(1965) Regie: Fritz Umgelter; JERRY COTTON, FALL NR. 2:
MORDNACHT IN MANHATTAN (1965) Regie: Harald Philipp; JERRY
COTTON, FALL NR. 3: UM NULL UHR SCHNAPPT DIE FALLE ZU
(1965) Regie: Harald Philipp; JERRY COTTON, FALL NR. 4:
DIE RECHNUNG – EISKALT SERVIERT (1966) Regie: Helmuth
Ashley; JERRY COTTON, FALL NR. 5: DER MÖRDERCLUB VON
BROOKLYN (1966) Regie: Werner Jacobs; SUMURU - DIE TOCHTER
DES SATANS (THE MILLION EYES OF SUMURU) (1966) Regie:
Lindsay Craig Shonteff; JERRY COTTON, FALL NR. 6: DYNAMIT
IN GRÜNER SEIDE (1967) Regie: Harald Reinl; RADHAPU-
RA - ENDSTATION DER VERDAMMTEN (1967) Regie: Hans Albin;
DAS HAUS DER TAUSEND FREUDEN (LA CASA DE LAS MIL MUNECAS)
(1967) Regie: Jeremy Summers; JERRY COTTON, FALL NR. 7:
DER TOD IM ROTEN JAGUAR (1968) Regie: Harald Reinl; JERRY
COTTON, FALL NR. 8: TODESSCHÜSSE AM BROADWAY (1968) Regie:
Harald Reinl; BEYOND ATLANTIS (1973) Regie: Eddie Romero

George Nader wurde in Los Angeles, Kalifornien als Sohn eines Ölmaklers geboren. Er ging in Glendale auf die High School und später auf das *Occidental College*. Nader wollte zwar ursprünglich nicht Schauspieler werden, hegte aber schon frühzeitig eine Neigung für Theater und den Film. Schon während der Grundschulzeit lieferte er erste »Inszenierungen« auf der Bühne eines Puppentheaters. Auf der High School wurde er Leiter der Laienspielschar. Sein College-Studium schloss er mit der Graduierung zum *Bachelor of Arts* ab. In den letzten beiden Studienjahren war George Nader Präsident des *College Dramatic Club*.

Nach dreijähriger Ausbildung bei der Marine, mit Trainingskursen für Nachrichtenübermittlung und Geheimhaltung in Harvard und an der Northwestern Universität, ging er als Nachrichtenoffizier zu Marinestationen im Südpazifik. Er schied als Leutnant aus. Erst jetzt fasste George Nader den Entschluss, Schauspieler zu werden. Den Grundstein für die späteren Erfolge legte er im *Pasadena Playhouse*, von dem er, nach Auftritten in 75 Stücken, den Grad eines *Bachelor of Theatre Arts* erhielt.

Die nächste Station hieß bereits Hollywood. Nach ersten, teilweise im Abspann ungenannten Fernsehserienrollen gelang ihm 1952 der Sprung auf die Kinoleinwand, als er für den ursprünglich von der Produktion gewünschten Gregory Peck einsprang. In *Monsun* spielte er als Partner der deutschen Schönheitskönigin Ursula Thiess. Diesem in Indien entstandenen Film folgten ein Angebot aus Schweden, *Memory Of Love*, wo er als Gegenspieler von Anita Björk auftrat, und die Verpflichtung für die erste deutsch-amerikanische Koproduktion nach dem Zweiten Weltkrieg. Neben Anne Baxter und Westernveteran Jay C. Flippen spielte er unter Kurt Neumann in der englischen Version von *Rummelplatz der Liebe*. Die zeitgleich gedrehten Parts der deutschen Fassung spielten übrigens Stars wie Curd Jürgens, Eva Bartok und Bernhard Wicki.

Nach *Sins Of Jezebel* folgte 1954 eine der obskursten Produktionen in Naders Filmographie – der von Phil Tucker inszenierte 3D-Film *Robot Monster*. Der mit schmalem Budget gedrehte Film konnte, neben einem Soundtrack von Elmer Bernstein, eine beachtliche Zuschauerresonanz verbuchen, obwohl die Kritiker den Film regelrecht verrissen und ihn in eine Reihe mit »Werken« von Ed Wood stellten. Doch alle Filme bewiesen, dass mit Nader ein Darsteller auf der Leinwand erschienen war, der ohne weiteres einen Film tragen konnte, und so verpflichtete ihn das Major-Filmstudio *Universal* als Vertragsdarsteller.

Sein erster Film bei *Universal* war gleichzeitig sein letzter Western. Obwohl Nader selbst recht wenig für dieses Genre übrig hatte, wurde *Die Nacht der Rache* (*Four Guns To The Border*) ebenso wie *Die nackte Geisel* (*Lady Godiva Of Coventry*) ein großer Publikumserfolg. Letzteren drehte er mit der als »Königin des Farbfilms« bezeichneten Maureen O'Hara, deren kurze Nacktszene sich ebenfalls als äußerst kassenwirksam erwies. Für *Die Nacht der Rache* erhielt Nader 1955 den begehrten *Golden Globe* als »Bester Nachwuchsdarsteller« und war somit endgültig in der Reihe der Hollywoodstars der fünfziger Jahre angekommen. Interessant gestalteten sich die Arbeiten an *Seine letzte Chance*, einem Drama, das ganz auf Tony Curtis und George Nader zugeschnitten war, und mit Julie Adams auch in der weiblichen Hauptrolle prominent besetzt wurde. Nader hatte im Gegensatz zu vielen anderen Vertragsdarstellern der Hollywoodstudios das Glück, durch vielfältige Filmverpflichtungen nicht auf ein spezielles Genre festgelegt zu werden. Er entging dadurch einem einengenden Rollenschema und bewies gegenüber den Studiobossen filmische Wandlungsfähigkeit.

Auch im Fernsehen tauchte er nun öfter auf. So auch als Loretta Young einen Hauptdarsteller für ihre Shows suchte, und er in mehreren Episoden von *Letter to Loretta* auftrat. Jetzt stieg George Nader rasch zum Fernsehliebling auf, Berge von Verehrerpost landeten auf seinem Schreibtisch. Mit *Das gibt es nur in Kansas* (*The Second Greatest Sex*) unternahm Nader einen Ausflug ins Musicalgenre, in dem er neben Jeanne Crain gar als Sänger in Erscheinung trat. Im Anschluss drehte Nader seinen erfolgreichsten Hollywoodfilm *Klar Schiff zum Gefecht* (*Away All Boats!*), in dem er unter der Regie von Joseph Pevney neben dem viel zu früh verstorbenen Jeff Chandler brillierte. Der Film nach dem Bestseller von Kenneth Dobson wurde für *Universal* zur bis dahin erfolgreichsten Produktion, gleichzeitig auch Karrieresprungbrett für eine Reihe nachmaliger Stars wie Lex Barker, David Janssen oder Clint Eastwood.

Erneut saß Joseph Pevney bei Naders nächstem Film *Blutroter Kongo* (*Congo Crossing*) auf dem Regiestuhl, der mit Virginia Mayo und Peter Lorre bekannte Darsteller aufzuweisen hatte. Er wurde ein erfreuliches Geschäft für das Studio, dass mit *Wem die Sterne leuchten* (*Four Girls In Town*) ein weiteres Projekt für Hauptdarsteller Nader parat hatte. Erstmals wurde er weltweit an erster Stelle der Besetzung genannt, vor aparten Kolleginnen wie Julie Adams, Elsa Martinelli und der deutschen Schauspielerin Marianne Koch, deren erste Rolle in einem amerikanischen Film es war. 1956 erhielt George Nader die Hauptrolle in dem Psychothriller *In den Fängen des Teufels* (*The Unguarded Moment*), wobei seine schauspielerische Leistung hier zu seinen besten gezählt werden kann. Neben ihm spielten unter anderem Esther Williams und der später in vielen europäischen Filmen zu sehende John Saxon. Ebenfalls eine Krimiproduktion war *Überall lauert der Tod* (*Man Afraid*), der ein Jahr später in die Kinos kam. Der nachmalig zu Weltruhm gekommene Filmkomponist Henry Mancini zeichnete hier für einen seiner frühen, jazzbetonten Filmscores verantwortlich.

In *Die Rose von Tokio* (*Joe Butterfly*) kam es zum Zusammentreffen von zwei der größten Stars der *Universal* – George Nader und Audie Murphy. Für letzteren bedeutete der Film eine willkommene Abwechslung vom Westerngenre, für das der

Darsteller wie kaum ein zweiter stand. Obwohl Murphy weitaus mehr auf den Film einwirken konnte als sein Partner, war es für Nader eine interessante Erfahrung und ein willkommener Kassenerfolg. Naders letzte Filme nach *Blutroter Kongo* waren wegen abnehmender Zuschauergunst allerdings immer schlechtere Geschäfte. Das blieb auch den Universal-Verantwortlichen nicht verborgen und so wurde, nach Fertigstellung der Filme *Das Herz ist stärker* (*Flood Tide*), *Appointment With A Shadow* und *The Female Animal*, der ausgelaufene Vertrag nicht verlängert. Für ihn bedeutete dies jedoch keine lange Zeit ohne Beschäftigung. Sofort wurde er von der »Konkurrenz« unter Vertrag genommen und spielte 1958, erstmals für die MGM-Studios, in *Gejagt* (*Nowhere To Go*) einen englischen Meisterbetrüger. Bernard Lee, der später durch seine Rolle des Geheimdienstchefs »M« in den James-Bond-Verfilmungen weltberühmt werden sollte, war hier sein Partner.

Danach wurde George Nader zu einem der ersten Stars, die zum Fernsehen wechselten. Für das Studio NBC übernahm er die Titelrolle in der Serie *Further Adventures Of Ellery Queen*. Diese machte amerikanische Fernsehgeschichte, da sie wöchentlich einmal live und in Farbe ausgestrahlt wurde. Als Nader wegen des Umzugs der Produktion nach New York nach 25 Episoden aus der Serie ausstieg, wurde er von CBS für die nicht minder erfolgreiche Reihe *Gefährliche Experimente* (*The Man And The Challenge*) unter Vertrag genommen. George Nader stellte darin den früheren Marinearzt Dr. Glenn Barton dar, der unter extremen Bedingungen erforschte, was ein Mensch auszuhalten vermag. Die dritte Serie, *Shannon klärt auf* (*Shannon*) für CBS, machte ihn auch in Deutschland bekannt. Als Versicherungsdetektiv einer Speditionsfirma bestand er tolle Abenteuer mit Gaunern aller Kaliber. Im Mittelpunkt der Verfolgungsjagden stand ein Spezialwagen. Zu dessen Ausrüstung gehörten: Eine Sechzehn-Millimeter-Filmkamera, die aus einer Verkleidung zur Windschutzscheibe hoch schwenkte, ein Tonband im Armaturenbrett, Telefon und zu guter Letzt ein Colt im Geheimfach hinter dem Autoradio.

Nachdem die Serie nach 36 Episoden, auf Naders Wunsch, eingestellt worden war, zog er wie viele amerikanische Kollegen nach Italien, um im dortigen Film neue Erfolge zu feiern. Doch sein romanisches Intermezzo währte nur kurz, und er kehrte nach Amerika zurück, da die italienisch-französische Koproduktion *Das Zeichen der Musketiere* (*Le Secret D'Artagnan*) zwar ein respektabler Erfolg war, aber Nader keinen sonderlich Gefallen am italienischen Film fand. Seine amerikanische Film- und Fernsehkarriere wurde allerdings durch sein von Seiten eines Filmstudios forciertes »Coming-Out« als Homosexueller weitestgehend beendet. Es folgten einige Theaterverpflichtungen sowie die Rückkehr nach Europa, wo ihm mit der Rolle des Jerry Cotton in acht Filmen zwischen 1965 und 1968 eine glanzvolle zweite Karriere gelang. George Nader lebte zu dieser Zeit mal in seinem luxuriösen Haus in Laguna

Beach nahe Los Angeles, mal in einem komfortablen Appartement in Rom. Hausgenossen in Laguna Beach waren vier Katzen, zwei Siamesen, eine graue Perser und eine Calico, und ferner die Dobermann-Airedale-Mischung »Mattie«. Der Star fuhr einen weißen Mercedes 190 SL. Er erklärte, keine besonderen Hobbies zu haben. Sport: Schwimmen und Reiten. In zahllosen Reportagen der amerikanischen Presse wurde George Nader als besonders umgänglicher und liebenswürdiger Schauspieler bezeichnet. Allgemeines Urteil: Nader ist ein Gentleman. 1968 erhielt er von den Lesern der deutschen Jugendzeitschrift BRAVO den *Silbernen Bravo Otto* und 1969 den *Bronzenen Bravo Otto*.

Da die *Constantin Film* die erfolgreichen Jerry-Cotton-Filme produzierte, wurde George Nader währenddessen auch in einigen europäischen Koproduktionen als Hauptdarsteller eingesetzt. 1966 kam mit *Sumuru – Die Tochter des Satans* (*The Million Eyes Of Sumuru*) eine Verfilmung nach Sax Rohmer in die Kinos. Lindsay Shonteff inszenierte eine von Produzentenlegende Harry Alan Towers unter Pseudonym geschriebene Drehbuchvorlage, wobei die Darstellerriege neben George Nader mit großen Namen wie Bond-Girl Shirley Eaton, Frankie Avalon, Klaus Kinski, Wilfrid Hyde-White und Maria Rohm aufwarten konnte. Ein ähnliches Produkt des Europloitation-Genres jener Jahre war der ebenfalls von Towers produzierte Streifen *Das Haus der tausend Freuden* (*La casa de las mil munecas*), in dem Nader neben Horrorstar Vincent Price sowie seiner aus Hollywoodtagen bekannten Kollegin Martha Hyer auftrat. Beliebte Schauspieler wie Wolfgang Kieling, Herbert Fux und Ann Smyrner rundeten das Vergnügen ab. Der letzte Film, den George Nader außerhalb der Cotton-Reihe für die *Constantin* drehte, war 1968 der harte Abenteuerstreifen *Radhapura – Endstation der Verdammten*. Unter der Regie von Hans Albin und dem ungenannten Paolo Bianchini spielten, schossen und prügelten sich Gordon Mitchell, Carl Möhner und Rik Battaglia sowie das italienische Starlet Femi Benussi durch die farbenfrohe Szenerie von Sri Lanka. Die melancholische Musik stammte von Nino Oliviero, der 1962 zusammen mit Riz Ortolani den Welthit *More* verfasst hatte.

Nach dem Ende der Cotton-Filmreihe zog sich Nader vorerst aus dem Showgeschäft zurück, wobei er sporadisch in beliebten Fernsehserien wie *Owen Marshall* und *FBI* sowie dem ambitionierten Fernsehfilm *Nakia* auftrat. Aufgrund eines Augenleidens, das während der Dreharbeiten zu *Beyond Atlantis* offensichtlich wurde, zog er sich 1974 ganz aus der Filmbranche zurück, da er nach der Behandlung das Licht der Studioscheinwerfer nicht mehr vertrug. Fortan widmete sich Nader seinem Hobby, der Schriftstellerei, und veröffentlichte 1978 unter dem Titel *Chrome* den allerersten Science-Fiction-Roman mit homosexuellem Inhalt. Obwohl das Buch für einige Aufregung sorgte, wurde es in seinem Genre zu einem modernen Klassiker und Bestseller.

Nader war eng mit dem 1985 verstorbenen Schauspieler Rock Hudson befreundet, der ihm ein großes Vermögen hinterlassen haben soll. Auch blieb er mit dem Cotton-Produzenten Heinz Willeg bis zu dessen Tod 1991 freundschaftlich verbunden. George Nader starb 2002 zurückgezogen auf seinem Anwesen in Palm Springs. (ck)

Heinz Weiss

* 12.06.1921

in Stuttgart

† 20.11.2010

in Grünwald

bei München

Ausgewählte Filmographie für Kino und Fernsehen

SO WEIT DIE FÜSSE TRAGEN (1959) Regie: Fritz Umgelter (TV-Serie); WENN DIE CONNY MIT DEM PETER (1959) Regie: Fritz Umgelter; **Strafbataillon 999** (1960) Regie: Harald Philipp; DIVISION BRANDENBURG (1960) Regie: Harald Philipp; DAS GROSSE WUNSCHKONZERT (1960) Regie: Arthur Maria Rabenalt; DER GRÜNE BOGENSCHÜTZE (1960/61) Regie: Jürgen Roland; NUR DER WIND (1961) Regie: Fritz Umgelter; UNTER AUSSCHLUSS DER ÖFFENTLICHKEIT (1961) Regie: Harald Philipp; AUF WIEDERSEHEN (1961) Regie: Harald Philipp; GESPRENGTE KETTEN (THE GREAT ESCAPE) (1963) Regie: John Sturges; JERRY COTTON, FALL NR. 1: SCHÜSSE AUS DEM GEIGEN-KASTEN (1965) Regie: Fritz Umgelter; JERRY COTTON, FALL NR. 2: MORDNACHT IN MANHATTAN (1965) Regie: Harald Philipp; JERRY COTTON, FALL NR. 3: UM NULL UHR SCHNAPPT DIE FALLE ZU (1965) Regie: Harald Philipp; JERRY COTTON, FALL NR. 4: DIE RECHNUNG - EISKALT SERVIERT (1966) Regie: Helmuth Ashley; JERRY COTTON, FALL NR. 5: DER MÖRDERCLUB VON BROOKLYN (1966) Regie: Werner Jacobs; JERRY COTTON, FALL NR. 6: DYNAMIT IN GRÜNER SEIDE (1967) Regie: Harald Reinl; JERRY COTTON, FALL NR. 7: DER TOD IM ROTEN JAGUAR (1968) Regie: Harald Reinl; JERRY COTTON, FALL NR. 8: TODESSCHÜSSE AM BROADWAY (1968) Regie: Harald Reinl; IMMER BEI VOLLMOND (1970) Regie: Rudolf Lubowski; DIE BRÜCKE VON ZUPANJA (1975) Regie: Harald Philipp; DOKTOR FAUSTUS (1982) Regie: Franz Seitz; DAS TRAUMSCHIFF (1982–1999, neunzehn Folgen) Regie: Diverse (der TV-Reihe); DIE LIBEL-LE (THE LITTLE DRUMMER GIRL) (1984) Regie: George Roy Hill

Heinz Weiss begeisterte sich bereits als Jugendlicher für die Schauspielerei. Neben seinen schulischen Verpflichtungen, die er 1940 mit dem Wirtschaftsabitur beendete, absolvierte er bei Kurt Junker am *Württembergischen Staatstheater* in seiner Heimatstadt Stuttgart eine Schauspielausbildung. Doch der Zweite Weltkrieg machte allen weiteren Plänen einen jähen Strich durch die Rechnung. Weiss wurde 1940 als Soldat zur Wehrmacht eingezogen und im weiteren Verlauf schwer verwundet. Nach dem Ende des Krieges und der Rückkehr in die Heimat widmete er sich endgültig der Schauspielerei. Es folgten die ersten Engagements in Stuttgart sowie an weiteren Bühnen in Osnabrück, Augsburg, Essen, Frankfurt am Main und Nürnberg. Bereits jetzt spielte Weiss neben so bekannten Gesichtern wie Rolf Boysen oder Tilla Durieux. Seit 1958 war er als freier Schauspieler mit Gastspielen und Tourneen unterwegs.

Fritz Umgelter, der neben Rolf Hädrich und Egon Monk zu den arriviertesten und am meisten geachteten Regisseuren des noch jungen deutschen Fernsehens gehörte, entdeckte den jungen Heinz Weiss bei einer Theatervorstellung. Umgelter war von dem markant-kantigen Gesicht, der schweren Stimme und dem körperbetonten Schauspiel beeindruckt. Er verpflichtete den unbekannten Neuling für *Soweit die Füße tragen*. Die recht werkgetreue Adaption des gleichnamigen Romans von

Josef Martin Bauer, der eindrucksvoll die Flucht eines deutschen Kriegsgefangenen aus einem sibirischen Arbeitslager schildert, wurde als sechsteilige Fernsehserie mit über neunzigprozentiger Sehbeteiligung zum allerersten *Straßenfeger* und machte Heinz Weiss über Nacht zu einem Fernsehstar. Seine eigenen Kriegserlebnisse waren in der Intensität, mit der er die Rolle des Clemens Forell darstellte, deutlich spürbar. Neben Weiss standen hier unter anderem Wolfgang Büttner, Hans Epskamp, Hans E. Schons, Dietrich Thoms und Walter Wilz vor der Kamera. Zu Regisseur Umgelter entwickelte sich eine langjährige Freundschaft und wo immer es möglich war, besetzte der Regisseur ihn in seinen Filmen und Fernseharbeiten.

Nach diesem durchschlagenden Erfolg ließen die nächsten Rollenangebote nicht lange auf sich warten. In Fritz Umgelters Schlagerkomödie *Wenn die Conny mit dem Peter* erhielt Weiss seinen ersten Auftritt auf der Kinoleinwand, dem, bedingt durch das seit *Soweit die Füße tragen* geprägte Image als deutscher Soldat, weitere Hauptrollen in den von Harald Philipp inszenierten Kriegsfilmen *Strafbatallion 999* und *Division Brandenburg* folgten. Hier agierte Weiss neben Stars wie Sonja Ziemann, Werner Peters und Ernst Schröder. 1960/61 erhielt er das Angebot im vierten Film der beim Publikum äußerst beliebten Reihe von Edgar-Wallace-Verfilmungen zu spielen. In *Der grüne Bogenschütze* verkörperte er unter der Regie von Stahlnetz-Erfinder Jürgen Roland die Titelrolle, an seiner Seite spielten Gert Fröbe und Karin Dor. Dieser Auftritt und das Engagement für den mit Zuschauerliebling Freddy Quinn besetzten *Nur der Wind* steigerten erneut seine Popularität. Bei letzterem war es wieder Regisseur Fritz Umgelter, der sich für Weiss' Besetzung entschied. Auch in der Aussteigerkomödie *Auf Wiedersehen* war Weiss zu erleben. Dem von Harald Philipp inszenierten Film war trotz eines Gastauftritts von Jazzlegende Louis Armstrong und prominenten Schauspielpartnern, wie Gert Fröbe und Joachim Fuchsberger, leider kein großer Erfolg an der Kinokasse vergönnt.

Der Schauspieler fühlte sich stets dem Theater und vor allem dem anspruchsvollen Fernsehspiel eher verbunden als dem schnelllebigen Kinogeschäft. Daher war er neben seinen Kinoauftritten auch auf den »kleinen« Fernsehschirmen häufig zu sehen. So war er unter anderem in *Der Mann, der Donnerstag war*, *Prinz Friedrich von Homburg*, *Die Journalisten*, *Der Belagerungszustand*, *Die Abrechnung* und *Freundschaftsspiel* zu sehen, die allesamt Fritz Umgelter inszenierte.

1963 erreichte Heinz Weiss das bis dahin größte Publikum seiner Karriere, als er vom Hollywood-Major MGM für *Gesprengte Ketten* (*The Great Escape*) verpflichtet wurde. Dort spielte er unter der Regie von John Sturges an der Seite von Weltstars wie Steve McQueen, James Garner, Sir Richard Attenborough, Charles Bronson, Donald Pleasence, James Coburn und David McCullum. Außerdem agierten neben ihm zahlreiche deutsche Schauspieler, wie etwa Hannes Messemer oder Robert Graf.

Der Film, der durch Elmer Bernstein einen facettenreichen Score erhielt, wurde sowohl mit Preisen dekoriert als auch ein internationaler Kassenerfolg. Trotz dieser Tatsache spielte Heinz Weiss weiterhin vornehmlich für das Fernsehen, exemplarisch sei *Flug in Gefahr* genannt. Die Verfilmung eines Romans von Arthur Hailey sorgte bei der Erstausstrahlung für heftige Diskussionen unter den Zuschauern. Regie führte hier Theo Mezger, neben dem unverwechselbaren Hanns Lothar spielten Klaus Schwarzkopf, Benno Sterzenbach und Ingmar Zeisberg. Außerdem trat Heinz Weiss als Gastdarsteller in den ersten Krimiserien des deutschen Fernsehens auf, so in zwei Episoden von *Die fünfte Kolonne* und drei Episoden des Klassikers *Das Kriminalmuseum.*

Erneut war es Fritz Umgelter, der sich 1965 für Weiss einsetzte und ihm in der ersten Verfilmung eines Jerry-Cotton-Romans die zweite Hauptrolle, neben dem amerikanischen Star George Nader, anvertraute. *Schüsse aus dem Geigenkasten* wurde ein großer Erfolg und Weiss die ideale Verkörperung von Jerrys loyalem Partner Phil Decker. Bis 1968 entstanden sieben weitere Jerry-Cotton-Filme, die Heinz Weiss zu Höhepunkten seiner Karriere beim Kinofilm führten. Nebenher spielte er ununterbrochen Theater und war regelmäßig im Fernsehen zu sehen, darunter in Serien wie *Intercontinental Express* oder Fernsehspielen wie *Münchhausen, Der Fall der Generale* und *Der Tod des Sokrates.*

Nach dem Ende der Cotton-Filme war Weiss nur noch sporadisch auf der Kinoleinwand zu sehen, dennoch sind darunter Auftritte in erinnerungswürdigen Produktionen, wie etwa der Thomas-Mann-Verfilmung *Doktor Faustus.* Für Harald Philipp spielte er in dem Kriegsfilm *Die Brücke von Zupanja,* der einen imposanten Soundtrack von Peter Thomas aufweisen konnte. Weiss' Fernsehkarriere lief jedoch unvermindert weiter. Er spielte unter anderem in den Miniserien *Wie eine Träne im Ozean, Die unfreiwilligen Reisen des Moritz August Benjowski, Der Winter, der ein Sommer war, Wallenstein* oder *Entscheidung am Kap Horn* mit, war außerdem in verschiedensten Rollen in Fernsehspielen zu sehen. Gastauftritte in Serien wie *Graf Luckner, Der Fuchs von Övelgönne* oder *Die Schwarzwaldklinik* waren ebenso dabei wie drei Rollen in der berühmten Krimireihe *Tatort.*

1983 führte ein Zusammentreffen mit Produzent Wolfgang Rademann zu seiner nach *Soweit die Füße tragen* bekanntesten Fernsehrolle. Als das ZDF die neu konzipierte Serie *Das Traumschiff* vorbereitete, schlug man Weiss als Darsteller für die Rolle des Traumschiff-Kapitäns vor. Die von Weltstar James Last musikalisch betreute Serie wurde ein riesiger Quotenerfolg und machte Heinz Weiss einer neuen Generation von Fernsehzuschauern bekannt und unverwechselbar. Bis 1999 spielte er seine Rolle als konstantes Element innerhalb der Serie, nebenbei trat er aber auch in anderen Produktionen auf, die ihn immer wieder als wandlungsfähigen und facettenreichen Schauspieler präsentierten. 1999 stand er für die Rosamunde-Pilcher-Verfilmung *Rückkehr ins Paradies* letztmalig vor der Kamera, da er seine Schauspielkarriere infolge einer nie vollständig ausgeheilten Kriegsverletzung aufgeben musste.

Heinz Weiss, der mit der Tänzerin Elfriede Willer verheiratet war, veröffentlichte 2003 seine Autobiographie *Logbuch meines Lebens*, in der er über seine Erlebnisse während der *Traumschiff*-Zeit, vor allem aber aus seinem bewegten Leben erzählte. Am 20. November 2010 starb er im Alter von 89 Jahren in seinem Wohnort Grünwald bei München. (ck)

Richard Münch

* 10.01.1916

in Gießen

† 06.06.1987

bei Malaga

Ausgewählte Filmographie für Kino

DER VERLORENE (1951) Regie: Peter Lorre; HUNDE, WOLLT IHR EWIG LEBEN (1958) Regie: Frank Wysbar; DAS WUNDER DES MALACHIAS (1961) Regie: Bernhard Wicki; DAS GASTHAUS AN DER THEMSE (1962) Regie: Alfred Vohrer; DER LÄNGSTE TAG (THE LONGEST DAY) (1962) Regie: Ken Annakin, Gerd Oswald, Bernhard Wicki, Elmo Williams, Darryl F. Zanuck, Andrew Morton; DER ZUG (1964) Regie: Bernard Farrel, John Frankenheimer; HOKUSPOKUS - ODER: WIE LASSE ICH MEINEN MANN VERSCHWINDEN? (1965) Regie: Kurt Hoffmann; IN FRANKFURT SIND DIE NÄCHTE HEISS (1966) Regie: Rolf Olsen; DIE BRÜCKE VON REMAGEN (THE BRIDGE AT REMAGEN) (1969) Regie: John Guillermin; PATTON - REBELL IN UNIFORM (PATTON) (1970) Regie: Franklin J. Schaffner; DER 4 ¾-BILLIONEN-DOLLAR-VERTRAG (THE HOLCROFT CONVENANT) (1985) Regie: John Frankheimer

Der deutsche Schauspieler verkörperte Mr. High, den Chef des FBI, in fünf Jerry-Cotton-Filmen. Diese sind *Schüsse aus dem Geigenkasten* (1965), *Mordnacht in Manhattan* (1965), *Um null Uhr schnappt die Falle zu* (1966), *Die Rechnung – eiskalt serviert* (1966) und *Der Mörderclub von Brooklyn* (1967).

Nach der Schulzeit in Darmstadt nahm Münch Schauspielunterricht. Er begann als Komiker und stand anschließend viele Jahre mit Kollegen wie Eduard Marcks, Will Quadflieg, Elisabeth Flickenschildt, Antje Weisgerber und seiner Frau Büchi als Ensembleschauspieler auf der Bühne. Von 1970 bis 1972 leitete Münch das *Frankfurter Theater*. 1979 zog er sich gemeinsam mit seiner Frau in die Schweizer Wahlheimat zurück. Nur noch gelegentlich übernahm er danach Gastrollen am Hamburger *Thalia-Theater*.

Zahlreich und einprägsam waren Münchs Film- und Fernsehrollen. Besonders mit seiner Interpretation des FBI-Chefs Mr. High in der Jerry-Cotton-Kinofilmserie blieb er dem Publikum in Erinnerung. (jk)

Christian Tramitz

*13.07.1955

in München

Ausgewählte Filmographie für Kino und Fernsehen
SCHWURGERICHT (1995) Regie: Diverse (TV-Serie); HUNGER
– SEHNSUCHT NACH LIEBE (1997) Regie: Dana Vávrová;
DER SCHUH DES MANITU (2001) Regie: Michael Bully Herbig;
SIEBEN ZWERGE – MÄNNER ALLEIN IM WALD (2003) Regie:
Sven Unterwaldt; (T)RAUMSCHIFF SURPRISE – PERIODE 1
(2004) Regie: Michael Bully Herbig; TELL (2007) Regie:
Mike Eschmann; KEINOHRHASEN (2007) Regie: Til Schweiger;
FALCO – VERDAMMT WIR LEBEN NOCH (2008) Regie: Thomas
Roth; NEUES VOM WIXXER (2007) Regie: Cyrill Boss und
Philipp Stennert; MORD IST MEIN GESCHÄFT, LIEBLING
(2008), Regie: Sebastian Niemann; JERRY COTTON (2010)
Regie: Cyrill Boss und Philipp Stennert

Nach einer musikalischen Ausbildung am Münchener Konservatorium sowie dem Studium der Kunstgeschichte, Philosophie und Theaterwissenschaft nahm Tramitz Schauspielunterricht bei Ruth von Zerboni. Nach verschiedenen Theaterengagements und Tourneen wurde er Ensemblemitglied an den Düsseldorfer Kammerspielen.

Schon vor seinem Durchbruch als Filmschauspieler war Tramitz dem Publikum durch die »unsichtbare« Kunst des Synchronsprechens bekannt. Seit den achtziger Jahren spricht er für verschiedene Serien- und Filmproduktionen, darunter als deutsche Stimme von Matt Dillon und Bruce Campbell.

Deutschlandweit bekannt wurde Tramitz durch die Mitwirkung an der ab 1997 bei *Pro Sieben* ausgestrahlten *Bullyparade*, bei der er gemeinsam mit Michael Bully Herbig und Rick Kavanian vor der Kamera stand. Die populäre Sendung brachte es auf insgesamt sechs Staffeln. Mit der Besetzung der *Bullyparade* entstanden auch durchschlagende Kinoerfolge, wie *Der Schuh des Manitu* (2001) und *(T)Raumschiff Surprise – Periode 1* (2004). In dieser Zeit wurde bei *Pro Sieben* auch die ganz auf den Schauspieler zugeschnittene Serie *Tramitz & Friends* gesendet.

In den Folgejahren war Tramitz in zahlreichen Kino- und Fernsehfilmen zu erleben. Neben Komödienstoffen zählen dazu auch ernsthafte Filme. In *Jerry Cotton* übernahm er erstmals die tragende Hauptrolle in einem Kinofilm. (gn)

Christian Ulmen

* 22.09.1975

in Neuwied am Rhein

Ausgewählte Filmographie für Kino und Fernsehen
HERR LEHMANN (2003) Regie: Leander Haußmann; VER-
SCHWENDE DEINE JUGEND (2003) Regie: Benjamin Quabeck;
DER FISCHER UND SEINE FRAU - WARUM FRAUEN NIE GENUG
BEKOMMEN (2005) Regie: Doris Dörrie; ELEMENTARTEILCHEN
(2006) Regie: Oskar Roehler; FC VENUS (2006) Regie:
Ute Wieland; MARIA, IHM SCHMECKT'S NICHT! (2009) Regie:
Neele Vollmar; JERRY COTTON (2010) Regie: Cyrill Boss
und Philipp Stennert; HOCHZEITSPOLKA (2010) Regie:
Lars Jessen

Der in Hamburg aufgewachsene Ulmen war bereits als Jugendlicher für verschiedene Fernseh- und Radiosender tätig. Populär wurde er vor allem durch Moderationen und redaktionelle Tätigkeiten für den Musiksender MTV, darunter die Formate *MTV Hot* (1996), *MTV Alarm* (1999) und *Unter Ulmen* (2000). Darüber hinaus betreibt er eine eigene Produktionsfirma für Fernseh- und Internetformate.

Nachdem Ulmen in Fernsehauftritten durch schauspielerisches Talent aufgefallen war, wurde er für die Hauptrolle in Leander Haußmanns *Herr Lehmann* (2003) engagiert. Eine zweite Kinorolle folgte im selben Jahr für Benjamin Quabecks *Verschwende deine Jugend*. In den Folgejahren trat Ulmen in verschiedenen komödiantischen Rollen auf, darunter, an der Seite von Lino Banfi, in *Maria, ihm schmeckt's nicht!*. (gn)

PRODUKTIONS-
UND VERLEIHFIRMEN

WENN DER VATER MIT DEM SOHNE (1956) Regie: Hans Quest;
WIR WUNDERKINDER (1958) Regie: Kurt Hoffmann; DIE BANDE
DES SCHRECKENS (1960) Regie: Harald Reinl; DAS SPUK-
SCHLOSS IM SPESSART (1960) Regie: Kurt Hoffmann;
IM WEISSEN RÖSSL (1960) Regie: Werner Jacobs; DER GRÜNE
BOGENSCHÜTZE (1960/61) Regie: Jürgen Roland; DER FÄLSCHER
VON LONDON (1961) Regie: Harald Reinl; DIE SELTSAME
GRÄFIN (1961) Regie: Josef von Báky; DAS RÄTSEL DER ROTEN
ORCHIDEE (1961/62) Regie: Helmuth Ashley; DIE TÜR MIT
DEN SIEBEN SCHLÖSSERN (1962) Regie: Alfred Vohrer;
DAS GASTHAUS AN DER THEMSE (1962) Regie: Alfred Vohrer;
DER FLUCH DER GELBEN SCHLANGE (1962/63) Regie: Franz
Josef Gottlieb; DER ZINKER (1963) Regie: Alfred Vohrer;
DER SCHWARZE ABT (1963) Regie: Franz Josef Gottlieb;
HEIMWEH NACH ST. PAULI (1963) Regie: Werner Jacobs;
DAS INDISCHE TUCH (1963) Regie: Alfred Vohrer; DAS HAUS
IN MONTEVIDEO (1963) Regie: Helmut Käutner; WINNETOU
1.TEIL (1963) Regie: Harald Reinl; TODESTROMMELN AM
GROSSEN FLUSS (SANDERS OF THE RIVER) (1963) Regie:
Lawrence Huntington; ZIMMER 13 (1963) Regie: Harald Reinl;
Die Gruft mit dem Rätselschloss (1964) Regie: Franz
Josef Gottlieb; DER HEXER (1964) Regie: Alfred Vohrer;
WINNETOU 2. TEIL (1964) Regie: Harald Reinl; FREDDY UND
DAS LIED DER PRÄRIE (1964) Regie: Sobey Martin; UNTER
GEIERN (1964) Regie: Alfred Vohrer; DAS VERRÄTERTOR
(1964) Regie: Freddie Francis; SANDERS UND DAS SCHIFF
DES TODES (COAST OF SKELETONS) (1964) Regie: Robert Lynn;
DR. MED. HIOB PRÄTORIUS (1965) Regie: Kurt Hoffmann;
SCHÜSSE AUS DEM GEIGENKASTEN (1965) Regie: Fritz Umgelter;
NEUES VOM HEXER (1965) Regie: Alfred Vohrer; ICH, DR.
FU MAN CHU (1965) Regie: Don Sharp; DER ÖLPRINZ (1965)
Regie: Harald Philipp; WINNETOU 3. TEIL (1965) Regie:
Harald Reinl; OLD SUREHAND 1. TEIL (1965) Regie: Alfred
Vohrer; DER UNHEIMLICHE MÖNCH (1965) Regie: Harald Reinl;
DAS RÄTSEL DES SILBERNEN DREIECK (CIRCUS OF TERROR)
(1965/66) Regie: John Llewellyn Moxey; WINNETOU UND
DAS HALBBLUT APANATSCHI (1966) Regie: Harald Philipp;
DER BUCKLIGE VON SOHO (1966) Regie: Alfred Vohrer;
KOMMISSAR X – IN DEN KLAUEN DES GOLDENEN DRACHEN (1966)
Regie: Gianfranco Parolini; DJANGO (1966) Regie: Sergio
Corbucci; DIE NIBELUNGEN (2 Teile, 1966) Regie: Harald
Reinl; DAS GEHEIMNIS DER WEISSEN NONNE (1966) Regie:
Cyril Frankel; DIE PAGODE ZUM FÜNFTEN SCHRECKEN (FIVE
GOLDEN DRAGONS) (1966) Regie: Jeremy Summers; DIE BLAUE
HAND (1967) Regie: Alfred Vohrer; DER MÖNCH MIT DER
PEITSCHE (1967) Regie: Alfred Vohrer; DIE SCHLANGEN-
GRUBE UND DAS PENDEL (1967) Regie: Harald Reinl; DIE
WIRTIN VON DER LAHN (1967) Regie: Franz Antel; DER HUND
VON BLACKWOOD CASTLE (1967) Regie: Alfred Vohrer; DYNAMIT
IN GRÜNER SEIDE (1967) Regie: Harald Reinl; DIE LÜMMEL
VON DER ERSTEN BANK (sieben Teile von 1967 bis 1972)
Regie: Werner Jacobs, Harald Reinl, Franz Josef Gottlieb;
IM BANNE DES UNHEIMLICHEN (1968) Regie: Alfred Vohrer;
DER SWIMMINGPOOL (1968) Regie: Jacques Deray; DER GORILLA
VON SOHO (1968) Regie: Alfred Vohrer; MORGENS UM SIEBEN
IST DIE WELT NOCH IN ORDNUNG (1968) Regie: Kurt Hoffmann;

DER ARZT VON ST. PAULI (1968) Regie: Rolf Olsen; WINNETOU
UND SHATTERHAND IM TAL DER TOTEN (1968) Regie: Harald
Reinl; KAMPF UM ROM (1968, zwei Teile) Regie: Robert
Siodmak; ENGELCHEN ODER - DIE JUNGFRAU VON BAMBERG (1968)
Regie: Marran Gosov; DER MANN MIT DEM GLASAUGE (1968)
Regie: Alfred Vohrer; VENUS IM PELZ (1968) Regie: Massimo
Dallamano; DAS GESICHT IM DUNKELN (1969) Regie: Riccardo
Freda; PIPPI LANGSTRUMPF (1969) Regie: Olle Hellbom;
ERINNERUNGEN AN DIE ZUKUNFT (1969) Regie: Harald Reinl;
DAS BILDNIS DES DORIAN GRAY (1969) Regie: Massimo
Dallamano; DER PFARRER VON ST. PAULI (1970) Regie: Rolf
Olsen; WAS IST DENN BLOSS MIT WILLI LOS (1970) Regie:
Werner Jacobs; JOSEFINE MUTZENBACHER (1970) Regie:
Kurt Nachmann; SCHULMÄDCHEN-REPORT (1970–1980, dreizehn
Teile) Regie: Ernst W. Hofbauer, Michael Walter;
DIE TOTE AUS DER THEMSE (1971) Regie: Harald Philipp;
LASST UNS TÖTEN, COMPANEROS (VAMOS A MATAR, COMPAÑEROS!)
(1971) Regie: Sergio Corbucci; LIEBE IST NUR EIN WORT
(1971) Regie: Alfred Vohrer; DER KAPITÄN (1971) Regie:
Kurt Hoffmann; DAS GEHEIMNIS DER GRÜNEN STECKNADEL
(COSA AVETE FATTO A SOLANGE?) (1971) Regie: Massimo
Dallamano; DAS RÄTSEL DES SILBERNEN HALBMONDS (SETTE
ORCHIDEE MACCHIATE DI ROSSO) (1971) Regie: Umberto Lenzi;
DER KURIER DES ZAREN (1971) Regie: Eriprando Visconti;
WILLI WIRD DAS KIND SCHON SCHAUKELN (1972) Regie: Werner
Jacobs; DER STOFF AUS DEM DIE TRÄUME SIND (1972) Regie:
Alfred Vohrer; DER SCHREI DER SCHWARZEN WÖLFE (1972)
Regie: Harald Reinl; GRÜN IST DIE HEIDE (1972) Regie:
Harald Reinl; ALLE MENSCHEN WERDEN BRÜDER (1973) Regie:
Alfred Vohrer; DER UNSICHTBARE AUFSTAND (ÉTAT DE SIÉGE)
(1973) Regie: Costa-Gavras; AUCH DIE ENGEL ESSEN BOHNEN
(E ARRIVO LA NOTTE DI SAN VALENTINO) (1973) Regie: E. B.
Clucher; SCHLOSS HUBERTUS (1973) Regie: Harald Reinl;
DIE BLUTIGEN GEIER VON ALASKA (1973) Regie: Harald Reinl;
EIN TOTER TAUCHER NIMMT KEIN GOLD (1973/74) Regie: Harald
Reinl; SIE NANNTEN IHN PLATTFUSS (1974) Regie: Steno;
DER JÄGER VON FALL (1974) Regie: Harald Reinl; DIE
ANTWORT KENNT NUR DER WIND (1974) Regie: Alfred Vohrer;
EDELWEISS-KÖNIG (1975) Regie: Alfred Vohrer; PLATTFUSS
RÄUMT AUF (1975) Regie: Steno; BIS ZUR BITTEREN NEIGE
(1975) Regie: Gerd Oswald; BOTSCHAFT DER GÖTTER (1975)
Regie: Harald Reinl; CAPRONA - DAS VERGESSENE LAND
(THE LAND THAT TIME FORGOT) (1976) Regie: Kevin Connor;
DAS SCHWEIGEN IM WALDE (1976) Regie: Alfred Vohrer;
BERLINGER (1976) Regie: Alf Brustellin, Bernhard Sinkel;
UND DIE BIBEL HAT DOCH RECHT (1977) Regie: Harald Reinl

Literatur zur Constantin Film:

Manfred Barthel, SO WAR ES WIRKLICH. DER DEUTSCHE
NACHKRIEGSFILM (Herbig-Verlag; München/Berlin 1986);
Joachim Kramp, HALLO! HIER SPRICHT EDGAR WALLACE.
DIE GESCHICHTE DER DEUTSCHEN KRIMINALFILMSERIE VON 1959–
1972 (Schwarzkopf & Schwarzkopf; Berlin 1998)

Der deutsche Filmverleih wurde am 01. April 1950 als *Constantin-Filmverleih* von Konsul Waldfried Barthel und Preben Philipsen gegründet. Das Stammkapital betrug insgesamt 125.000 DM, wovon 55 Prozent auf Barthel und 45 Prozent auf Philipsen fielen. Bei der Gründung galten beide als Geschäftsführer. Aufgrund devisenrechtlicher Schwierigkeiten wurde Philipsen am 31. Juli 1950 als Geschäftsführer abbestellt, im Februar 1952 aber erneut berufen. Drei Jahre später schied Philipsen aus der Firma aus. Das Eigenkapital wurde nun auf 625.000 DM erhöht. Ingeborg Barthel, geborene Paxmann, wurde zur weiteren Geschäftsführerin bestellt. 1957 wurde das Eigenkapital auf 1.000.000 DM erhöht. Nachdem Ingeborg Barthel 1959 als Geschäftsführerin zurücktrat, berief Waldfried Barthel seinen langjährigen Programmberater Gerhard F. Hummel in die Geschäftsführung. 1960 wurde das Stammkapital auf 2.000.000 DM erhöht. Ende 1963 trat Hummel aus der Geschäftsführung aus. Sein Nachfolger wurde Manfred Barthel, der bis 1976 Produktionschef blieb.

Constantin war in der Gründungszeit Agentur für die amerikanische Filmgesellschaft *United Artists* und startete im zweiten Halbjahr 1950 den Chaplin-Film *Goldrausch*. Nach der Loslösung von *United Artists* wurden verschiedene Produzenten mit der Herstellung von Filmen »im Namen und für Rechnung von Constantin« beauftragt. Somit lag das Risiko ganz bei der *Constantin*. Gerhard F. Hummel riet zu erfolgreichen Literaturverfilmungen wie Brandon Thomas' *Charleys Tante* (1955) oder Wilhelm Hauffs *Das Wirtshaus im Spessart* (1957). Anschließend wurde 1959 mit der Verfilmung von der *Der Frosch mit der Maske* der Grundstein für die legendäre Edgar-Wallace-Reihe gelegt. Durch deren großen Erfolg ließ sich Barthel von Hummel überzeugen, Karl-May-Filme zu produzieren. 3.000.000 DM stellte Barthel für die Verfilmung des ersten Karl-May-Stoffes *Der Schatz im Silbersee* (1962) zur Verfügung. Von der *Rialto Film* produziert, entstanden danach im Namen und für Rechnung von *Constantin Film* die weiteren Teile der enorm erfolgreichen Karl-May-Reihe.

Bei seinem Ausscheiden aus der Firma 1963 legte Hummel Barthel nahe, auch eine Jerry-Cotton-Filmreihe zu realisieren, was ebenfalls mit Erfolg geschah. Nach dem Start der Karl-May-Verfilmungen beteiligte sich die *Constantin Film* an der Finanzierung der einflussreichen Sergio-Leone-Werke *Für eine Handvoll Dollar* (1964) und *Für ein paar Dollar mehr* (1965) und gab damit die Initialzündung zum Boom der Eurowestern. In den siebziger Jahren nahm die Zahl der verliehenen Filme zu, die Qualität des Angebots jedoch stark ab.

Ende 1964 wurde die Firma in *Constantin Film* umbenannt. Zum 01. Juli 1965 verkaufte Barthel sechzig Prozent seiner Anteile an die Bertelsmann-Tochterfirma *Universum Film GmbH* (Berlin). Herbert Schmidt aus dem Hause *Bertelsmann* wurde zum weiteren Geschäftsführer bestellt. Im Oktober 1966 wurde das Stammkapital auf 3.000.000 DM erhöht, im Oktober 1968 auf 4.000.000 DM und im Dezember 1968 auf 9.000.000 DM. Anfang 1970 wollte *Bertelsmann* sich von den Constantin-Anteilen trennen. Damit *Constantin Film* eine deutsche Firma blieb, ließ sich Barthel dazu überreden, die Anteile von *Bertelsmann* zum 01. Januar 1971 zurückzukaufen. Zurückblickend war das ein gravierender Fehler, da in den folgenden Jahren die vereinbarten Rückzahlungen sowie die Firmenkosten nicht mehr von den Umsätzen gedeckt wurden.

Mitte 1974 sah sich Barthel gezwungen, an den Hagener Bauspekulanten Helmut Gierse zu verkaufen. Barthel verkaufte zunächst fünfzig Prozent zum 01. Januar 1975 und die zweite Hälfte zum 01. Januar 1976. Herbert Schmidt schied als Geschäftsführer aus. Ein weiterer Geschäftsführer neben Waldfried Barthel wurde zunächst der glücklose Klemens Hitzemann und im August 1976 Hans-Peter Fausel. Nach Fausels Ausscheiden leitete Karl-Heinz Böllinghaus die Geschicke der Firma. Da Waldfried Barthel den Untergang der *Constantin Film* ahnte, erklärte er am 29. Juli 1977 seinen Rücktritt vom Posten des Geschäftsführers.

Ende Oktober 1977 musste Böllinghaus beim Amtsgericht München den Konkursantrag für die *Constantin Film* stellen. Durch Zusammenarbeit mit den Produzenten Carl Spiehs und Luggi Waldleitner war jedoch bereits im Sommer 1977 die *C-Film* gegründet worden, die nach dem Konkurs der *Constantin Film* als Auffangfirma bereitstand. Sie wurde dann in *Neue Constantin Film* umbenannt und von dem Likörfabrikanten Eckes gekauft. Zum 01. Januar 1979 übernahm der Produzent Bernd Eichinger zunächst 25 Prozent der Anteile von Eckes, später die restlichen. Um sich finanziell nicht zu übernehmen, verkaufte Eichinger 49 Prozent der Anteile an den Medienunternehmer Leo Kirch. Nach Ablauf der Verjährungsfrist wurde Ende der neunziger Jahre der alte Name *Constantin Film* wieder angenommen. 1999 wurde die *Constantin* unter Eichingers Leitung in eine Aktiengesellschaft umgewandelt. (jk)

Allianz Film

Die Firma *Allianz Film* wurde 1964, mit Sitz in Berlin, von Mohr von Chamier und Heinz Willeg gegründet. Sie hatte einen zehnjährigen Exklusivvertrag mit der *Constantin Film* in München. 1964 stellten sie mit *Freddy – Tiere – Sensationen* für die *Constantin* ihren ersten und zugleich ihren einzigen Film im Format *CinemaScope* her. Gleichzeitig bereitete sie für die *Constantin* die Jerry-Cotton-Serie vor, die 1965 mit dem Pilotfilm *Schüsse aus dem Geigenkasten* an den Start ging. Neben weiteren sieben Cotton-Filmen begann 1967 eine lose Serie im St.-Pauli-Kriminalmilieu, die von Autor Rolf Olsen in Szene gesetzt wurde. Der erste Film war 1967 *Wenn es Nacht wird auf der Reeperbahn*.

Nach diesem Erfolg sollte 1968 mit Alexander Kerst in der Titelrolle *Der Arzt von St. Pauli* realisiert werden. Constantin-Chef Konsul Waldfried Barthel gelang es jedoch für die Titelrolle Curd Jürgens zu überzeugen. Da *Allianz Film* die Produktionskosten zu hoch erschienen, wurde der Film von der Constantin-Tochtergesellschaft *Terra-Filmkunst-Berlin* allein produziert. Heinz Willeg war nur ausführender Produzent. Durch den Sensationserfolg von *Der Arzt von St. Pauli*, der Film wurde mit der *Goldenen Leinwand* für mehr als drei Millionen Besucher ausgezeichnet, ging es von da an Schlag auf Schlag. Es folgten, jeweils mit Curd Jürgens in der Hauptrolle besetzt, *Auf der Reeperbahn nachts um halb eins* (1969), *Der Pfarrer von St. Pauli* und *Käpt'n Rauhbein aus St. Pauli*. Da die Rechte an dem Projekt *Das Stundenhotel von St. Pauli* bei Theo Maria Werners *Parnass Film* lagen, war die *Allianz* bei diesem Projekt 1970 ebenfalls nur ausführender Produzent.

Neben diesen Projekten schrieb Rolf Olsen für die *Allianz Film*, respektive *Terra-Filmkunst*, die Drehbücher zu den Projekten *Das kann doch unseren Willi nicht erschüttern* (1970, mit Heinz Erhardt) und der Fortsetzung *Unsere Tante ist die Letzte* (1973). Neben weiteren Projekten in Gemeinschaft mit *Terra-Filmkunst* entstanden Filme mit dem Kinderstar Heintje, so *Heintje – Ein Herz geht auf Reisen* (1969, Regie: Werner Jacobs, *Goldene Leinwand*), *Heintje – Einmal wird die Sonne wieder scheinen* (1969, Regie: Hans Heinrich) und *Heintje – Mein bester Freund* (1970, Regie: Werner Jacobs). In loser Folge produziert wurden Filme wie *Charley's Onkel* (1969, Regie: Werner Jacobs), *Prostitution heute* (1970, Regie: Ernst Hofbauer), *20 Mädchen und die Pauker* (1970, Regie: Werner Jacobs), *Wir hau'n den Hauswirt in die Pfanne* (1971; Regie: Franz Josef Gottlieb), *Fluchtweg St. Pauli* (1971, Regie: Wolfgang Staudte), *Sonne, Sylt und kesse Krabben* (1971, Regie: Jerzy Macc), *Grün ist die Heide* (1972, Regie: Dr. Harald Reinl), *Alter Kahn und junge Liebe* (1973, Regie: Werner Jacobs), *Schwarzwaldfahrt aus Liebeskummer* (1973, Regie: Werner Jacobs).

1974 endete die zehnjährige Zusammenarbeit mit dem Film *Auch ich war nur ein mittelmäßiger Schüler* (Regie: Werner Jacobs). Wie bei anderen Produzenten blieben auch hier einige viel versprechende Projekte von *Allianz-, Terra-* und *Constantin Film* auf der Strecke. Neben den beiden Jerry-Cotton-Projekten *Das Syndikat der toten Seelen* (Regie: Dr. Harald Reinl) und *Nummer eins wird abserviert* (Regie: Dr. Harald Reinl) wurden nicht mehr realisiert: *Jagdflieger Mölders* (Regie: Fritz Umgelter), *Der Unsichtbare jagt durch die Stadt* (Regie: Dr. Harald Reinl) und *O.E. Plauen's Vater und Sohn* (Regie: Werner Jacobs). Ab 1975 produzierte *Allianz Film* nicht nur für andere Produzenten Filme, wie *Frühlingssinfonie,* sondern auch für das Fernsehen. Ende der achtziger Jahre wurde der Mantel der Firma an die *Westdeutsche Allgemeine* verkauft. (jk)

Übersicht der
Jerry-Cotton-Filme

**(Operation Hurricane:
Friday Noon)**
BRD/FRA, 1965

Regie: **Fritz Umgelter**; Regie-Assistenz: **Ingrid Lipowsky-Umgelter**; Drehbuch: **Georg Hurdalek nach einem »G-man Jerry Cotton«-Roman aus dem Bastei-Verlag Gustav H. Lübbe, Bergisch Gladbach**; Kamera: **Albert Benitz**; Kamera-Assistenz: **Heinz Bohn, Günther Schellschmidt**; Schnitt: **Klaus Dudenhöfer**; Schnittassistent: **Iris Roesel**; Ton: **Hans Ebel, Rudolf Böttcher**; Bauten: **Mathias Matthies, Ellen Schmidt**; Masken: **Helmut Kraft, Ingeborg Ritter**; Musik: **Peter Thomas**; Kostüme: **Anneliese Ludwig**; Standphotos: **Lilo Winterstein**; Presse: **Informationsbüro Studio Hamburg**; Produktion: **Eine Constantin-Filmproduktion der Studio Hamburg Atelierbetriebs-GmbH und der Allianz-Filmproduktion GmbH, Berlin/West in Zusammenarbeit mit Société Nouvelle des Films Astoria, Paris**; Gesamtleitung: **Gyula Trebitsch, Heinz Willeg**; Produktionsleitung: **Hubert Fröhlich**; Aufnahmeleitung: **Alfred W. Jung, Jürgen Meyer**; Herstellungsleitung: **Lilo Pleimes**; Drehzeit: **18.01.-12.03.1965**; Atelier: **Studio Hamburg, Hamburg-Wandsbek**; Außenaufnahmen: **Hamburg, New York**; Erst-Verleih: **Constantin Film, München**; Weltvertrieb: **Exportfilm Bischoff & Co. GmbH**; Länge: **90 Minuten – 2450 m**; Format: **35 mm; s/w; 1:1.65 – Titelvorspann in Farbe**; FSK: **28.04.1965; 38862; 16 nff**; Neuvorlage: **88 Minuten, 2405 m, 15.02.1974, 12 nff**; Uraufführung: **06.05.1965 – Lichtburg Essen**; TV-Erstsendung: **20.07.1974 ARD**; Englischer Titel: **The Violin Case Murders**

Die Personen und ihre Darsteller

Jerry Cotton: **George Nader (dt. Spr.: Heinz Engelmann)**; Phil Decker: **Heinz Weiss**; Mr. High: **Richard Münch**; Cristallo: **Hans E. Schons**; Kilborne: **Franz Rudnik**; Percy: **Helmut Förnbacher**; Latschek: **Robert Rathke**; Babe: **Hans Waldherr (dt. Spr.: Friedrich Schütter)**; Sniff: **Philippe Guegan**; Kitty Springfield: **Sylvia Pascal**; Mary Springfield: **Heidi Leupolt**; Helen: **Helga Schlack**; Campleiter: **Joachim Rake**; Everett: **H. M. Crayon**; Williams: **Matthias Ndongé**; Anstreicher: **Willy Wisgen**; Viktoria: **Marinda Ambrogia**; Miss Baker: **Mita von Ahlefeldt**; Dr. Bliss: **Frank Straass**; Erzähler: **Joachim Nottke**

Jerry Cotton und sein Partner Phil Decker werden mit der Untersuchung einer Raubmordserie beauftragt. Die Taten ereigneten sich an verschiedenen Schauplätzen Amerikas. Die Beute aus den Überfällen fand man stets an Orten, die nur den Opfern bekannt sein konnten. Zudem erhielt Mr. High, Chef des New Yorker FBI-Büros, Anrufe einer besorgten Mary Springfield, die angab, ihre Schwester Kitty würde sich mit einem Gangster herumtreiben. Seltsamerweise kreuzt sich die von Mary beschriebene Route ihrer Schwester mit den Tatorten der Raubüberfälle. Jerry erhält einen sichergestellten Goldbarren von Mr. High.

Kurz darauf muss Jerry mit ansehen, wie Mary Springfield Opfer eines als Unfall getarnten Mordes wird. Bevor sie stirbt, kann sie Jerry den vermutlichen Aufenthaltsort ihrer Schwester nennen. Als Landstreicher mit Decknamen »Jimmy Logan« getarnt, begibt sich Jerry an den von Mary bezeichneten Ort, eine in der Stadt befindliche Bowlinghalle. Nachdem er dort eine Schlägerei angezettelt hat, bringt man ihn zu Cristallo, dem Boss der Bande und, wie sich herausstellt, Kittys Freund. Gerade trifft Cristallo Vorbereitungen für einen neuen Raubzug. Als Jerry behauptet, den letzten Überfall beobachtet zu haben, und dies mit dem von Mr. High erhaltenen Goldbarren belegt, sieht sich Cristallo gezwungen, ihn zum Mitglied seiner Bande zu machen. Nachdem Jerry Marys Schwester Kitty in Cristallos Appartment begegnet ist, telefoniert er heimlich mit der FBI-Zentrale, um das zuvor vereinbarte Zeichen zu geben.

Währenddessen planen Cristallos Leute, »Jimmy Logan« alias Jerry Cotton aus dem Weg zu räumen. Gerade noch rechtzeitig wird im Fernsehen die fingierte Nachricht übertragen, dass »Jimmy Logan« der gesuchte Raubmörder sei. Die Gangster fassen Vertrauen zu dem eben noch dem Tode geweihten und betrauen ihn mit der Begleitung Kittys zum Flughafen. Dort sollen die beiden auf die Bande warten, um mit dieser nach erfolgtem Überfall nach Rio fliehen zu können.

Auf dem Weg zum Flughafen gibt Jerry seine Identität Kitty gegenüber preis und klärt sie über die wahren Todesumstände ihrer Schwester auf. Nachdem Kitty erfahren musste, dass Cristallo Marys Ermordung angeordnet hatte, verrät sie Jerry, dass der geplante Überfall bereits in wenigen Minuten, nicht erst in einigen Stunden, wie Cristallo Jerry glaubhaft machen wollte, durchgeführt werden wird. Jerry gibt Gas und rast zum Schauplatz des Überfalls.

Eine von den Gangstern platzierte Bombe mit Zeitzünder in den Kellerräumen einer Schule kann von Jerry in letzter Sekunde unschädlich gemacht werden. Währenddessen kann Kitty die Kinder in Sicherheit bringen. Die Explosion der Bombe sollte von dem eigentlichen Plan der Bande ablenken, die es tatsächlich auf die Juwelensammlung eines reichen Exzentrikers im Haus gegenüber der Schule abgesehen hatte. Trotz der nicht erfolgten Zündung der Bombe, beginnt die Bande mit der Umsetzung ihres Planes. Einbruch und Raub werden wie geplant fortgesetzt, wobei erneut ein Mord passiert. Als die Gangster im Begriff sind, über die Dächer der Stadt zu entkommen, nimmt Jerry die Verfolgung auf. Er kann einen der Verbrecher stellen und ihn dazu bringen, ihm den nächsten Treffpunkt zu verraten. Als Jerry dort erscheint, wird er in einen arrangierten Verkehrsunfall verwickelt. Wieder aus seiner Ohnmacht erwacht, nötigt man ihn, das FBI anzurufen und eine falsche Adresse des Bandenverstecks anzugeben. Jerry jedoch nennt den richtigen Ort und löst damit einen handfesten Streit aus, in dessen Folge Cristallo von einem Bandenmitglied erschossen wird. Jerry indes kann fliehen.

Wieder in der FBI-Zentrale erfährt Jerry von Verdächtigungen gegen Anwalt Hamilton, einem Freund von Mr. High, der der mutmaßliche Informant in Verbindung mit den Beuteverstecken sein soll. Als sich Jerry und Phil mit einem Haftbefehl zu dessen Wohnung begeben, finden sie diese verlassen vor. Offenbar wurde Hamilton entführt. Bei ihrer Durchsuchung der Räume fallen den beiden Agenten Papiere in die Hände, die belegen, dass der Anwalt der ehemalige Schwiegervater von einem der Gangster war. Der Verdacht gegen Hamilton verdichtet sich. Um Mr. Highs Reputation nicht zu gefährden, beschließt Jerry, die Ermittlungen im Alleingang fortzusetzen.

Jerry findet heraus, dass sich die Bande Hamiltons Yacht unter den Nagel gerissen hat, um damit die Beute und ihre wartenden Spießgesellen vom Hafen abzuholen. Als sie gerade dabei sind, ihr Vorhaben umzusetzen, treten Jerry und Phil auf den Plan und können den Verbrechern mit Hilfe des an Bord befindlichen Anwalts und der Polizei das Handwerk legen. Der Verdacht gegen Anwalt Hamilton stellt sich als falsch heraus. Mr. High ist überglücklich. (bd)

Pressestimmen

»Umgelter hat den ersten deutschen Jerry Cotton Film inszeniert. Die *Schüsse aus den Geigenkasten* sind an Schussfreudigkeit und waghalsigen Klettertouren über New Yorker Hochhausdächer kaum zu überbieten ... Der Film wird zweifellos sein Publikum finden, allerdings kaum unter denen, die von einem Krimi mehr verlangen als wilde Schießereien, atemberaubende Verbrecherjagden und wüste Schlägereien.« *Hannoversche Presse vom 08.05.1965*

»Dies wäre also der erste deutsche Jerry-Cotton-Film. Fall Nr. 1 – und man muss sagen, das ist schon ein sehr flotter Start. Wenngleich das Drehbuch ein bisschen schwach auf dem Geigenkasten ist, ist eine spannende und knallharte Geschichte draus geworden. Ein besonderes Lob gebührt Kameramann Albert Benitz, der bei atemberaubenden Tempo hervorragend fotografierte und damit zum

Gelingen dieses Unternehmens beitrug. Hier wurde eine Krimiserie gestartet, auf deren Fortsetzung man mit Vergnügen gespannt ist.« *Lübecker Nachrichten vom 19.06.1965*

»Nader schlägt sich wacker, bleibt aber noch ohne schärfere Kontur. Vielleicht gewinnt er in den noch zu erwartenden Fortsetzungen an Farbe. Vom Typ her könnte er die Figur des Jerry Cotton füllen. Geschickt wurden Rückpro und Backgrounds gehandhabt. Passagenweise entsteht tatsächlich der Eindruck, dieser Film sei insgesamt in New York entstanden.« *Filmecho/Filmwoche Nr. 37/38 vom 14.05.1965*

»Die Handlung hat Tempo, die Musik reißt mit. So gefährlich die Lage für Cotton auch sein mag, ihm geschieht nichts. Unangeknackt übersteht er wüste Schlägereien, einen Autounfall, eine Explosion, und im entscheidenden Augenblick schießt er schneller. Manch vergessener Gag (Schüsse aus dem Geigenkasten) kommt wieder zu Ehren. Immerhin ist die Geschichte geschickt zusammengemixt. Die Spannung bleibt fast durchgehend enthalten und überdeckt die Folge von Unwahrscheinlichkeiten. Erwachsene Filmbesucher mögen an diesem Kriminalabenteuer ihre Freude haben.« *Filmdienst Düsseldorf Nr. 20/21vom 19.05.1965*

(Jerry Cotton contre les gangs de Manhattan)
BRD/FRA, 1965

Regie: **Harald Philipp**; Regie-Assistenz: **Gundula von Seelen**; Script: **Charlotte Kalinke**; Drehbuch: **Alex Berg** (d.i. Herbert Reinecker), K.B. Leder nach einem »G-man Jerry Cotton«-Roman aus dem Bastei-Verlag Gustav H. Lübbe, Bergisch Gladbach; Kamera: **Walter Tuch**; Kamera-Assistenz: **Ludwig Mayer, Michael Tuch**; Schnitt: **Alfred Srp**; Bauten: **Hans-Jürgen Kiebach, Werner Strabel, Ernst Schomer**; Masken: **Helmut Kraft**; Kostüme: **Mascha Markworth**; Garderobe: **Herbert Lindenberg**; Requisiten: **Ernst Krienelke**; Musik: **Peter Thomas**; Standphotos: **Lilo Winterstein**; Produktion: Eine Constantin-Filmproduktion der Allianz-Filmproduktion GmbH, Berlin/West, Prodex, Paris; Gesamtleitung: **Heinz Willeg**; Produktionsleitung: **Bernd Burgemeister**; Aufnahme-leitung: **Rolf Freisler, Jürgen Meyer**; Herstellungsleitung: **Lilo Pleimes**; Drehzeit: **Anfang August - 20.09.1965**; Atelier: **Bavaria Studios München-Geiselgasteig**; Außenaufnahmen: **Hamburg, München, Berlin, New York**; Erst-Verleih: **Constantin Film, München**; Weltvertrieb: **Exportfilm Bischoff & Co. GmbH**; Länge: **89 Minuten, 2427 m**; Format: **35 mm**; s/w; 1:166 - Titelvorspann in Farbe; FSK: **22./23.11.1965**; 34855; 16 nff; Neuvorlage: 19.01.1966, 2413 m, 12 nff; Uraufführung: **25.11.1965, Ufa-Palast Köln**; TV-Erstsendung: **05.02.1972 ARD**; Englischer Titel: **Operation 100 Dollar Gang**

Die Personen und ihre Darsteller

Jerry Cotton: **George Nader** (dt. Spr.: **Heinz Engelmann**); Phil Decker: **Heinz Weiss**; Mr. High: **Richard Münch**; Helen: **Monika Grimm**; Sophie Lattimer: **Elke Neidhardt** (Spr.: **Margot Leonard**); Eriksen: **Kurd Pieritz** (Spr.: **Gert G. Hoffmann**); Wilma Beloy: **Silvie Solar** (Spr.: **Agi Prandhoff**); Patrik: **Sigurd Fitzek**; Alec Korski: **Svobodan Dimitrijevic** (Spr.: **Rainer Brandt**); Stan: **Willy Semmelrogge**; Bob: **Peter Kuiper**; Jenkins: **Allen Pinson**; Dewey: **Paul Muller** (Spr.: **Gerd Martienzen**); Billy: **Uwe Reichmeister**; Bruce: **Henry Cogan** (Spr.: **Curt Ackermann**); Grandpa: **Walther Bluhm**; Giuseppe: **Dirk Dautzenberg**; Erzähler: **Joachim Nottke**

Die »Hundert-Dollar-Bande« treibt in Manhattan ihr Unwesen und versetzt die ansässige Geschäftswelt mit Schutzgelderpressungen in Angst und Schrecken. Niemand wagt es, dagegen vorzugehen.

Das FBI schaltet sich ein, als ein Restaurantbesitzer erschossen wird. Der zwölfjährige Billy wurde zufällig Zeuge der Tat und berichtet von fünf mutmaßlichen Erpressern. Jedoch hat keiner von diesen den Schuss abgegeben, sondern ein unbekannter sechster Mann. Die fünf Gangster wissen von dem kleinen Augenzeugen und versuchen ihm mittels einer Handgranate nach dem Leben zu trachten. Der Anschlag misslingt, wird aber von Jerry beobachtet. Er nimmt die Verfolgung auf, kann die Männer aber nicht aufhalten. Nur einer von ihnen, Jenkins, stürzt bei der Jagd durch eine Fabrikhalle ab und kommt dabei um.

In Absprache mit FBI-Boss Mr. High hat nun der Schutz des Jungen oberste Priorität. Weiterhin gilt es, die Erpresser endlich dingfest zu machen. Um Kontakt zur Bande aufnehmen zu können, gibt sich Phil als neuer Pächter einer Tankstelle aus, deren Besitzerin die junge Sophie Lattimer ist. Dewey, einer der Geldeintreiber, lässt nicht lange auf sich warten. Völlig unerwartet wird er von dem vermeintlichen Tankwart zusammengeschlagen, danach aber laufen gelassen. Dies können die Gangster nicht auf sich sitzen lassen und rächen sich mit der Sprengung der Tankstelle. Dies geschieht unter Jerrys Augen, der sofort die Verfolgung aufnimmt.

Die Ganoven beschließen, Dewey umzubringen, da ihnen inzwischen klar geworden ist, dass er sich vom FBI hat in eine Falle locken lassen. Seinen Tod können die beiden Agenten zwar nicht verhindern, sie erhalten aber einen Hinweis auf die *Goldfischbar*, offensichtlich das Versteck der Bande. Ihre Ermittlungen in dem Etablissement ergeben, dass Besitzerin Wilma Deloy und ihre Kundschaft, darunter Alec Korski und weitere Mitglieder der »Hundert-Dollar-Bande«, lediglich Handlanger eines über ihnen stehenden Unbekannten sind. Phil und Jerry entwerfen einen Plan, um diesen zur Strecke zu bringen.

Trotz Wachsamkeit und erhöhten Vorsichtsmaßnahmen der Bande misslingt ihr Anschlag auf Tankstellenbesitzerin Sophie Lattimer. Nur Alec Korski kann vom Tatort fliehen und entführt den kleinen Billy, der mittlerweile sogar das Gesicht des Restaurantmörders kennt.

Jerry gelingt Billys Befreiung. Auf einmal jedoch steht der wahre Boss der Erpresserbande vor ihm. In dem folgenden Handgemenge wird Jerry überwältigt. Der Boss kann mit Billy entkommen. Jerry heftet sich an die Fersen der beiden. Im Hafen kann Jerry zunächst die Bodyguards des Gangsterbosses bezwingen. Dieser jedoch kann seine Flucht zusammen mit Billy und Wilma Deloy in Richtung Stadtrand fortsetzen, wo ein kleines Privatflugzeug wartet. Dort kommt es zum Showdown. Unter Aufbietung all ihrer Kräfte können Jerry und Phil das schon anrollende Flugzeug stoppen. In dem folgenden Schusswechsel stirbt Wilma Deloy. Der Boss wird überwältigt und Billy kann unversehrt befreit werden. (bd)

Pressestimmen

»Jerry Cotton ist ein FBI-Mann, dem man seine Abenteuer glauben kann. Auch diesmal kommt er ohne überdimensionale Filmwunder und makabre Handkantenschläge aus. Sogar ohne Sex. Er ist einfach ein Mann, der sein Handwerk beherrscht. Ein menschlicher ›G-Man‹, dem man abnimmt, dass er aus purem Gerechtigkeitssinn sein Leben aufs Spiel setzt.« *Westdeutsche Allgemeine Essen vom 27.11.1965*

»Film und Regisseur verdienen ein Lob. Die Story dieses Films kommt zwar auch aus dem üblichen Klischee, aber was Philipp und sein Kameramann Walter Tuch daraus machten, ist ein rasanter Krimi geworden. Von der besten Seite zeigen sich die Hauptdarsteller George Nader (Jerry Cotton), Heinz Weiss (Phil Decker) und Richard Münch, der seine Rolle als FBI-Chef souverän beherrscht. Bis in die kleinsten Chargen sind die Möglichkeiten voll genutzt worden. Interessant die eingeblendeten Szenen aus der Arbeit des FBI-Labors und anderer dem FBI angehörenden Institutionen.« *Badener Neueste Nachrichten vom 27.11.1965*

»Wir vermissten im ersten Teil dieser Serie eine schärfere Konturierung des Helden. Es scheint, dass sich George Nader nun im Jackett des Jerry etabliert hat. Inmitten der seit Jimmy Bond wie Pilze wuchernden Agentenfolgen nimmt die Jerry-Cotton-Serie bisher eine Ausnahmestellung ein.« *Filmecho/Filmwoche Nr. 95 vom 01.12.1965*

»Bei aller Sympathie, die man dem Film auf Grund seiner vergleichsweise zurückhaltenden Machart zuwenden möchte, kann die Unsorgfalt, mit der hier zu Werke gegangen wurde, nicht übersehen werden. Das ist schade um den im Ansatz immerhin glaubwürdigen Film, dem man manche heldische Übertreibung ansonsten verziehen hätte, weil er hinreichend spannend zu unterhalten weiß, ohne die brutalen und sexbetonten Zutaten der Bond-Welle zu bemühen.« *Filmdienst Düsseldorf Nr. 49 vom 08.12.1965*

(Razzia au FBI)
BRD/FRA, 1965

Regie: **Harald Philipp**; Regie-Assistenz: **Gundula von Seelen**; Drehbuch: **Kurt Nachmann, Fred Denger** nach einem **»G-man Jerry Cotton«-Roman aus dem Bastei-Verlag Gustav H. Lübbe, Bergisch Gladbach**; Kamera: **Helmut Meewes**; Kamera-Assistenz: **Eugen Gaenger**; Schnitt: **Alfred Srp**; Schnittassistent: **Herta Abicht**; Bauten: **Rolf Zehetbauer, Herbert Strabel, Werner Achmann**; Requisiten: **Ernst Krienelke, Josef Kohn, Peter Moritz**; Masken: **Helmut Kraft, Jutta Stroppe**; Musik: **Peter Thomas**; Kostüme: **Anneliese Ludwig**; Garderobe: **Herbert Lindenberg, Mascha Markwordt**; Standphotos: **Lilo Winterstein**; Presse: **Roland Beyer**; Produktion: **Eine Constantin-Filmproduktion der Allianz-Filmproduktion GmbH, Berlin/West, Prodex, Paris**; Gesamtleitung: **Heinz Willeg**; Produktionsleitung: **Bernd Burgemeister**; Aufnahmeleitung: **Uwe Gravenholdt, Jürgen Meyer**; Herstellungsleitung: **Lilo Pleimes**; Drehzeit: **21.09.-November 1965**; Atelier: **Ufa-Atelier Berlin-Tempelhof**; Außenaufnahmen: **Berlin**; Erst-Verleih: **Constantin Film, München**; Weltvertrieb: **Exportfilm Bischoff & Co. GmbH**; Länge: **89 Minuten, 2425 m**; Format: **35 mm**; s/w; 1:1.66 - **Titelvorspann in Farbe**; FSK: **16./22.02.1966; 31624; 16 nff**; Neuvorlage: **26./28.02.1974; 2350 m, 86 Minuten**; Uraufführung: **04.03.1966**; TV-Erstsendung: **10.08.1974 ARD**; Englischer Titel: **The Trap Shuts At Midnight**

Die Personen und ihre Darsteller

Jerry Cotton: **George Nader** (dt. Spr.: **Heinz Engelmann**); Phil Decker: **Heinz Weiss**; Mr. High: **Richard Münch**; Helen: **Monika Grimm**; Larry Link: **Horst Frank**; Maureen: **Dominique Wilms** (Spr.: **Beate Hasenau**); Dr. Smeat: **Siegfrit Steiner**; Ruth Warren: **Ingrid Capelle**; Lew: **Gert Günther Hoffmann**; Fat Krusky: **Friedrich Georg Beckhaus**; Krot: **Werner Abrolat**; Husky: **Alexander Allerson**; Harry: **Allen Pinson** (Spr.: **Rainer Brandt**); Pal: **Ricky Cooper** (Spr.: **Toni Herbert**); Captain Roward: **Harald Dietl**; Bud Sculler: **Georg Lehn**; Telefonistin: **Ilse Pagé**; Erzähler: **Joachim Nottke** sowie **Herbert Stass, Frederica Layne**

Ein mit Nitroglyzerin beladener Tanklastzug von auffällig roter Farbe verschwindet eines Nachts spurlos von seinem Parkplatz vor einem Motel. Am nächsten Vormittag rast ein ebenfalls roter Tanklastzug ins Schaufenster eines New Yorker Juweliergeschäfts. In der kurz darauf ausbrechenden Panik bemerkt niemand die hübsche Blondine Maureen, als sie die Auslagen des Juweliers plündert.

Kurze Zeit später befindet sich ein roter Jaguar mit Jerry Cotton an Bord auf dem Weg zu einem Sprengstoff-Versuchsgelände. Dort erklärt ihm Dr. Smeat, dass die in dem gestohlenen Tanklastzug befindliche Menge Nitroglyzerin ausreichen würde, um ganz New York dem Erdboden gleich zu machen. Die Chemikalie, so führt Dr. Smeat weiter aus, explodiert bei der aktuellen Temperatur in spätestens 125 Stunden von selbst. Sollten die Temperaturen steigen, verkürzt sich die Zeit bis zur Detonation entsprechend. Zu allem Unglück wird für die nächsten Tage eine Hitzewelle vorausgesagt. Somit bleiben kaum mehr als sechzig Stunden, um den Tankwagen zu finden.

Jerry beginnt seine Ermittlungen in dem Motel, vor dem der Tanklastzug zuletzt gesehen wurde. Die Spur führt zu Ruth Warren, Dr. Smeats Sekretärin, die eine Beziehung mit einem gewissen Lew Hutton unterhält. Dieser wiederum scheint hinter dem Zwischenfall beim Juwelier zu stecken und, so folgert Jerry, auch hinter dem Verschwinden des Nitroglyzerins. Der gestohlene Schmuck aus dem Juweliergeschäft findet sich kurz darauf wieder an.

Neben Jerry tritt nun ein zweiter Interessent an dem Sprengstoff auf den Plan. Wäre das Zeug in seinen Händen, würde Gangsterboss Larry Link nicht zögern, es dem FBI, unter Androhung der Zerstörung New Yorks, für zwei Millionen Dollar anzubieten.

Jerry kann Lew Hutton ausfindig machen und ihn dazu bringen, mit ihm zu dem Versteck, einer im Bau befindlichen Metro-Station, zu fahren. Zu seinem Unglück wird Jerry von Larry Link und seinen Leuten, die die beiden bereits erwartet hatten, überwältigt und gefesselt. Da Phil zu spät mit dem FBI-Kommando eintrifft, kann Jerry nur zuschauen, wie die Gangster das Nitroglyzerin verladen.

Um die Welt von seiner Skrupellosigkeit zu überzeugen, will Link die *Queensboro-Bridge* sprengen, was Jerry jedoch in letzter Sekunde verhindern kann. Link entführt Dr. Smeat, von dessen Wissen er bei der Umsetzung seiner Ziele zu profitieren hofft, und ist nun im Begriff, sich mit diesem an den Ort seines nächsten Coups, Washington D.C., zu begeben.

Von Maureen, die verletzt auf einem New Yorker Güterbahnhof aufgefunden wurde, erfährt Jerry, dass das Nitroglyzerin im Tiefkühlwaggon eines Güterzuges bereits auf dem Weg nach Washington ist. Nun verliert Jerry keine Zeit mehr. Er macht sich mit seinem Wagen auf den Weg, während das FBI einen Großeinsatz startet. Obwohl alle Signale auf rot geschaltet sind, bleibt dem bedrohten Lokführer keine andere Wahl, als die Fahrt nach Washington fortzusetzen. Jerry kann unterdessen den Zug einholen und den Kühlwaggon vom restlichen Zug trennen. Schließlich überwältigt er Larry Link. Die Gefahr ist gebannt. (bd)

Pressestimmen

»Ob Fantomas, ob James Bond oder Jerry Cotton, die Titelfiguren sind zum Gütezeichen geworden. Man weiß, was man an den Markenartikeln hat: die Makellosigkeit und Glätte gleichbleibender Qualität. Auf die deutschen Jerry-Cotton-Produktionen treffen diese Merkmale in besonders hohem Maße zu. In die Perfektion, mit der die Spannung kalkuliert ist, schleicht sich Langeweile ein. Die fehlenden Überraschungsmomente werden durch Tempo, Gags und Schlägereien und grausame Verhöre ersetzt.« *Frankfurter Allgemeine vom 30.04.1966*

»Der Jerry-Cotton-Fall Nr. 3 behält unter der Regie von Harald Philipp das Schema des unerschrockenen FBI-Agenten bei. Er hat zwar Schießerlaubnis, macht aber so wenig wie möglich davon Gebrauch. Er wird nie von Frauen umschwärmt wie seine anderen Leinwandkollegen. Sein Messerhaarschnitt ist stets korrekt und sein Tagesverbrauch an Maßanzügen dürfte sich auf ein halbes Dutzend belaufen. Er raucht und trinkt nicht, kurz: Er ist die Nüchternheit in Person. Cotton-Darsteller George Nader ist von guten Leuten umgeben. Horst Frank ist so elegant wie abgrundböse, und Richard Münch hantiert als FBI-Chef mit seiner Brille genauso wohleinstudiert wie bei ›Hallo Nachbarn‹.« *Rheinische Post Düsseldorf vom 23.04.1966*

»Erneut darf auf die geschickte Anwendung des Travelling-Matte-Verfahrens hingewiesen werden. Allerdings sind diesmal besondere Aufgaben zu lösen, und der Trick verrät sich zumindest in zwei Sequenzen selbst dem Laien. Hervorzuheben ferner die Musik von Peter Thomas, der sich nicht auf die Abwandlung des sehr einprägsamen Leitmotivs beschränkt, und der Vorspann. Zu überdenken wäre jedoch, ob es wirklich ratsam ist, einen Schwarzweißfilm farbig einzuleiten. Die ersten Bilder des Films wirken dann zwangsläufig ›ärmlich‹.« *Filmecho/Filmwoche Nr. 21/22 vom 18.03.1966*

»Auch der dritte Film der Jerry-Cotton-Serie unterscheidet sich positiv von dem üblichen James-Bond-Klischee. Trotz aller vorgetäuschten Wirklichkeitsnähe durch den Einsatz modernster Polizeimaschinerie bleiben die todesmutigen Aktionen

des FBI-Agenten Jerry Cotton im Bereich des Abenteuerlich-Utopischen. Selbstverständlich frisch, wie aus dem Urlaub, übersteht der Superheld alle Strapazen und
Gefahren. Wer spannende Kriminalunterhaltung sucht, wird trotz der üblichen Unwahrscheinlichkeiten nicht ohne Befriedigung das dritte Abenteuer des FBI-Agenten
Cotton erleben.« *Filmdienst Düsseldorf Nr. 10 vom 09.03.1966*

(Un cerceuil de diamants)

BRD/FRA, 1966

Regie: **Helmuth Ashley**; Regie-Assistenz: **Alexander Eber-mayer von Richthofen**; Drehbuch: **Georg Hurdalek nach einem »G-man Jerry Cotton«-Roman aus dem Bastei-Verlag Gustav H. Lübbe, Bergisch Gladbach**; Kamera: **Franz X. Lederle**; Schnitt: **Alfred Srp**; Bauten: **Otto Pischinger, Dieter Reinecke**; Requisiten: **Ernst Krienelke, Josef Kohn, Peter Moritz**; Masken: **Helmut Kraft, Ingeborg Hüninghaus**; Musik: **Peter Thomas**; Standphotos: Lilo Winterstein; Produktion: **Eine Constantin-Filmproduktion der Allianz-Filmproduktions GmbH, Berlin/West**; Gesamtleitung: **Heinz Willeg**; Produktionsleitung: **Bernd Burgemeister**; Aufnahmeleitung: **Uwe Gravenholdt, Rolf Freisler**; Kampf-arrangement: **Bob Lerick**; Herstellungsleitung: **Lilo Pleimes**; Drehzeit: **Juni – Juli 1966**; Atelier: **Studio Hamburg, Hamburg-Wandsbek**; Außenaufnahmen: **Hamburg und Umgebung, Hannover (Niedersachsen-Stadion)**; Erst-Verleih: **Constantin Film, München**; Weltvertrieb: **Exportfilm Bischoff & Co. GmbH**; Länge: **98 Minuten, 2691 m**; Format: **35 mm; s/w; 1:1.66 – Titelvorspann in Farbe**; FSK: **18.08.1966; 36128; 16 nff**; Neuvorlage: **24.04.1974, 2464 m, 90 Minuten, 12 nff**; Uraufführung: **25.08.1966**; TV Erstsendung: **04.03.1972 ARD**; Englischer Titel: **Tip not included...**

Die Personen und ihre Darsteller

Jerry Cotton: **George Nader** (dt. Spr.: **Heinz Engelmann**); Phil Decker: **Heinz Weiss**; Mr. High: **Richard Münch** (Spr.: **Thomas Reiner**); Helen: **Helga Schlack**; Charles: **Horst Tappert**; Mr. Davis: **Ullrich Haupt** (Spr.: **Gert Günther Hoffmann**); Tommy Wheeler: **Christian Doermer**; Mr. Clark: **Walter Rilla** (Spr.: **Erwin Linder**); Mary: **Birke Bruck** (Spr.: **Gisela Trowe**); Stanley: **Rainer Brandt**; Chuck: **Pierre Richard** (Spr.: **Günther Jerschke**); Happy: **Axel Scholtz** (Spr.: **Friedrich Schütter**); Billyboy: **Arthur Brauss** (Spr.: **Horst Michael Neutze**); Caruso: **Ilija Ivezic** (Spr.: **Uwe Friedrichsen**); Kingkong: **Hans Waldherr**; Schläger: **Horst Hesslein** (Spr.: **Gert Günther Hoffmann**); Thug: **Jochen Sehrndt** Erzähler: **Joachim Nottke** sowie **Bob Lerick, Horst Volpert**

Die berüchtigte Charles-Bande überfällt einen Geldtransport und erbeutet sechs Millionen Dollar. Zu Jerrys Leidwesen war er es selbst, der, unter verschärften Sicherheitsvorkehrungen, die doppelte Beladung des Transportes genehmigt hatte.

Jerry befindet sich offiziell nicht im Dienst, da er sich einige Tage frei genommen hat. Er beginnt, mit Wissen von Mr. High, auf eigene Faust zu ermitteln. Erste Anhaltspunkte führen ihn zu Violet, Sängerin in einer Bar, deren Freund Tommy der Charles-Bande zum Opfer gefallen ist.

Nachdem Violet entführt wurde, begibt sich Jerry auf die Suche nach ihr. Er macht sie schließlich ausfindig und befreit sie nach einer kämpferischen Auseinandersetzung.

Währenddessen steht die Charles-Bande kurz davor, mit einem Hubschrauber ins Ausland zu flüchten. Allerdings kommt es unter den Gangstern zu heftigen Auseinandersetzungen. Die feindlich gegenüberstehenden Bandenchefs Charles und Stanley beanspruchen die Beute jeweils für sich. Letzterer macht gemeinsame Sache mit Mr. Davis, der von der Staatsbank eigentlich als Vertrauensperson angesehen wurde.

Jerry erlangt Handlungsfreiheit durch die Überlistung der Gangstergeliebten Mary. In einem finalen Kampf stellen er und Partner Phil Decker die Verbrecher. (bd)

Pressestimmen

»Jerry-Cotton-Fall Nr. 4. Wieder erlebt das As des FBI tolle Sensationen. Der Regisseur hat das Abenteuer, das James Bond Konkurrenz macht, mit gewohnter Perfektion inszeniert, die Rechnung wird mit heißer Spannung serviert. Verblüfft ist die Kameratechnik, die mit vielen Tricks arbeitet. George Nader in der Hauptrolle ist ganz ein Kinoheld unserer Tage.« *Hannoversche Allgemeine vom 31.08.1966*

»Ein handwerklich geschickt gezimmerter Krimi: Jerry-Cotton-Fall Nr. 4. Horst Tappert, als Posträuber schon zu großer Fernsehpopularität gekommen, hat wieder mit zynischer Überlegenheit eine Gruppe Bankräuber anzuführen. Aber da gibt es noch eine rivalisierende Gruppe mit ihrem Chef und natürlich Jerry im Dienst der amerikanischen Bundeskriminalpolizei. Er ist der Draufgänger mit harten Fäusten und der schnellen Pistole, er ist genau der Typ, den das Publikum für solche Aufgaben erwartet. Das alles ist, trotz blutiger Walstatt, nicht so ernst gemeint. Regisseur Helmuth Ashley wollte mit seinem Film auf flotte Weise unterhalten, was ihm auch gelungen ist.« *Münchner Merkur vom 27.08.1966*

»Der Film hat Action und vermittelt Spannung, die gegen Schluss merklich nachlässt. Dabei kommt er ohne Sex und aufdringliche Brutalität aus. George Nader und Heinz Weiss zeigen sich als gut eingespieltes und sympathisches Team.« *Filmecho/ Filmwoche Nr. 76 vom 24.09.1966*

»Obwohl die Nacherzählung der Handlung vielleicht Spannung erwarten lässt, ist diese ziemliche Mangelware. Es ist alles zu durchsichtig. Die Überraschungseffekte werden zu förmlich zelebriert, als dass etwas wirklich Verblüffendes passieren könnte. Alles Wohlwollen erlischt jedoch, wenn Jerry Cotton am Schluss einen bereits fliegenden Hubschrauber anspringt, sich von ihm über New York und den Hudson tragen lässt, Zerstörungen vornimmt und aus allen Abschüttelungs- und Vernichtungsversuchen der Gangster nur mit nassen Rockschößen hervorgeht. Hier wird das Spiel dann lächerlich. Ärgerlich aber bleibt die Fülle von Rohheitsakten.« *Filmdienst Düsseldorf Nr. 38 vom 21.09.1966*

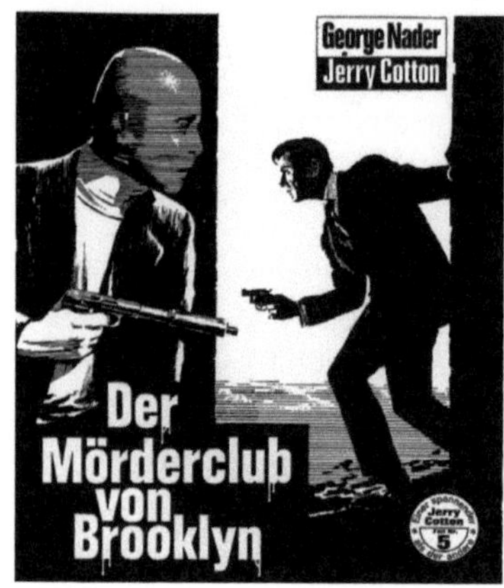

BRD, 1966

Regie: **Werner Jacobs**; Regie-Assistenz: **Margit Spitzer**;
Drehbuch: **Alex Berg (d.i. Herbert Reinecker) nach einem
»G-man Jerry Cotton«-Roman aus dem Bastei-Verlag Gustav
H. Lübbe, Bergisch Gladbach**; Dialogmitarbeit: **Manfred
R. Köhler**; Kamera: **Franz X. Lederle**; Schnitt: **Alfred Srp**;
Bauten: **Wilhelm Vierhaus**; Requisiten: **Ernst Krienelke,
Josef Kohn, Peter Moritz**; Masken: **Helmut Kraft, Eva
Diedrich**; Musik: **Peter Thomas**; Standphotos: **Lilo Winter-
stein**; Produktion: **Eine Constantin-Filmproduktion der
Allianz-Filmproduktion GmbH, Berlin/West**; Gesamtleitung:
Heinz Willeg; Produktionsleitung: **Johannes J. Frank**;
Aufnahmeleitung: **Hans-Joachim Bracht, Uwe Gravenholdt,
Karl H. Menzinger**; Kampfarrangement: **Roy Scammel**; Spezial-
effekte: **Horst Schier**; Herstellungsleitung: **Lilo Pleimes**;
Drehzeit: **14.11. – Dezember 1966**; Atelier: **Studio Hamburg,
Hamburg-Wandsbek**; Außenaufnahmen: **Hamburg und Umgebung,
New York**; Erst-Verleih: **Constantin Film, München**; Welt-
vertrieb: **Exportfilm Bischoff & Co. GmbH, München**; Länge:
96 Minuten, 2637 m; Format: **35 mm**; Farbe; **1:1.66**;
FSK: **10.03.1967**; **37076**; **16 nff**; Uraufführung: **17.03.1967
Ufa-Palast Kassel**; TV-Erstsendung: **01.02.1986 SAT 1**;
Englischer Titel: **The Body in Central Park**; Anmerkung:
**Die schwarzweiße Eröffnungssequenz wurde von Regisseur
Helmuth Ashley bereits für den Film DIE RECHNUNG – EISKALT
SERVIERT realisiert.**

Die Personen und ihre Darsteller
Jerry Cotton: **George Nader (dt. Spr.: Harald Leipnitz)**;
Phil Decker: **Heinz Weiss**; Mr. High: **Richard Münch**;
Sam: **Heinz Reincke**; Edna: **Helga Anders**; Mr. Dyers:
Karl Stepanek (Spr.: Curt Ackermann); Bryan, Mr. Dyers'
Sohn: **Helmut Förnbacher**; Jean Dyers: **Dagnar Lassander**;
Mr. Johnson: **Helmut Rudolph**; Burnie, Johnsons Sohn:
Helmuth Kircher; Mr. Cormick, Ednas Vater: **Rudi Schmitt**;
Harry Long: **Wolfgang Weiser**; Rechtsanwalt Warner:
Wolfgang Spier; Richard Nash: **Horst-Michael Neutze**;
Sally Chester: **Ira Hagen**; Bunny Simpson, Haushälterin:

Jerry Cotton und Phil Decker folgen Mr. Dyers Einladung auf eine Party. Dort erzählt ihnen der Bankier von Erpresserbriefen, die er und seine Freunde, Mr. Johnson und Mr. Cormick, erhalten haben. Entweder zahlt jeder von ihnen eine Million Dollar oder ihre bereits volljährigen Kinder werden entführt.

Die Feier wird jäh beendet, als maskierte Gangster eindringen, die auch durch die anwesenden FBI-Agenten nicht aufgehalten werden können. Nachdem sie die Party wieder verlassen haben, ist Sally Chester, eine Freundin von Mr. Dyers Tochter Jean verschwunden. Der Anruf der Erpresser lässt nicht lange auf sich warten. Es stellt sich heraus, dass Jean das eigentliche Opfer der Entführung werden sollte. Sally wurde fälschlicherweise mitgenommen, weswegen sie nun im Central Park wieder in Empfang genommen werden könne. Dort wird sie tatsächlich aufgefunden. Sie ist tot.

Ein weiterer Erpresserbrief erreicht Mr. Dyer am nächsten Tag. Sollte er noch immer nicht bereit sein, die geforderte Summe zu bezahlen, würde seine Tochter dasselbe Schicksal erwarten, wie ihre Freundin Sally. Ab sofort wird Jean in ihrem Haus rund um die Uhr durch FBI-Beamte überwacht. Wie von den Erpressern verlangt, deponiert Mr. Dyer eine allerdings mit Zeitungspapier gefüllte Tasche in einem Schließfach auf dem *Kennedy-Airport*, der nun von Jerry höchst persönlich observiert wird. Dennoch können die Gangster von Jerry unbemerkt die Tasche aus dem Fach entnehmen.

Kurz darauf ist auch Jean nicht mehr auffindbar, trotz des enormen Polizeiaufgebots ist sie verschwunden. Später kann nur noch ihre Leiche aus einem Waldsee geborgen werden. Ebenso wie Sally ist sie erschossen worden. Mr. Johnson ist der nächste auf der Liste der Erpresser. Falls er nicht eine Million Dollar nach ihren Anweisungen aus der U-Bahn wirft, wird sein Sohn Burnie sterben. Jerry und Phil sind ebenfalls in dem Zug, als Mr. Johnson tut, wie ihm befohlen. Dennoch können die Täter unbehelligt mit dem Geld entkommen.

Mr. Cormick ist der dritte im Bunde. Ebenso wie seine beiden Vorgänger soll er eine Million Dollar an einem vorbestimmten Ort hinterlegen, um das Leben seiner Tochter Edna zu verlängern. Diesmal jedoch fällt das Geld Jerry in die Hände, woraufhin Edna Cormick zusammen mit Phil Decker, der dies eigentlich verhindern sollte, entführt wird. Endlich bekommt Jerry einen Hinweis auf die Männer, die die Morde und Erpressungen durchgeführt hatten. Mit Hilfe von Burnie Johnson spürt

Jerry eine Heilsarmeegruppe auf, deren kaltblütigen Anführer Richard Nash er dingfest machen kann. Allerdings scheint damit der Fall noch nicht gelöst zu sein. Eine Autobombe in seinem Wagen führt ihm dies mehr als deutlich vor Augen.

Noch einmal wollen die Erpresser Bares von Mr. Cormick. Diesmal jedoch gelingt es Jerry, das Geld im Auge zu behalten, und er verfolgt es bis zu Johnsons Fabrik, wo er zunächst Edna befreien kann, die hier offenbar gefangen gehalten wurde. Als nächstes lässt er die Mitglieder der drei beteiligten Familien zusammenrufen. Auf diese Weise kann er schließlich den Drahtzieher hinter den Ereignissen enthüllen. Bryan Dyers, der Sohn des alten Dyers, hat die Erpressungen angezettelt und selbst den Tod seiner Schwester in Kauf genommen, um sich die Dyers-Bank anzueignen. Bryan Dyers Fluchtversuch wird durch Jerry vereitelt, und auch sein Partner Phil kann unversehrt befreit werden. (bd)

Pressestimmen

»›Der Mörderclub von Brooklyn‹ ist ein unsympathischer Haufen. Aber Jerry Cotton, der beste FBI-Mann, räumt mit kräftiger Hand unter den Ganoven auf. Der Überraschungseffekt liegt bei dem neuesten Cotton-Film, und da haben Autor und Regie wirklich eine neue Idee gehabt, nämlich, dass die Ganoven nur die kleinen Schurken sind, aber die Gentlemen die wirklichen Verbrecher. Jerry, das As des FBI, streckt sein markant gebräuntes Gesicht der Kamera entgegen, seine stahlblauen Augen strahlen und das Publikum hofft nur, dass er jetzt – endlich – zum Angeln kommt.« *Aachener Volkszeitung vom 18.03.1967*

»Was es an technischen Finessen gibt, wird von dem leider viel zu wenig beschäftigten Regisseur Werner Jacobs aufgeboten, den der Kameramann Franz Lederle mit allen optischen Kunststückchen unterstützt. Alles, das in Farbe, was diesen Film von seinen Cotton-Vorgängern unterscheidet.« *Hannoversche Allgemeine vom 18.03.1967*

»Werner Jacobs hat reichhaltige Abenteuer gewandt in Szene gesetzt, mit einem Aufgebot vielseitiger Mittel, auf interessanten Schauplätzen. Cotton ist wieder George Nader, der sich weitgehend Sympathie sichert.« *Wiesbadener Kurier vom 18.03.1967*

»›Vielleicht gewinnt er (George Nader) in den noch zu erwartenden Fortsetzungen an Farbe‹, schrieben wir in der Rezension der ersten Jerry-Cotton-Verfilmung im Mai 1965. Zwei Jahre danach, im Fall Nr. 5, war es dann soweit. Die Nader-Fans dürfen ins Color-Antlitz ihres Helden blicken. Der Star hat allerdings – und das meinten wir damals – in übertragenem Sinn längst an ›Farbe‹ gewonnen. Ihm passen inzwischen die Sakkos des cleveren US-Agenten, er gibt sich routiniert überlegen und vermag auch als trainierter Artist überzeugen.« *Filmecho/Filmwoche Nr. 25 vom 30.03.1967*

»Neues, mit Aufwand inszeniertes Kriminalabenteuer, das Zuschauern, die Unwahrscheinlichkeiten einkalkulieren, spannende Unterhaltung bietet. Fazit: Neben den vielen importierten Filmen dieses Genres nimmt sich die Cotton-Serie nach wie vor annehmbar aus.« *Filmdienst Düsseldorf Nr. 13 vom 29.03.1967*

(Il piu' grande corpo della malavita americana)
BRD/ITA, 1967

Regie: **Harald Reinl**; Regie-Assistenz: **Charles M. Wakefield**;
Script und Synchronschnitt: **Renate Willeg**; Drehbuch:
Rolf Schulz, Christa Stern nach einem »G-man Jerry Cotton«
-Roman aus dem Bastei-Verlag Gustav H. Lübbe, Bergisch
Gladbach; Kamera: **Franz X. Lederle**; Kamera-Assistenz:
Wolfgang Brier, Wolfgang Dittmers; Ton: **Gerhard Birkholz**;
Schnitt: **Hermann Haller**; Bauten: **Ernst H. Albrecht**;
Requisiten: **Ernst Krienelke, Josef Kohn, Peter Moritz**;
Masken: **Dorian Meesen, Jutta Stroppe**; Kostüme: **Vera Mügge**;
Musik: **Peter Thomas**; Standphotos: **Lilo Winterstein**; Pro-
duktion: **Eine Constantin-Filmproduktion der Allianz-Film-
produktion GmbH, Berlin/West und Cineproduzioni Associate,
Rom**; Gesamtleitung: **Heinz Willeg**; Produktionsleitung:
Johannes J. Frank; Aufnahmeleitung: **Hans-Joachim Bracht,
Karl H. Menzinger**; Special Effects: **Franz Wilhelm**; Fach-
liche Beratung: **Frank W. Paul**; Aufnahmen USA: **Henry von
Javorsky**; Herstellungsleitung: **Lilo Pleimes**; Dreh-
zeit: **12.09. - 09.11.1967**; Atelier: **Ufa-Studio, Berlin-
Tempelhof**; Außenaufnahmen: **Berlin, Los Angeles, Jugoslawien**;
Erst-Verleih: **Constantin Film, München**; Weltvertrieb:
Exportfilm Bischoff & Co. GmbH, München; Länge: **89 Minuten,
2429 m**; Format: **35 mm; Farbe; 1:1.66**; FSK: **04./17.01.1968;
38433; 12 nff**; Uraufführung: **23.02.1968 Mathäser Filmpalast, München**; TV-Erstsendung: **15.01.1982 ZDF**; Englischer
Titel: **Death and Diamonds**

Die Personen und ihre Darsteller

Jerry Cotton: **George Nader** (dt. Spr.: **Gert Günther
Hoffmann**); Phil Decker: **Heinz Weiss** (Spr.: **Karlheinz
Brunnemann**); Bloom: **Carl Möhner** (Spr.: **Rainer Brandt**); Lana:
Silvie Solar (dt. Spr.: **Beate Hasenau**); Budd Lancaster:
Claus Holm; Mabel Santon: **Marlies Draeger**; Tackley: **Günther
Schramm** (Spr.: **Jürgen Thormann**); Gerald Santon: **Karl-Heinz
Fiege** (Spr.: **Lothar Blumhagen**); Tomasio: **Dieter Eppler**;
Mrs. Cotton: **Käthe Haack**; FBI-Vorgesetzter: **Horst Niendorf**;
Fat: **Rainer Basedow** (Spr.: **Edgar Ott**); Tommy: **Hans Waldherr**;
Shorty: **Richard Haller**; Rick Trevor: **Claus Tinney**; Jack,

Butler bei Santon: **Albert Bessler**; Cooper: **Alexander Engel** sowie **Günter Mack, Udo Kaemper, Maria von Holten, Rolf Eden, Giorgio Benito Bogino, Pietro Ceccarelli, Andrzej Zaorski, Claudio de Renzi**

Nach einem Einbruch in einer Giftgasfabrik finden Polizisten zwei der Täter tot beziehungsweise tödlich verletzt auf. Bevor der Schwerverletzte stirbt, sind seine letzten Worte »Stone – Dartmoor Zelle 214«. Die Beamten sind ratlos, gehen aber davon aus, dass hinter dem Raub keine Kleinkriminellen stecken können. Daher wird der Fall ans FBI abgegeben.

Schnell wird klar, dass die Stone-Organisation, eines der einflussreichsten Verbrechersyndikate der Westküste Amerikas, hier die Finger im Spiel hat. Vom Namen abgesehen weiß das FBI nicht viel über die Bande. In der Vergangenheit konnten Verbrechen nur durch die Art und Weise ihrer Durchführung dem Stone-Kreis zugeordnet werden. Klar ist auch, dass der mittlerweile verstorbene Einbrecher mit der zweiten Bemerkung auf eine bestimmte Gefängniszelle hinweisen wollte – die Zelle mit der Nummer 214 im Gefängnis von Dartmoor.

Dort wartet Rock Trevor, der ehemalige Zellengenosse des Einbrechers, auf seine Entlassung, die in zwei Tagen erfolgen soll. Das FBI kennt den Mann als Spezialisten für Alarmanlagen. Vorsichtshalber lässt man ihn ab sofort überwachen. Jerry hingegen wird darauf vorbereitet, dessen Rolle einzunehmen, da das FBI hofft, so einen Kontakt zu Mr. Stone herstellen zu können. Für Jerry bedeutet das zunächst harte Arbeit. Er muss alle Details über Trevor wissen, seine Vorlieben und Abneigungen, seine Art zu sprechen, vor allem aber, wie man schnell und unbemerkt Alarmanlagen ausschaltet.

Nach seiner Entlassung begibt sich Trevor auf den Weg nach Los Angeles, wo er direkt nach seiner Ankunft verhaftet wird. Ab sofort ist Jerry »Rock Trevor« und übernimmt sein Gepäck. Am Ausgang des Flughafens warten bereits die Leute von Mr. Stone, um ihn, oder besser »Rock Trevor«, in Empfang zu nehmen. Ohne erkannt zu werden, fahren sie zu einer Bar, die offenbar als Hauptquartier der Bande dient. Hier trifft Jerry alias »Trevor« auf den Boss, der sich als Mr. Bloom vorstellt. Scheinbar ist er der einzige, der in ständiger Verbindung zu Mr. Stone steht. Bloom steht »Trevor« sehr skeptisch gegenüber und lässt ihn sogar beschatten, da er ihm nicht traut.

Um Nachrichten an seinen Partner Phil Decker übermitteln zu können, bedient sich Jerry eines Ticks von Trevor, der bekannt dafür ist, ständig mit kleinen Modellautos zu spielen. Er begibt sich in einen Rennsalon, wo er Nachrichten an die kleinen Fahrzeuge heftet und diese Phil zukommen lässt, der sich in der Nähe befindet. So dringen erste Informationen der Organisation zum FBI durch. Als der Besitzer des Rennsalons ermordet wird, versucht man, »Trevor« die Schuld zu geben, um ihn in der Hand zu haben.

»Trevor« wird von Rechtsanwalt Tackley zu einem reichen Kunstsammler namens Cherry Santon geschickt. Dessen Sammlung schützt eine nahezu identische Anlage wie jene, die beim nächsten Beutezug zu umgehen ist. Allerdings hat Jerry zu diesem Zeitpunkt noch keine weiteren Informationen zu dem geplanten Coup. In Santons Apartment fertigt Jerry einen Plan des Alarmsystems an, den er später ans FBI weiterleiten wird. Inzwischen ist es ihm auch gelungen, das Vertrauen Mr. Stones zu gewinnen, von dem er bisher jedoch nur die Stimme aus dem Lautsprecher kennt. Als er, immer noch in Santons Apartment, ein Bild von dessen Frau betrachtet, fällt ihm ein besonders schöner Skarabäus ins Auge.

Im weiteren Verlauf hegt Jerry den Verdacht, dass die Santon-Villa selbst das Ziel des geplanten Überfalls sein könnte. Für dessen Durchführung soll eine Absauganlage von Nöten sein, deren Lieferung die Bande in der nächsten Zeit erwartet. Seine Erkenntnisse gibt er sofort ans FBI weiter.

Der Absauger ist eingetroffen und »Trevor« findet sich zusammen mit Bloom und ein paar seiner Leute in einem Möbelwagen wieder, der sie zur Diamantenbörse bringt. Der Coup beginnt. Als sie über einen Gully in die Kellerräume der Börse hinab steigen, muss Jerry erkennen, dass die Santon-Villa nicht das Ziel und er einem Irrtum aufgesessen ist. Über einen Monitor verfolgen sie das Geschehen in einem Sitzungssaal der Börse. Einige der einflussreichsten Diamantenhändler sitzen um einen Tisch, auf dem sich Steine im Wert von zwölf Millionen Dollar befinden. Bloom weist die Männer an, das mitgeführte Giftgas in den Saal zu leiten. Nach und nach werden die Personen im Konferenzsaal ohnmächtig. Jerry ist schockiert, zumal er selbst kurz vorher die Alarmanlagen ausgeschaltet hat. Er muss etwas unternehmen. Ohne nachzudenken reißt er wahllos Kabel aus der Wand, um somit einen Kurzschluss zu erzeugen. Lange kann er sich aber nicht halten. Er wird von drei Männern überwältigt und in einem Heizungsofen eingesperrt. Ungehindert setzen die Gangster ihr Werk fort. Die Absauganlage saugt die Diamanten aus dem Saal.

Währenddessen kann Jerry dem Ofen entkommen und die Alarmanlage einschalten. In Panik versetzt, stürmen Bloom und seine Männer dem Gully entgegen. Oben, auf der Straße, wartet Anwalt Tackley, der von Bloom die Herausgabe der Steine mit der Absicht fordert, sie an Mr. Stone zu überbringen. Kurz darauf ist eine Schlägerei im Gange, in deren Verlauf Jerry die Diamanten an sich bringen kann.

Zurück beim FBI berichtet Jerry von den Geschehnissen und äußert den Verdacht, dass es sich bei Tackley und Stone um ein und dieselbe Person handelt. Da Jerry im Besitz der Beute ist, muss Stone sich in irgendeiner Weise mit ihm in Verbindung setzen. In dieser Hoffnung fährt Jerry zur Bar zurück. Hier trifft er auf Mabel, die ihm erzählt, dass Barchefin Lana entführt worden ist. Zu spät merkt Jerry, dass er in eine Falle getappt ist, die Bloom ihm gestellt hat. Jetzt fällt ihm auch der

Skarabäus an der Kette um Mabels Hals auf. Jerry kann sich nach kurzem Kampf aus der Falle befreien und bringt Mabel dazu, ihn zu Mr. Stone zu bringen. So gelangen sie zu Santons Villa, wo es erneut zu Kämpfen mit Stones Leuten kommt.

Inzwischen ist die Polizei gezwungen, den echten Rock Trevor laufen zu lassen, da gegen ihn keine Anklagen vorlagen. Damit ist Jerry endgültig enttarnt. Nun ist es offensichtlich – Santon ist Mr. Stone und Mabel seine Tochter. Beide suchen ihr Heil in der Flucht, nicht ohne von Jerry verfolgt zu werden. Eine wilde Verfolgungsjagd beginnt sich zu entspinnen, die die Küstenstraße entlang zu einer Bucht führt. Dort liegt ein Boot, mit dem Vater und Tochter ihre Flucht fortsetzen wollen. Jerry springt von einer Brücke auf das hindurch rasende Boot, begleitet von Schüssen, die Mabel abfeuert. Zu ihrem Unglück trifft sie dabei versehentlich ihren Vater, Mr. Stone.

Das Verbrechen ist aufgeklärt. Jerry fliegt zusammen mit Lana, der Barbesitzerin, die sich nun als Kronzeugin in dem Fall verwenden lassen will, zurück nach New York. (bd)

Pressestimmen

»Jerry Cotton im Alleingang hat es wirklich nicht leicht. Er hat es nicht nur mit ›Dynamit in grüner Seide‹ zu tun, sondern es geht ihm oft genug haarscharf an den Kragen. Der arme Jerry muss Alarmanlagen stilllegen. Zwar ist er mehr als einmal den Gaunern überlegen, aber sie auch mehr als einmal ihm. Er wird zusammengeschlagen und kann sich erst in allerletzter Minute aus einem Feuerofen befreien. Da läuft die Gänsehaut über den Rücken. Aber später wird das Zwerchfell massiert. Trotz Dynamit-Explosion ist Cottons Maschine fahrbereit. George Nader ist in alter, unbesiegbarer Frische der tapfere Jerry. Sein Freund Phil (Heinz Weiss) kann ihm diesmal nicht viel helfen. Carl Möhner schlüpfte in eine Gangsterrolle und mimt sie erstaunlich gut. Silvie Solar als blonde Lana und Marlies Draeger, dunkel nicht nur vom Typ, sondern auch im Gemüt als Mabel, sind die dekorativen Damen um Jerry. Harald Reinls Regie sorgt dafür, dass es hübsch turbulent im Jerry-Cotton-Stil zugeht.« *Wiesbadener Kurier vom 02.03.1968*

»Dieser Sprengstoff hat auf alle Fälle schöne Augen. Und da zwei davon am Donnerstagabend dem Saarbrücker Publikum direktement vorgewiesen wurden, kombiniert mit Jerrys Stahlblick, gebührt es sich, etwas tiefer hineinzuschauen. In den Film. Was für diesen neuen Cotton spricht, ist der weltstädtische Witz, mit dem der FBI-Agent im Dienst der öffentlichen Ordnung wirkt. Das geht natürlich nach der erwiesenermaßen gewinnbringenden Methode der 007-Investment-Bonds, aber egal – gelacht wird doch.« *Saarbrücker Zeitung vom 02.03.1968*

»George Nader kultiviert seinen Jerry-Cotton-Charme von Film zu Film mehr und lässt keinen Zweifel an der Unwiderstehlichkeit seiner männlichen Ausstrahlung aufkommen. Der Jerry wird's schon richten.« *Filmblätter Nr. 49 von 1968*

»›Einer spannender als der andere‹, so lautet der Slogan. Gemeint sind die Filme, in den der G-Man Jerry Cotton nach dem Rezept auflagenstarker Romane verzwickte Fälle spielend löst. Dieses ist der ›Fall Nr. 6‹. Und keine Frage – er steht seinen Vorgängern in nichts nach. Inszeniert ist das handfest und bieder, als Krimihausmannskost für den täglichen Gebrauch. Hier wird – wie in den früheren Jerry-Cotton-Filmen auch – niemand enttäuscht, aber auch niemand aus der Fassung gebracht. Denn diese Art von Thrillerdramaturgie ist allzu gut geläufig.« *Filmecho Nr. 19 vom 09.03.1968*

»Dieser sechste Jerry-Cotton-Film hat seinen Vorgängern keine besonderen Überraschungen voraus. Allenfalls die Technik ist perfekter geworden. Aber die Handlung der geschickt konstruierten Geschichte wird durchgehend spannend und mit trockenem Wortwitz erzählt. Eine zwar anspruchlose, aber brauchbare Unterhaltung für Abenteuerfilm-Konsumenten, der man lieber zustimmen würde, wenn die Welt der Gangster nicht mit zu viel Gloriole versehen wäre und man auf einige unnötige Rohheiten verzichtet hätte.« *Filmdienst Köln Nr. 12 vom 19.03.1968*

(La Morte in Jaguar rossa)
BRD/ITA, 1968

Regie: **Harald Reinl**; Regie-Assistenz: **Charles M. Wakefield**; Script und Synchronschnitt: **Renate Willeg**; Drehbuch: **Alex Berg (d.i. Herbert Reinecker)** nach einem »G-man Jerry Cotton«–Roman aus dem Bastei-Verlag Gustav H. Lübbe, Bergisch Gladbach; Kamera: **Franz X. Lederle**; Kamera-Assistenz: **Wolfgang Brier**; Ton: **Igor Holm**; Schnitt: **Hermann Haller**; Bauten: **Ernst H. Albrecht**; Requisiten: **Ernst Krienelke, Josef Kohn, Peter Moritz**; Masken: **Dorian Meesen, Fritz Havenstein, Helga Gläser**; Kostüme: **Irms Pauli**; Musik: **Peter Thomas**; Standphotos: **Lilo Winterstein**; Produktion: **Eine Constantin-Filmproduktion der Allianz-Filmproduktion GmbH, Berlin/West und Cineproduzioni Associate, Rom**; Gesamtleitung: **Heinz Willeg**; Produktions-leitung: **Lutz Winter**; Aufnahmeleitung: **Hans-Joachim Bracht, Karl H. Menzinger**; Herstellungsleitung: **Lilo Pleimes**; Drehzeit: **04.03. – 30.04.1968**; Atelier: **Ufa-Studio, Berlin-Tempelhof**; Außenaufnahmen: **Berlin/West (Turbinenhalle in Moabit, Märkisches Viertel, Hansaviertel, Hansatheater u.a.), Allendorf**; Erst-Verleih: **Constantin Film, München**; Weltvertrieb: **Exportfilm Bischoff & Co. GmbH, München**; Länge: **91 Minuten, 2502 m**; Format: **35 mm**; Farbe; 1:1.66; FSK: **10.07.1968**; **39314**; **16 nff**; Uraufführung: **15.08.1968 Mathäser Filmpalast, München**; TV-Erstsendung: **08.02.1986 SAT 1**; Englischer Titel: **Death in a Red Jaguar**

Die Personen und ihre Darsteller

Jerry Cotton: **George Nader (dt. Spr.: Gert Günther Hoffmann)**; Phil Decker: **Heinz Weiss**; Linda Carp: **Grit Böttcher**; Mr. Clark: **Friedrich Schütter**; Steve Dillagio: **Harry Riebauer**; Doc Saunders: **Carl Lange (Spr.: Arnold Marquis)**; Francis D. Gordon: **Giuliano Raffaelli (Spr.: Arnold Marquis)**; Ann Gordon: **Karin Schröder (Spr.: Marianne Lutz)**; Mr. Peter Carp: **Kurt Jaggberg**; Hank Shuman: **Charles M. Wakefield**; Jane Gordon: **Manuela Schmitz**; Sam Parker: **Herbert Stass**; Ria Payne: **Daniella Surina (Spr.: Beate Hasenau)**; Mrs. Cunnings: **Ilse Steppat (Spr.: Gisela Reissmann)**; Eve Cunnings: **Britt Lindberg**; Davis:

Gert Haucke; Assistentin bei Saunders: Susanne Hsiao;
Jackson: Hans Epskamp (Spr.: Gerd Martienzen); Bruce
Baxter: Giorgio B. Bogino (Spr.: Wolfgang Amerbacher);
Telefonstimme: Rainer Brandt sowie Rinaldo Zamperla,
Hubert Mittendorf, Frank Nossack, Doris Steinmüller und
als Gast: Robert Fuller (dt. Sprecher: Joachim Ansorge)
als Charly

Der unscheinbare Mr. Davis klingelt bei Familie Gordon. Kurz darauf sind Ann Gordon und ihre kleine Tochter Jane tot. Jerry Cotton ist bereits mit weiteren Beamten am Tatort zu Gange. Aufgrund von Gerüchten über die kriselnde Ehe der Gordons gerät zunächst der Ehemann Francis Gordon unter Jerrys Verdacht. Dieser lebt jedoch auf der anderen Seite der Staaten, in Los Angeles, und hat somit ein unumstößliches Alibi. Darüber hinaus hat er den Privatdetektiv Sam Parker auf den Mörder seiner Familie angesetzt, was die Verdachtsmomente gegen ihn zusätzlich entkräftet.

Sam Parker und Jerry Cotton sind Freunde und kennen sich schon ewig. Sie treffen sich, um den Fall zu beraten. Bald sehen sie in dem Fall die geplante Tat einer Verbrecherorganisation.

Und wieder ein Mord, scheinbar in gleicher Weise ausgeführt. Diesmal traf es den Prokuristen Jackson, der als Hauptzeuge in einem Prozess gegen seinen Chef Peter Carp geladen war. Als ersten und vorerst einzigen Ermittlungsansatz stellt Cotton fest, dass sowohl Francis Gordon als auch Peter Carp Mitglieder im selben Golfclub sind. Als Cotton nach abgeschlossener Befragung Peter Carps Haus verlassen will, wird er von Carps Frau Linda um Hilfe gebeten. Sie spricht Cotton gegenüber von ihrer nagenden, beständigen Angst, in Gefahr zu sein, ohne einen konkreten Anlass nennen zu können. Cotton und Mr. Carp verabreden sich zu einem Treffen.

Kurz darauf besteigt Linda Carp ein Taxi, das zu ihrem Unglück von Mr. Davis gelenkt wird. Gerade noch rechtzeitig kann Cotton, der dem Wagen gefolgt ist, Linda aus dem Wagen reißen und sie damit vor der von Davis auf sie gerichteten Pistole retten. In diesem Moment fährt ein Auto vorbei, aus dessen Inneren ein Schuss abgefeuert wird. Mr. Davis ist tot. Cotton folgt dem Wagen bis zu einem Güterbahnhof, auf dem es zu einem zähen Kampf mit den Autoinsassen kommt. Die mit Polizeiuniformen bekleideten Männer können Cotton überwältigen und an einen Waggon binden. Phil Decker, von Linda zur Hilfe gerufen, erscheint in letzter Sekunde und kann ihn befreien. Linda berichtet von Davis' Bemerkungen über einen gewissen »Doktor«, die aber vorerst rätselhaft bleiben.

Da Linda in großer Gefahr schwebt, hält Cotton es für das Beste, wenn sie vorerst bei Sam Parkers Sekretärin Ria untertaucht. Obwohl niemand außer den Beteiligten von diesem Plan wissen kann, wird Linda kurz darauf an Rias Wohnungstür erschossen. Und noch ein Doppelmord – Mr. Davis' Wirtin und ihre Tochter sind tot. Kurz bevor sie stirbt, kann sie Cotton noch den Namen Saunders nennen, hinter dem vermutlich Mr. Davis' Auftraggeber steht. Um der Bande endlich auf die Schliche kommen zu können, kann der nächste Schritt Cottons nur ein sehr gefährlicher sein. Er muss das Augenmerk der Verbrecher auf sich lenken und sie derart provozieren, dass er unweigerlich auf deren Abschussliste stehen muss.

Jerry Cotton vermutet, dass Dr. Saunders durch seine hypnotischen Fähigkeiten Menschen gefügig macht und diese zu mörderischen Werkzeugen umprogrammiert. Sam Parker wird daher von Cotton dazu gebracht, über Saunders einen Killer zu engagieren. Harry, so der Name des Killers, der bereits bei Rias misslungenem Mordversuch in Erscheinung getreten ist, wird von Saunders gelenkt. Jerrys Hoffnung besteht darin, Einfluss auf Harry zu gewinnen, um ihm seinerseits Befehle erteilen zu können.

Eine Verfolgungsjagd beginnt. Jerry fährt in seinem roten Jaguar voraus, während Harry ihm wie erwartet folgt. Aber noch ein dritter Wagen beteiligt sich an diesem Spiel. Gelenkt wird dieser vom großen Boss, der sich höchstpersönlich vom Tod seines Erzrivalen überzeugen will. Es kommt zum Schusswechsel zwischen Cotton und Harry, in dessen Folge Jerry zusammenbricht. Jedoch hat Harry gemäß Cottons Weisungen Platzpatronen anstatt echter Munition verwandt. Im geeigneten Augenblick springt Cotton auf und überwältigt den Boss. Jerry ist erschüttert, denn der Verbrecher ist Sam Parker. (bd)

Pressestimmen

»Regisseur Dr. Harald Reinl inszenierte auch diese Cotton-Story, die an Action nichts zu wünschen übrig lässt. Obwohl hier an Tempo und Einfällen nicht gespart wurde, reicht es doch nur für eine mäßige Unterhaltung. Jerry the Greatest!« *Filmblätter 211/1968*

»Der Regisseur Harald Reinl mixte aus amerikanischem Material und Aufnahmen aus Europa ein interessantes Milieu; die Übergänge sind kaum erkennbar. Der Autor Alex Berg ersann für George Nader die notwendige Folge gefahrvoller Situationen; dass der äußerliche Effekt oftmals den Vorrang vor der inneren Logik hat, gehört nun einmal zum Bild solcher Filme, deren Stammpublikum das allzu Happige mit verzeihender Heiterkeit zu quittieren pflegt.« *Filmecho/Filmwoche Nr. 67 vom 21.08.1968*

»Fernsehstar George Nader mimt wieder den unverwundbaren, mit einer untrüglichen Witterung versehenen Top-Mann des FBI. Er muss sich einige Brutalitäten gefallen lassen, denn die Agentenwelle mit ihren harten Umgangsformen hat augenscheinlich auch Auswirkungen auf die zunächst zurückhaltende Cotton-Serie gehabt. Anspruchsvollen Filmbesuchern wird die Machart zu nachlässig und die Spannung zu vordergründig sein.« *Filmdienst Köln Nr. 35 vom 27.08.1968*

BRD, 1968/69

Regie: HARALD REINL; Regie-Assistenz: CHARLES M. WAKEFIELD; Script und Synchronschnitt: RENATE WILLEG; Drehbuch: **Rolf Schulz, Christa Stern nach einem »G-man Jerry Cotton«-Roman aus dem Bastei-Verlag Gustav H. Lübbe, Bergisch Gladbach**; Kamera: **Heinz Hölscher**; Kamera-Assistenz: **Wolfgang Brier, Winfried Esch**; Ton: **Gerhard Birkholz**; Schnitt: **Gisela Haller**; Bauten: **Ernst H. Albrecht**; Pyrotechnik: **Ing. Franz Wilhelm**; Requisiten: **Ernst Krienelke, Hans Zillmann, Gerhard Lück**; Masken: **Dorian Meesen, Fritz Havenstein, Karin Redus**; Kostüme: **Irms Pauli**; Garderobe: **Helmut Preuss, Mascha Markwordt**; Musik: **Peter Thomas**; Standphotos: **Rolf Ambor**; Produktion: **Eine Constantin-Filmproduktion der Terra-Filmkunst und Allianz-Filmproduktion GmbH, Berlin/West**; Gesamtleitung: **Heinz Willeg**; Produktionsleitung: **Lutz Winter**; Aufnahmeleitung: **Hans-Joachim Bracht, Karl H. Menzinger**; Special Effects: **Ing. Franz Wilhelm**; Waffen: **Walter Sefke**; Karate-Center: **Georg F. Brückner**; Herstellungsleitung: **Lilo Pleimes**; Drehzeit: **18.11.1968 – 23.01.1969**; Atelier: **Ufa-Studio, Berlin Tempelhof**; Außenaufnahmen: **New York, Las Vegas, Hamburg, Berlin**; Erst-Verleih: **Constantin Film, München**; Weltvertrieb: **Exportfilm Bischoff & Co. GmbH, München**; Länge: **89 Minuten, 2445 m**; Format: **35 mm**; Farbe: **1:1.66**; FSK: **13./ 21.03.1969; 40423; 16 nff**; Uraufführung: **26.03.1969 Universum, Stuttgart**; TV-Erstsendung: **25.01.1986 SAT 1**; Englischer Titel: **Broadways Deadly Gold**

Die Personen und ihre Darsteller

Jerry Cotton: **George Nader (dt. Spr.: Gert Günther Hoffmann)**; Phil Decker: **Heinz Weiss (Spr.: Jürgen Thormann)**; Cindy Holden: **Heidy Bohlen (Spr.: Almut Eggert)**; Costello: **Mihail Baloh (Spr.: Edgar Ott)**; Alice Davis: **Michaela May (Spr.: Ursula Herwig)**; Woody Davis: **Horst Naumann**; Mr. Ross: **Konrad Georg (Spr.: Paul Wagner)**; Butler Robin: **Herbert Fux (Spr.: Christian Rode)**; Hairy: **Manfred Reddemann (Spr.: Michael Chevalier)**; Dick: **Karl-**

Costellos Bande verübt einen Überfall im Hafen von New York und erbeutet dabei Goldbarren im Wert von fünf Millionen Dollar. Allerdings scheint die Beute spurlos verschwunden zu sein. Selbst die Gangster von Costellos Bande sind ratlos.

Der einzige, der über den Verbleib des Goldes Bescheid wusste, war ein Maulwurf. Johnny Peters ist vom FBI in die Costello-Gang eingeschleust worden, um diese im geeigneten Moment auffliegen zu lassen. Jetzt ist Peters tot – kurz vor seiner geplanten Festnahme von Costello erschossen. Während sich der festgenommene Costello auf dem Weg ins Gefängnis befindet, wird er von Mitgliedern einer anderen Bande befreit. Diese interessieren sich ebenfalls für das erbeutete Gold und erhoffen sich von Costello Hinweise auf dessen Verbleib.

Jerry Cotton und Phil Decker übernehmen den Fall. Um mehr über Costello in Erfahrung zu bringen, wenden sie sich zunächst an Cindy, die Freundin von Johnny Peters. Cotton ist überzeugt davon, dass Costello mit Cindy Kontakt aufnehmen wird, da dieser davon ausgehen muss, dass Cindy das Goldversteck kennt. Und tatsächlich klingelt alsbald das Telefon.

Inzwischen wird ein vom Erfolg nicht gerade verwöhnter Schönheitschirurg ermordet. Offenbar steht dieser Mord im Zusammenhang mit Costellos Verschwinden. Mit ziemlicher Sicherheit hat dieser sich sein Gesicht umoperieren lassen.

Cindy, die sich mit Costello verabredet hatte, trifft an dem vereinbarten Ort wider Erwarten auf die andere Bande. Sie wird von dieser verschleppt, um ihr eine metallhaltige Lösung zu injizieren, damit sie per Peilsender geortet und verfolgt werden kann. In der Hoffnung, so auf Costellos Spur zu kommen, wird die junge Frau wieder frei gelassen.

Nun haben Jerry Cotton und Phil Decker alle Hände voll zu tun. Es gilt, Cindy und das Gold zu finden sowie die Bande zu stellen und die in diesem Zusammenhang begangenen Morde aufzuklären. Es entbrennt ein Kampf – Jeder gegen Jeden. Die Banden gegeneinander, die jeweiligen Bandenmitglieder unter sich. Jeder will die Beute für sich allein. Es ereignen sich die verschiedensten Desaster und ein Mann mit unbekanntem Gesicht tritt auf den Plan.

Schließlich kommt es zum Showdown im Hafen. Ein gnadenloser Kampf entbrennt zwischen beiden Banden und dem FBI, an dessen Ende nur Jerry und Costello mit seiner Geisel Cindy übrig bleiben. Costello wähnt sich als Sieger, zumal er ahnt, wo sich das Gold befinden könnte. Jerry hingegen weiß es ganz sicher von einem der Beteiligten, von seinem Freund Johnny Peters, obwohl dieser von Costello erschossen worden war. Am Ende wird der Gangster von den Golbarren erschlagen. (bd)

Pressestimmen

»Regisseur Harald Reinl inszenierte den Thriller mit gewohnter Routine, wobei auffällt, dass die deutsche Spielart der internationalen Krimis Action über Psychologie dominieren lässt. George Nader ist als bester Mann des FBI fast immer Herr der Lage, und wenn er gelegentlich zusammengeschlagen wird, schüttelt er sich wie ein schöner Kater und ist schnell wieder topfit. Alles in allem: Die *Todesschüsse am Broadway* fallen genau nach dem Gusto des verehrlichen Publikums.« *Filmblätter 86/1969*

»Das nunmehr achte Jerry-Cotton-Abenteuer erfreut durch ein paar neue Details im amerikanischen Räuber-und-Gendarm-Spiel. Hauptdarsteller George Nader, hierzulande von der Rolle kaum noch zu trennen, gibt – ebenso wie die Fließband-Story – den Anhängern dieser FBI-Serie just jenen Markenartikel-Standard, der erwartet wird.« *Filmecho/Filmwoche Nr. 31 vom 16.04.1969*

»Groschenheft-Idol Jerry Cotton ist wieder einmal im Einsatz für Gerechtigkeit und Ordnung, bleibt dabei stets dezent modisch und sauber wie aus der Reinigung. Cotton stolpert eifrig in die Unternehmungen der Verbrecher, gibt sich gelassen und hat keine Ahnung, dafür ein paar bemüht muntere Sprüchlein für Phil Decker, den müden Spätzünder. Zur Abwechslung wohl und damit die Bösewichte Jerry mal hart anfassen dürfen, unterlaufen ihm grobe Schnitzer. Doch selbst das besteht er mit Gelassenheit. Insgesamt: die alte Masche, aber ohne rechte Spannung. Daran ändern auch die mitunter brutalen Szenen nichts, und auch nicht die Leiden einer vollbusigen Schönen, die von unangenehmen Typen verhört und geängstigt wird. Anspruchsloser Krimi der Jerry-Cotton-Serie.« *Filmdienst Köln Nr. 15 vom 08.04.1969*

 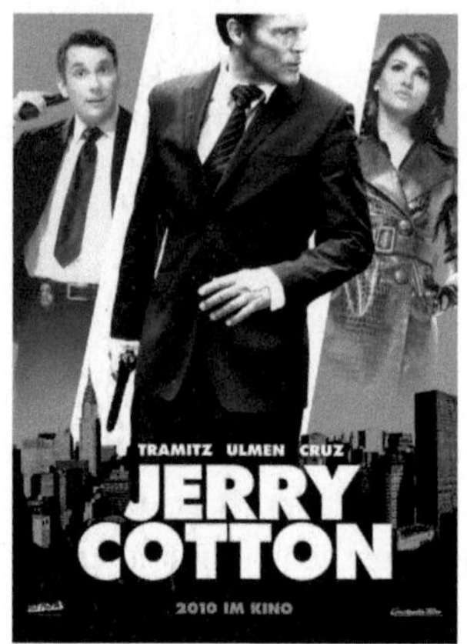

BRD, 2010

Regie: **Cyrill Boss, Phillip Stennert**; Regie-Assistenz:
Christopher Doll; Schnitt: **Stefan Essl**; Drehbuch:
Cyrill Boss, Philipp Stennert; Kamera: **Torsten Breuer**;
Kamera-Assistenz: **Alexander von Wasielewski, Matthias
Wrage**; Ton: **Manfred Banach**; Schnitt: **Stefan Essl**;
Szenenbild: **Matthias Müsse**; Pyrotechnik: **Lange Special
Effects**; Requisiten: **Andreas Horstmann, Daniel
Sandberg, Joachim Keppler**; Maskenbild: **Georg Korpás,
Christina von Bülow, Irina Tübbecke, Mieke Willaert**;
Kostümbild: **Janne Birck**; Garderobiere: **Isabelle von
Maltzahn**; Musik: **Helmut Zerlett, Christoph Zirngiebel**;
Standphotos: **Marco Nagel**; Produzent: **Christian Becker**;
Produktion: **Rat Pack Filmproduktion GmbH**; Herstellungs-
leitung: **Oliver Nommsen, Bernhard Thür**; Produktions-
leitung: **Uli Fauth**; Aufnahmeleitung: **Natalie Clausen**;
Special Effects: **Lange Special Effects**; Drehzeit:
21.04.2009 – 26.06.2009; Atelier: **Studio Babelsberg
AG**; Drehorte: **Berlin, Hamburg, New York**; Erst-Verleih:
Constantin Film, München; Weltvertrieb: **Beta Film
GmbH**; Länge: **99 Minuten, 2.747m**; Format: **35 mm; Farbe**;
FSK: **12**; Uraufführung: **01.03.2010 Mathäser Filmpalast,
München**

Die Personen und ihre Darsteller

Jerry Cotton: **Christian Tramitz**; Phil Decker: **Chris-
tian Ulmen**; Malena: **Mónica Cruz** (dt. Spr.: **Katrin
Fröhlich**); Daryl D. Zanuck: **Christiane Paul**; Klaus
Schmidt: **Heino Ferch**; Mr. High: **Herbert Knaup**; Sammy
Serrano: **Moritz Bleibtreu**; Mr. High´s Sekretärin:
Zulma Angelica; Ruby: **Jürgen Tarrach**; Susan: **Leonie
Brandis**; Les Bedell: **Ben Braun**; Larry Link: **Peter
Brownbill**; Sunny Dollar: **Jaymes Butler**; Mr. Landis:
Harald Glitz; Barmann: **Christoph Maria Herbst**; Agent
Peggy Martin: **Anna Julia Kapfelsperger**; Photore-
porter: **Tobias Kasimirowicz**; Joe Brandenburg: **Günther
Kaufmann**; Helen: **Nele Kiper**; Gangster im Rollstuhl:
Nenad Lucic; Reporter Max: **Alexander Wolf**; Agent Jimmy

Sammy Serrano, »der Puppenspieler«, ist tot. Im Schlaf getroffen von zwei Kugeln. Als Jerry Cotton an den Tatort gerufen wird, hat er seit 49 Stunden nicht geschlafen. Eben noch lag er auf einem Förderband, das ihn mittels einer Metallpresse ins Jenseits befördern sollte. Jedoch hatten die Geiselnehmer um Sunny Dollar nicht mit Cottons Schlagkraft gerechnet. Nun also steht Cotton vor der Leiche seines alten Bekannten Sammy Serrano. Jahrelang hatte Cotton versucht, ihn wegen des States-Union-Bankraubs hinter Schloss und Riegel zu bringen. Aus Mangel an Beweisen wurde er jedoch freigesprochen, und der Verbleib des geraubten Goldes konnte niemals aufgedeckt werden. Serrano hatte offenbar vorgehabt, das Land für immer zu verlassen. Sein gesamter Besitz inklusive mehrerer Nobelkarossen wartete bereits abholbereit in einer Lagerhalle der New Yorker Hafenzollbehörde.

Anlässlich einer Pressekonferenz in der FBI-Zentrale werden Jerry Cotton die Ermittlungen im Serrano-Mordfall übertragen. Bevor er sich jedoch in die Arbeit stürzen kann, drückt ihm sein Boss Mr. High einen neuen Kollegen aufs Auge, da sein alter Partner Agent Conroy bei der anfänglichen Geiselbefreiung schwer verletzt worden war. Cotton kann seine Abneigung gegen Phil Decker, so der Name des Neuen, nicht verhehlen. Das unerfahrene, tollpatschige Plappermaul kann weder schießen noch verfügt er über jegliche Fähigkeiten, die einem FBI-Agenten zueigen sein sollten. Deckers einzige Qualifikation besteht in seinem Vater, einem einflussreichen Politiker, bei dem Mr. High sich einschleimen möchte. Aber Phil Decker ist ein Meister der Verkleidung, eine Eigenschaft, die Jerry noch von großem Nutzen sein wird.

Als Cotton in der folgenden Nacht sinnierend in seinem Appartement sitzt, erscheint ihm der tote Serrano, um ihn vor weiteren Ermittlungen in seinem Fall zu warnen. Gleichzeitig begegnet die Tänzerin Malena einer düsteren Gestalt, die sich als neuer »Puppenspieler« ausgibt. Er instruiert sie über die Verschiebung des Unternehmens »Medici« um einen Tag, da Cotton ihnen auf den Fersen ist.

Am nächsten Tag gibt Agent Decker auf einer Konferenz im FBI-Hauptquartier eine Zusammenfassung der bisherigen Fakten und schlägt die Taktik für das weitere Vorgehen vor. Da die einzige Spur zum Nachtclub *Cristallo* führt, den Serrano scheinbar kurz vor seinem Tod angerufen hatte, soll Cotton sich unbewaffnet und inkognito in jenes Etablissement begeben, während Decker über Funk Kontakt zu ihm hält.

Natürlich verläuft schon das Betreten des Nachtclubs nicht reibungslos. Da Cotton das für den Zugang notwendige Codewort vergessen hat, bedient er sich der Fäuste, um sich Eintritt zu verschaffen. Dabei verliert er die Funkverbindung zu Agent Decker.

Im *Cristallo* begegnet Jerry der ebenso schönen wie geheimnisvollen Malena, der er vorgibt, einen Job zu suchen. Malenas Angebot, ihn ihrem Boss vorzustellen, entpuppt sich als Falle, und Jerry wird niedergeschlagen. Während Decker auf Mr. Highs Desinteresse stößt, als er ihm vom verlorenen Funkkontakt zu Jerry berichtet, erwacht jener im Hinterzimmer des *Cristallo* langsam aus seiner Ohnmacht. Ruby, der sich als Boss ausgibt, befragt Jerry unsanft zu seiner Verkleidung und dem Grund seines Besuchs. Mit Humor und Fantasie kann Jerry sich aus der brenzligen Situation retten und erhält sogar einen ersten kleinen Botenauftrag. Agent Decker, der von seinem Wagen aus noch immer verzweifelt versucht Jerry zu erreichen, beobachtet diesen beim Verlassen des Etablissements und folgt ihm.

Jerry erreicht das Haus, in dem er den Brief für Ruby überbringen soll. Decker geht ihm nach und ihm folgt ein Team von FBI-Leuten, das Mr. High zu Deckers Unterstützung hat zusammenstellen lassen. Mit großem Erstaunen bemerkt Jerry, dass es sich bei der Übergabeadresse des Umschlags um die Wohnung seines früheren Partners Ted Conroy handelt. Alsbald muss er feststellen, dass Conroy durch ein Fenster seiner Wohnung gestoßen wurde und nun tot auf der Straße liegt. Jerry muss erkennen, dass er in eine Falle geraten ist. Dies umso mehr, als sich in dem zu überbringenden Umschlag eine FBI-Akte befindet, die ihn, Jerry Cotton, als Mörder von Serrano erscheinen lässt. In diesem Moment betritt Decker die Wohnung. Jerry versucht vergeblich, ihn von seiner Unschuld zu überzeugen. Als Decker auf der Herausgabe von Jerrys Waffe besteht und ihn festnehmen will, kann Jerry ihn überwältigen und fliehen.

Daryl Zanuck betritt die Bildfläche. Sie war Cottons Partnerin bei der Jagd auf Serrano und ist nun Chefin der Dienstaufsichtsbehörde des FBI. Sie konfrontiert FBI-Boss High mit einem Bericht Ted Conroys, in dem der Mord an Serrano als Endpunkt von Cottons Rachefeldzug gegen den »Puppenspieler« dargestellt wird. Mr. High ist von Cottons Unschuld überzeugt, wird jedoch von Zanuck mit schlechter Publicity bedroht, falls er nicht kooperiert. Er leitet die Ermittlungen gegen seinen besten Mann in die Wege. Zunächst wird Cottons Appartement gestürmt und durchsucht. Jerry, der dieses Vorgehen aus der Ferne beobachtet, erkennt seine ehemalige FBI-Partnerin und hält sie für sein nun größtes Problem. Jerry hat nicht viel Zeit und nur eine Spur – in der Person von Malena. Um ihr zu folgen, versteckt er sich im Kofferraum ihres Wagens, wird dabei aber von zwei FBI-Agenten beobachtet. Diese nehmen zwar zunächst die Verfolgung auf, ihre Unfähigkeit jedoch lässt sie bald scheitern.

Malena begibt sich ins *Hotel Alabama*, wo sie die Gangster aus dem Nachtclub trifft. Jerry folgt ihr in angemessener Entfernung und will an der Rezeption Erkundigungen über diese einholen. Jedoch wird er vom Rezeptionisten anhand eines Fahndungsphotos erkannt und muss vorerst flüchten. Da ihm klar wird, dass er allein keine Chance hat, überredet er den mittlerweile beurlaubten Decker zu einem geheimen Treffen im Sexkino *Fantastic Voyage*. Decker beschließt, Cotton zu helfen.

Zunächst schleust er ihn mit Hilfe seiner Dick-Diamond-Verkleidung ins *Hotel Alabama* ein, wo beide eine Wanze im Zimmer der Gangster installieren. Beim Abhören derselben erfahren sie vom Projekt »Baby Jane«. Zudem werden sie Zeugen einer Auseinandersetzung zwischen den Ganoven, in deren Verlauf Bandenchef Klaus Schmidt Malena des Verrates verdächtigt. Zanuck und ihren Leuten wird schnell klar, dass Cotton und Decker sich im Hotel aufhalten. Sie treffen auf die beiden, als diese im Begriff sind, Klaus Schmidt und seine Bande zu verfolgen. Cotton und sein Partner können ihrer Verhaftung durch einen beherzten Sprung durchs Treppenhaus entgehen.

Cotton und Decker folgen der Bande in die berüchtigte Verbrecherbar *Dead End*. Gerade als sie die von Klaus Schmidt befohlene Hinrichtung Malenas im Keller vereiteln wollen, werden sie von den Gangstern aus der Bar gestellt. Den drei Todgeweihten gelingt durch geschickte Ablenkung jedoch die Flucht. Dabei gerät Jerry mit Klaus Schmidt zusammen, von dem er erfährt, dass er und seine Leute für den »Puppenspieler« arbeiten. Währenddessen hat Decker sich von Malena das Fluchtfahrzeug stehlen lassen, so dass sie nun erneut der Meute gegenüber stehen. Noch einmal können sie das Unheil von sich abwenden und die Gangster darüber hinaus glauben machen, sie seien tot.

Auf seinem weiteren Weg beschließt Jerry, alleine ohne Decker weiter zu machen. In diesem Moment kommt Malena mit dem Jaguar angebraust und schlägt ein Geschäft vor. Wenn Cotton und Decker ihr helfen, Malenas Anteil an Projekt »Baby Jane« zu bekommen, unterstützt sie die beiden bei der Ergreifung des »Puppenspielers«. Malena ist als Tresorspezialistin für Operation »Baby Jane« engagiert worden. Da sie nun fehlt, braucht die Bande einen adäquaten Ersatz, wofür nur Wassilij in Frage kommen kann. Diesen suchen die drei auf, um ihn festzusetzen. Nun ist Decker gefragt. Mit einer auf die Schnelle angefertigten Wassilij-Maske getarnt begibt er sich zu Klaus Schmidt und seiner Bande, um mit diesen den Coup durchzuziehen.

Von Cotton und Malena gefolgt, dringt die Bande in die Kanalisation unter der New Yorker Hafenzollbehörde ein und begibt sich zu einer elektronisch gesicherten Gittertür. Mit Malenas Unterstützung per Funk kann Wassilij alias Phil Decker das elektronische Schloss und damit den Zugang zu einer Mauer knacken, in der das States-Union-Gold versteckt liegt. Die Bande bringt die Barren nach oben, zu den immer noch im Zolllager stehenden Luxusautos von Serrano. Während sie nach getaner Arbeit auf ihren Boss, den »Puppenspieler«, warten, verrät sich Decker durch eine unbedachte Äußerung, worauf sich die Pistolen der umstehenden Gangster auf ihn richten. Schüsse fallen. Diese treffen jedoch nicht Decker, sondern die Bösewichte Klaus Schmidt, Rocco und Ruby.

Jerry indes hat sich inzwischen von Malenas Reizen überrumpeln lassen und wird nun ohnmächtig in der Kanalisation liegend von Decker gefunden. Nachdem Jerry erwacht ist, gehen beide gemeinsam zurück in die Lagerhalle, wo sie von einem Kugelhagel erwartet werden. Als Jerry erkennt, dass Zanuck der Schütze ist, wird ihm plötzlich klar, das sie damals mit Absicht die Akten im Serrano-Fall hat verschwinden lassen, um so an das Goldversteck gelangen zu können. Jerry und Decker gelingt es gemeinsam, Zanuck, die »Puppenspielerin«, zu besiegen. (bd)

Pressestimmen

»In der Gag-gespickten und Action-geladenen neuen Leinwandadaption des kultigen Groschenheft-Agenten Jerry Cotton stellen sich Christian Tramitz und Christian Ulmen als neues Buddy-Traumpaar vor. Im Gegensatz zum ›WiXXer‹-Film von Produzent Christian Becker und den Regisseuren Cyrill Boss und Philipp Stennert handelt es sich nicht um eine Parodie, sondern eine Buddy-Action-Komödie, mit augenzwinkernden Anleihen an ›Men in Black‹ oder der klassischen Showdownszene in ›Zwölf Uhr mittags‹.« *VideoMarkt März 2010*

»... Der Look des Films, die Kulissen, die Kostüme, die Mischung aus retro und modern begeistern, jedes Bild wirkt wie komponiert und kann sich mit internationalen Maßstäben messen lassen.« *Cinema März 2010*

»Das klingt eigentlich sehr vielversprechend, reizt auf der Leinwand aber erstaunlich schnell zum Gähnen. An den liebevollen Ausstattungsdetails und der Besetzung liegt es nicht: Christian Tramitz leiht dem hellwachen FBI-Ermittler sein durch nichts aus der todernsten Fassung zu bringendes Gesicht, Christian Ulmen schlüpft als sein grünschnäbeliger Assistent in verschiedene Kostüme und probiert die allerdings etwas zu großen Schuhe von Peter Sellers an, und auch sonst tritt beinahe alles auf, was in deutschen Filmkomödien oder dem Sitcom-Fernsehen Rang und Namen hat. Einzig ein gutes Drehbuch fehlt: Die »Wixxer«-Autoren Oliver Kalkofe, Bastian Pastewka und Oliver Welke sind dieses Mal lediglich als Gaststars dabei, und Boss und Stennert können sie nicht annähernd ersetzen. Wenn Jerry Cotton am Ende endlich ins Reich der Träume findet, sind wir ihm schon ein gutes Stück voraus.« *Berliner Zeitung 11.03.2010*

»Cyrill Boss' und Phillip Stennerts Krimi-Klamauk »Jerry Cotton« reicht nicht an ihren stilistisch vergleichbaren Vorgängerfilm ›Neues vom WiXXer‹ heran, weil trotz ansprechender Optik und eines gewissen Trashcharmes die Gagquote zu niedrig ausfällt und das Ziel, eine reine Action-Komödie an den Start zu bringen, verfehlt wird.« *Filmstarts.de*

»Nicht alle Wortwitze zünden, nicht immer trifft der Humor ins Schwarze, aber das Genre wird trotzdem gut bedient und wer nicht ganz ausgeschlafen ist, kann der Handlung dennoch ohne Mühe folgen. Es wird nicht viel experimentiert, sondern es geht um leichte Kost, um Unterhaltung. Der Plot bzw. das Handlungsmuster ist quasi von den Comic-Vorlagen ohnehin vorgeben und der Held hat einen seiner Fälle in bewährter Weise zu lösen. Jerry Cotton (tapfer und gut: Christian Tramitz) kämpft sich trotz Schlafentzug durch ein neues Abenteuer. Dass er von Phil Decker (Christian Ulmen) unterstützt wird, geht ihm (und dem Publikum) anfangs etwas auf die Nerven - aber man gewöhnt sich daran. Überhaupt gibt es an der erstklassigen Besetzung mit deutschen Schauspielern nichts auszusetzen. Von Moritz Bleibtreu (Sammy Serrano) über Herbert Knaup (John High) bis Heino Ferch (Klaus Schmidt) sind auch die Nebenrollen gut besetzt. Zudem bereichert aus der internationalen Riege unter anderen Monica Cruz (Malena) das Ensemble. Die bekannten und bewährten Stilmittel der Komödie kommen gekonnt zum Einsatz. Zitate aus dem Action-Kino werden aufgegriffen (z. B. freier Fall durchs Treppenhaus aus ›The Bourne Identity‹). Musikalische Akzente muntern auf. Sound-Designer und Maskenbildner leisten solide Arbeit. Sehenswerte Locations bilden den Drehort. Damit kommt durchaus ein hinreichender Unterhaltungswert zustande, der der Erwartungshaltung der Zuschauer entsprechen dürfte. Freilich fragt man sich, ob diese Art der Heldengeschichte in diesem Milieu noch den aktuellen Zeitgeist trifft – also ob diese Masche im 21. Jahrhundert bzw. bei einer jungen Generation von Kinobesuchern noch zieht. Die Mehrheit der FBW-Jury fand den Film in der Regie von Cyrill Boss und Philipp Stennert durchaus gelungen und stimmte für das Prädikat wertvoll.« *Deutsche Film- und Medienbewertung (FBW)*

George Naders parallel entstandene Constantin-Filme

Während seines Exklusivvertrags mit *Constantin Film* war es George Nader erlaubt, neben *Jerry Cotton* auch andere Filme drehen. *Constantin* musste dazu die Zustimmung erteilen, was grundsätzlich kein Problem war, denn die Filme sollten ebenfalls im *Constantin-Filmverleih* erscheinen. Nur einmal war es Nader nicht möglich, einen anderen Film zu drehen. Es handelte sich hierbei um die James-Hadley-Chase-Verfilmung *Lotosblüten für Miss Quon*, unter der Regie von Jürgen Roland. Zum einen lag es daran, dass der Film bei der Konkurrenz im *Gloria-Filmverleih* erscheinen sollte, was aufgrund einer Abfindung für *Constantin* durchaus möglich gewesen wäre. Das Hauptproblem lag aber an den Terminüberlappungen der Chase-Verfilmung mit *Der Mörderclub von Brooklyn*. Die Dreharbeiten des Cotton-Films begannen am 14. November 1966 und endeten kurz vor dem Jahreswechsel 1966/67. *Lotosblüten für Miss Quon* hatte am 21. November 1966 Drehbeginn und wurde erst Anfang 1967 beendet. So zerschlug sich erneut eine Zusammenarbeit zwischen George Nader und Jürgen Roland, da dieser zwar für *Der Mörderclub von Brooklyn* als Regisseur erste Wahl war, aber der Chase-Verfilmung den Vorzug gab. Auch für die dritte Dr.-Fu-Man-Chu-Verfilmung *Die Rache des Dr. Fu Man Chu* war Nader als FBI-Agent Mark Westen vorgesehen. Die Dreharbeiten überschnitten sich ebenfalls mit *Der Mörderclub von Brooklyn*, so dass es Nader auch nicht vergönnt war, neben Christopher Lee aufzutreten.

Dennoch realisierte George Nader während seines Constantin-Exklusivvertrags drei Filme außerhalb der Jerry-Cotton-Reihe. Diese sind: *Sumuru – Die Tochter des Satans* (1966), *Das Haus der tausend Freuden* (1967) und *Radhapura – Endstation der Verdammten* (1968). Alle drei Filme waren zwar keine Kassenknüller wie die Cotton-Filme, aber dennoch Achtungserfolge für George Nader in Deutschland. Das vor allem, weil die ersten beiden Filme nur eine FSK-Freigabe ab 18 Jahren hatten, was die jugendlichen Fans hinderte, ihren »geliebten« George Nader auch außerhalb der Cotton-Serie zu bewundern. Die drei Filme werden im Folgenden vorgestellt.

(The Million Eyes of Sumuru)
GB/BRD, 1966

Regie: **Lindsey Shonteff**; Künstlerische Leitung: **Scott MacGregor**; Drehbuch: **Kevin Kavanagh nach einer Original-story von Peter Welbeck (d.i. Harry Alan Towers), nach den Romanen und Romanfiguren von Sax Rohmer**; Kamera: **John von Kotze**; Bauten: **Scott MacGregor**; Schnitt: **Alan Morrison**; Ton: **Brian Marshall**; Musik: **Johnny Scott**; Produktionsleitung: **Terry Bourke**; Herstellungsleitung: **Harry Alan Towers**; Atelier: **Shaw-Brother Studios, Hongkong**; Außenaufnahmen: **Hongkong**; Produktion: **Towers of London, Sumuru-Films Ltd., London im Auftrag der Constantin-Film, München**; Produzent: **Harry Alan Towers**; Erstverleih: **Constantin-Film, München**; Weltvertrieb: **Export-Film Bischoff & Co., München**; Länge: **80 Minuten, 2181 m**; FSK: **18 nff**; Format: **35 mm; Farbe, TechniScope, 1:2.35**; Uraufführung: **14.07.1967**

Die Personen und ihre Darsteller

Nick West: **George Nader (dt. Sprecher: Hellmut Lange)**; Tommy Carter: **Frankie Avalon (dt. Sprecher: Horst Sacht-leben)**; Sumuru: **Shirley Eaton**; Präsident Boong: **Klaus Kinski (Sprecher: Werner Uschkurat)**; Colonel Anthony Baisbrook: **Wilfrid Hyde-White (dt. Sprecher: Thomas Reiner)**; Louise: **Patti Chandler**; Helga: **Maria Rohm**; Mikki: **Salli Sachse**; Zoe: **Krista Nell**; Erno: **Ursula Rank**; Inspektor Koo: **Paul Chang (dt. Sprecher: Norbert Gastell)**; Kitty: **Essie Huang**; Colonel Medika: **Jon Fong** sowie die Sumuru-Wache: **Denise Davreux, Mary Cheng, Jill Hamilton, Lisa Grey, Christine Lok, Margret Cheung, Louise Lee**

Medika, Chef der sinonesischen Sicherheitspolizei, ist ermordet worden. Er befand sich auf Weltreise und hielt sich gerade in Rom auf, als er seinem Tod begegnete. Der Diplomat Colonel Baisbrook kann den in Italien lebenden Amerikaner Nick West überreden, die Ermittlungen in dem Mordfall zu übernehmen.

Die Spur führt West gemeinsam mit seinem Freund Tommy Carter zu einer festungsgleich gesicherten Villa am Stadtrand. Hier kommen sie einer geheimen Verschwörung auf die Schliche. Ein Zusammenschluss attraktiver Frauen aus aller Herren Länder will nichts weniger als die Weltherrschaft. Dies wollen sie erreichen, indem sie sich der mächtigsten Männer bemächtigen. Sumuru, die schöne Anführerin der Bande, hat den auf dem Weg nach Hong Kong befindlichen Präsidenten Boong als nächstes Opfer auserkoren.

Nur mit knapper Not können West und Carter aus der Villa fliehen. Als sie ins Hotel zurückkehren, machen sie eine furchtbare Entdeckung. Ein schönes, junges Mädchen liegt tot in ihrem Zimmer. Offensichtlich will ihnen jemand den Mord unterschieben, um sie aufzuhalten. Kurz entschlossen fliehen die beiden nach Hong Kong, um Präsident Boong warnen zu können und damit der Frauenbande zuvorzukommen. Allein – ihr Plan misslingt. Kurz nach ihrer Ankunft am *Kai-Tak-Airport* werden sie durch einen Vorwand voneinander getrennt. Nick West wird von zwei adretten Damen zum Hafen verbracht, um die weitere Reise per Boot fortzusetzen. Ihr Ziel ist eine nahe gelegene Insel, auf der sich Sumurus Hauptquartier befindet. Hier tummeln sich unzählige Bewacherinnen aus Sumurus Garde. Einige von ihnen stellen in einem eigens dafür hergerichteten Labor perfide Waffen her, die Gegner, zum Beispiel, in Stein verwandeln können.

Ohne lange Umschweife wird Nick von Sumuru der Mord an dem jungen Mädchen in Rom vorgeworfen. Sie schlägt ihm jedoch einen Handel vor, mit dem er sich von dem Verdacht befreien kann. Sie kann Beweise für seine Unschuld erbringen, wenn er ihren Befehlen im Gegenzug widerstandslos Folge leistet. Er soll als neuer Sicherheitschef in Präsident Boongs Dienste treten und ihm ein Mädchen namens Helga vorstellen. Nick willigt in das Geschäft ein, da er auf diese Weise hofft, die Verschwörung unterwandern zu können. Jedoch scheitert die Durchführung des Vorhabens im entscheidenden Moment. Helga ist zu nervös, um die mitgeführte Waffe gegen Boong zu richten und auszulösen. Es kommt zu einem Handgemenge mit den Wächterinnen, in dessen Folge eine von ihnen versehentlich die Waffe abfeuert. Der abgeschossene Pfeil bohrt sich in Präsident Boongs Genick.

Zur Überraschung aller ist nicht Boong selbst ums Leben gekommen, sondern der Doppelgänger des Präsidenten, den dieser aus Sicherheitsgründen ständig im Einsatz hatte. Helga gelingt die Flucht von dem schrecklichen Schauplatz. Bei

Tommy Carter hofft sie, Schutz zu finden. Nick West hingegen wird auf der Insel festgehalten, kann dadurch aber Sumurus wahre Ziele aufdecken und ihr weiteres Vorgehen in Erfahrung bringen.

In der Zwischenzeit setzen Tommy und Helga die Hongkonger Polizei über die Ereignisse in Kenntnis. Sofort werden mehrere Boote zu Sumurus Insel entsandt. Trotz des sie erwartenden Feuerüberfalles kann die Polizei die Insel alsbald stürmen. Nick West kann von Tommy Carter, der sich als Agent des britischen Geheimdienstes zu erkennen gibt, aus seinem Gefängnis befreit und im letzten Augenblick gerettet werden. Nun schlagen die Flammen über zum Waffenlager in der Villa. Die Insel findet in einer gigantischen Explosion ihr Ende. Sumuru geht mit ihr unter. (bd)

Pressestimmen

»Gespielt wird das in den chromblitzenden Kulissen der modernen Agentenfilme mit dem zuverlässigen George Nader, mit Frankie Avalon als Playboy und mit der ›Königin der Nacht‹: Shirley Eaton, als Sumuru. Die groteske Karikatur des Präsidenten Boong zeichnet Klaus Kinski mit der bei ihm gewohnten Übertreibung.«
Filmecho/Filmwoche Nr. 61/62 vom 04.08.1967

»Gelegentlich unfreiwillig komisch wirkender, vorwiegend jedoch so oberflächlicher wie unangenehm brutaler Film über eine Clique von Frauen, die nach der Weltherrschaft streben, in Wirklichkeit aber dem Mann verfallen sind. In einem wilden Gemetzel zwischen Frauen und Militär enden alle Eroberungs- und Herrschaftspläne. Der aufwendig hergestellte Film ist eine ungute Mischung von Abenteuer, Politik, Brutalität und Sex, gegen die Einwände erhoben werden müssen.«
Filmdienst Düsseldorf Nr. 32 vom 09.08.1967

(House of a Thousand Dolls / La Casa de las mil munecas)
GB/ES/BRD, 1967

Regie: **Jeremy Summers**; Regie-Assistenz: **Juan Estelrich**; Drehbuch: **Peter Welbeck (d.i. Harry Alan Towers)** nach einer Story von **Maria del Carmen Martinez Roman**; Kamera: **Manuel Merino**; Bauten: **Santiago Ontanon**; Schnitt: **Alan Morrison, Hermann Storr**; Musik: **Charles Camilleri (Originalfassung), Johann von Storr (dt. Fassung)**; Aufnahmeleitung: **Tibor Reves**; Produktionsleitung: **Francesco Romero, Louis M. Heyward**; Herstellungsleitung: **Harry Alan Towers**; Atelier: **Madrid**; Außenaufnahmen: **Ceuta, Cadiz, Andalusien, Spanien, Tanger**; Produktion: **Towers of London Ltd., London/P.C. Hispamer Films, Madrid im Auftrag der Constantin-Film, München**; Produzent: **Harry Alan Towers**; Deutsche Fassung: **Berliner Union Film**; Buch und Dialogregie: **Karlheinz Brunnemann**; Erstverleih: **Constantin-Film, München**; Weltvertrieb: **München**; Länge: **90 Minuten, 2458 m**; FSK: **18 nff**; Format: **35 mm**; Farbe, **Techniscope, 1:2.35**; Uraufführung: **07.12.1967**

Die Personen und ihre Darsteller

Stephen Armstrong: **George Nader (dt. Sprecher: Christian Marschall)**; Felix Manderville: **Vincent Price (dt. Sprecher: Wolfgang Amerbacher)**; Rebecca: **Martha Hyer (dt. Sprecherin: Gisela Reissmann)**; Inspektor Emile: **Wolfgang Kieling**; Marie: **Ann Smyrner (dt. Sprecherin: Ursula Herwig)**; Diane: **Maria Rohm (Sprecherin: Marianne Lutz)**; Abdu: **Herbert Fux**; Fernando: **Sancho Gracia (dt. Sprecher: Jürgen Thormann)**; Madame Viera: **Yelena Samarina (dt. Sprecherin: Paula Lepa; Lipa: Diane Bond**; Achmed: **José Jaspo (dt. Sprecher: Gerd Duwner)**; Paul: **Luis Rivera (dt. Sprecher: Claus Jurichs)**; Salim: **Juan Olaguivel**; Liza: **Diane Bond** sowie **Andrea Lascelles, Ursula Janis, Caroline Coon, Karin Skarreso, Loli Munoz, Marisol, Jill Echols, Monique Aimé, Sandra Petrelli, Kitty Swan, Lara Lenti, Francois Fontages, Fernando Cabrian, Claudia Gravy, Milo Quesada, Nieves Salcedo**

Der Amerikaner Stephen Armstrong und die Dänin Marie sind bei ihrer Jagd auf einen Mädchenhändlerring in Tanger gelandet. Mit denselben Absichten ist auch ein Freund der beiden vor Ort. Fernando hofft hier, seine in Wien entführte Geliebte Diane wiederzufinden. Er vermutet sie als Gefangene in einem der zwielichtigen Etablissements, von denen es unzählige in der Stadt gibt. Nach langer Suche kann er Diane tatsächlich im »Haus der tausend Freuden« aufspüren. Natürlich will er sofort die Polizei alarmieren, wird aber von Diane angefleht, vorsichtig zu sein. Sie klärt ihn darüber auf, dass sie nur eine von vielen Mädchen ist, die der Varietézauberer Felix Manderville für die Mädchenhändlerbande, unter ihrem Boss »Herzkönig«, entführen ließ. Manderville und seine Partnerin Rebecca haben zu diesem Zweck einen Bühnentrick ausgearbeitet, in dessen Verlauf sie allein im Publikum sitzende Mädchen nach vorne bitten, um diese vor den Augen aller verschwinden zu lassen. Sie tauchten danach nie wieder auf, da sie sofort hinter der Bühne betäubt und anschließend weggebracht worden sind.

Die Bande bekommt Wind von Fernandos Vorhaben, zur Polizei zu gehen, und bringt ihn noch auf der Straße um. Nach Auffinden der Leiche bleibt Stephen Armstrong nur noch, die Identität des Toten zu bestätigen. Ein Porzellanpüppchen, das sich unter Fernandos Habseligkeiten findet, könnte ein Hinweis auf die Täter sein. Stephen ist entschlossen, den oder die Mörder zu fassen, nicht ohne von Kommissar Emile vor seinem eigenmächtigen Vorgehen gewarnt zu werden.

Nichts ahnend sitzt Marie in einer von Mandervilles Zaubershows und wartet auf Stephen, mit dem sie hier verabredet ist. Die Show ist in vollem Gange und Stephen noch nicht in Sicht. Im Glauben, in Marie sein neues Opfer gefunden zu haben, bittet Manderville die allein am Tisch sitzende junge Frau zu sich auf die Bühne. Stephen betritt den Ort des Geschehens, als der Zauberer gerade dabei ist, die Dame verschwinden zu lassen. Vergeblich wartet er auf die Rückkehr seiner Verabredung. Am Ende der Vorstellung will Stephen Manderville zur Rede stellen. Dieser, durch seine Assistentin Rebecca bereits informiert, lässt Marie ohne Umschweife gehen. Sie selbst glaubt, gestürzt zu sein und das Bewusstsein verloren zu haben.

Armstrong ist in keiner Weise beunruhigt. Im Gegenteil – er erzählt Manderville vom Tod seines Freundes Fernando und zeigt ihm zudem das Porzellanpüppchen. Nun sind der Zauberer und seine Leute gewarnt, und sie sehen sich zum schnellen Handeln gezwungen. Manderville bietet Stephen zum Schein seine Hilfe bei der Aufklärung des Mordes an, während Rebecca Marie ins Hotel bringt.

Die beiden Männer begeben sich in die diversen Nachtclubs der Stadt, wobei Manderville darauf bedacht ist, Stephen auf eine falsche Spur zu locken. Auf ihrem Streifzug durch die Nacht begegnet ihnen Inspektor Emile. Als sie auf einen als Straßenphotographen arbeitenden Polizeispitzel treffen, um von ihm Hinweise zu dem

Fall zu bekommen, schweigt dieser. Stephen begegnet diesem Verhalten mit Argwohn. Als er später noch einmal allein zu dem Spitzel zurückkehrt, kann er ihn nur noch tot auffinden – und die Täter erwarten ihn bereits. Nach einer wilden Jagd durch die Straßen wird Stephen von den beiden Mördern überwältigt und K.O. geschlagen.

Nachdem Stephen wieder zu sich gekommen ist, entdeckt er einen Hinweis darauf, dass Maria von den Mädchenräubern festgehalten wird. Sie wurde von Mandervilles Assistentin Rebecca in das »Haus der tausend Freuden« verbracht. Stephen ist jedes Mittel recht, um Marie zu befreien. Er droht Rebecca, sie an die Polizei zu verraten, sollte sie nicht gewillt sein, Marie gehen zu lassen. Rebecca, die dieses Schicksal schon seit längerem kommen sah, willigt ein. Am »Haus der tausend Freuden« jedoch erwartet sie der verbrecherische Zauberer, der keinesfalls gewillt ist, das Mädchen freizugeben. Mit Hilfe der herbei gerufenen Polizei verschafft sich Stephen gewaltsam Zutritt zum Gebäude. Manderville setzt sich hartnäckig zur Wehr, muss seinen Widerstand letztlich aber mit dem Leben bezahlen. Im Sterben liegend gibt er den Namen der Person preis, die die Mädchenhändlerbande anführte ... (bd)

Pressestimmen

»George Nader kommt den Verbrechern als FBI-Agent mit Hilfe seiner attraktiven ›Kollegin‹ Ann Smyrner auf die Spur. Doch bevor sie den geheimnisvollen Boss gestellt haben, haben sie Mordanschläge, Überfälle und Entführungen zu überstehen, und mysteriöse Spielkarten spielen bei der Entlarvung eine ebenso wichtige Rolle. Wolfgang Kieling ist als einheimischer Inspektor mit von der Partie. Martha Hyer und Vincent Price sind ihre geriebenen und mit allen Wassern gewaschenen Gegenspieler, Maria Rohm ein anziehendes Opfer und der herrlich abstoßende Herbert Fux pendelt zwischen beiden Fronten und muss es mit dem Leben büßen.« *Filmecho/Filmwoche Nr. 101/102 vom 22.12.1967*

»Wenn George Nader sich in seine Abenteuer stürzt, darf man neben reizvollen Schauplätzen und nicht minder attraktiven Mit- und Gegenspielerinnen auch fest mit harten Faustkämpfen, wilden Verfolgungsjagden und passenden Leichen rechnen. Männermuskeln – Mädchenhändler. Einer boxt sich durch.« *Filmblätter Nr. 29 vom Januar 1968*

»FBI-Agent hebt in Tanger den Stützpunkt eines internationalen Mädchenhändlerringes auf und entlarvt den im Hintergrund stehenden Chef. Unlogisches Krimi-Abenteuer mit kräftigen Anleihen bei Sex und Crime. Keine spannende Unterhaltung, sondern ein zweifelhaftes Vergnügen.« *Filmdienst Düsseldorf Nr. 51 vom 20.12.1967*

BRD, 1967

Regie: **Hans Albin**; Regie-Assistenz: **Ursula Honeyman,
Anura Dissa**; Drehbuch: **Rudolf Lubowski, Bob Cunningham**
nach einer Idee von Hans Albin; Kamera: **Klaus von
Rautenfeld**; Kamera-Assistenz: **Helmut Trunz, Horst Schäfer**;
Bauten: **Claudi Giambanco**; Kostüme: **Siegbert Kammerer**;
Maske: **Hans Ragner**; Schnitt: **Otello Colangeli**; Ton: **Brian
Marshall**; Musik: **Johnny Scott**; Aufnahmeleitung: **Jochen
Franck**; Herstellungsleitung: **Georges Stilly**; Atelier:
Hongkong; Außenaufnahmen: Ceylon; Produktion: **Top-Film,
München**, München unter Mitwirkung von Ceylon Tours
Ltd., Colombo; Produzent: **Georges Stilly**; Erstverleih:
Constantin-Film, München; Weltvertrieb: United Producers
Int. Inc., Rom; Länge: **80 Minuten, 2192 m**; FSK: **16 nff**;
Format: **35 mm**; Farbe, Techniscope, 1:2.35; Uraufführung:
25.07.1968

Die Personen und ihre Darsteller
Steve: **George Nader** (dt. Spr.: Gert Günther Hoffmann);
Alfredo: **Gordon Mitchell** (dt. Spr: Arnold Marquis);
Mac: **Carl Möhner**; Manuel: **Rik Battaglia** (dt. Spr: Rainer
Brandt); Linda: **Femi Benussi**; Nawa: **Michèle Bally**;
Jim: **Michael Berger**; Schnyder: **Bob Cunningham**; Lal:
Eddi Jayamanne; Ferdinand: **Dhamma Jagoda**

Nach acht qualvollen Monaten mühseligen Diamantenschürfens in der feuchten Hitze des Urwalds kehrt Steve endlich in die Zivilisation der Siedlung Barahlawan zurück. Allein – die Früchte seiner Mühsal kann er nicht genießen. Mit Hilfe einer Frau, die ihn verführt, beraubt ihn eine Bande gerissener Banditen seiner Diamanten. Und als ob dies nicht schon genug wäre, nötigen ihn die Gangster zur Unterzeichnung eines Vertrages, der ihn zur Arbeit in den Edelsteinminen von Radhapura zwingt. Steve weiß, dass nur wenige es schaffen, von diesem teuflischen Ort zurückzukehren. Sein Vorhaben, dagegen anzukämpfen, gibt er auf, als er erfährt, dass das niederträchtige Weib die Geliebte eines Bandenmitglieds und Aufsehers in Radhapura ist.

Daher fügt sich Steve in sein Schicksal und sinnt auf Rache. Gemeinsam mit anderen traurigen Gestalten begibt er sich auf den beschwerlichen Marsch zu den Minen. Durch seinen unbeugsamen Willen und seine Verwegenheit gewinnt er alsbald Ansehen bei seinen Begleitern. Das Ziel seiner Rache ist der brutale Aufseher Alfredo. Dessen Skrupellosigkeit hatte sich bereits in seinen früheren Zeiten als Mädchenhändler und Zuhälter bewährt. Nun lässt er als Minenaufseher einen großen Teil der Erträge in die eigenen Taschen fließen. Um dieses Treiben vor der Betreibergesellschaft geheim zu halten, nimmt er den Tod seiner Arbeiter in Kauf, vielmehr noch ist dies das Ziel seines unmenschlichen Regiments.

Steve gibt Alfredo unmissverständlich zu verstehen, dass er sich an ihm rächen wird. Letzterer ist jedoch wenig beeindruckt, da er sich auf der sicheren Seite wähnt. Immer neue bösartige Abscheulichkeiten denkt er sich aus, um Steve zu demütigen und zu schikanieren. Doch Steves starker Wille kann dem Terror widerstehen. Er kann sogar einigen seiner Leidensgefährten Mut zusprechen und sie zum Durchhalten animieren.

Zudem freundet sich Steve mit einem jungen Offizier der Wachmannschaft an. Alfredo möchte Ferdinand, so der Name des Soldaten, aus dem Weg räumen, da ihm dieser im Wege steht. Da Ferdinand es bestens versteht, sich der Angriffe Alfredos zu erwehren, heckt dieser einen hinterhältigen Plan aus. Mit der Aussicht auf ein verlängertes Leben, versucht Alfredo einige seiner Arbeiter zu ködern und diese zum Verrat anzustiften. Glücklicherweise ist kein einziger zur Auskunft bereit.

In der Folge plant Steve einen Ausbruchsversuch, der jedoch misslingt. Er und seine Anhänger werden auf die berüchtigte »Insel« strafversetzt, von der noch niemand zurückgekommen ist. Die Männer, die hier landen, haben nichts mehr zu verlieren und jedes Mittel ist ihnen Recht, um aus dieser Hölle zu entkommen. Sie sind entschlossen genug, zusammen mit Steve und Ferdinand zu gehen und eine Revolte anzuzetteln. Auch wenn einige der Mitkämpfer sterben, scheint die Aktion von Erfolg gekrönt. Der Aufseher Alfredo muss sich aufs Festland flüchten, wird dort aber von Steve gestellt und in einem erbitterten Kampf getötet. (bd)

Pressestimmen

»Schön an dem Film sind ein paar ceylonesische Tänze in bunten Kostümen, packend das furiose Tempo der rabiaten ›Bodengymnastik‹, in der sich die Männer auf den Bastmatten balgen. Sonst hat der Film Längen und ein paar Ungereimtheiten, über die man großzügig hinwegsehen muss.« *Filmecho/Filmecho Nr. 71 vom 04.09.1968*

»Aufstand in einer Diamantenmine im Dschungel von Ceylon, die einem Strafgefangenenlager gleicht. Klischeehaftes Abenteuer in exotischer Kulisse, das kaum als Kritik an Unterdrückung und Ausbeutung verstanden werden kann. Selbst die exotische Kulisse kann das dürftige Buch nicht retten, geschweige die Schauspieler. Realismus wird offenbar mit Brutalität verwechselt, denn das Geschehen selbst ist alles anders als realistisch.« *Filmdienst Köln Nr. 34 vom 20.08.1968*

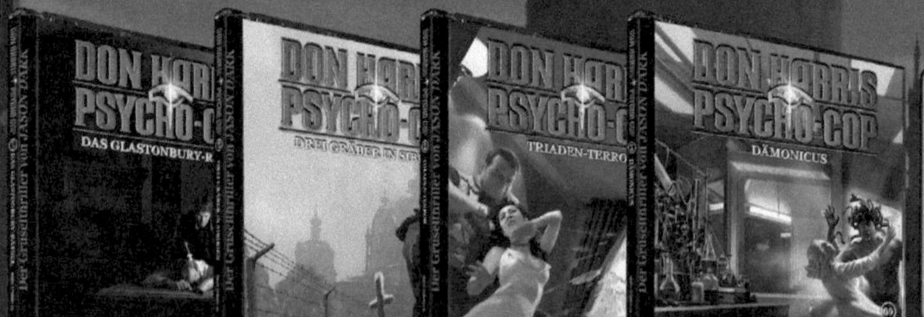

DON HARRIS
PSYCHO-COP

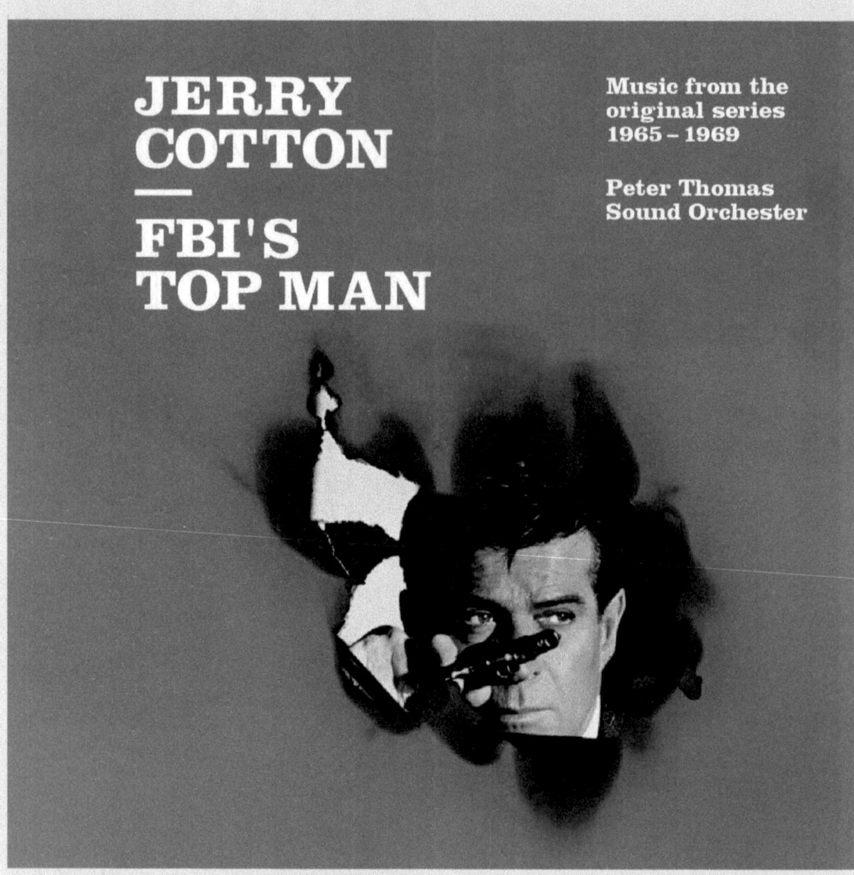

Peter Thomas Sound Orchester
Jerry Cotton – FBI's Top Man:
Music from the original series
1965-1969

Die musikalischen Highlights
aus den acht Originalfilmen
um den FBI Man Jerry Cotton.
28 neu gemasterte, davon
sechs bisher unveröffentlichte
Titel von Peter Thomas.

Dazu ein 24-seitiges Booklet
mit Linernotes von Douglas Payne
und Peter-Thomas-Biograph
Gerd Naumann sowie zahlreichen
Filmstills. Crime Jazz at its best!

CD ASM 033/CSC 005
Im Vertrieb von Indigo (#94429-2)

Gerd Naumann

Der Filmkomponist Peter Thomas

Von Edgar Wallace und Jerry Cotton zur Raumpatrouille Orion

Peter Thomas bereicherte die Filmmusik um den Thriller-Jazz von Jerry Cotton, die spannungsgeladenen Themen der Edgar-Wallace-Filmreihe und den *New Astronautic Sound* der *Raumpatrouille Orion*. Hier ist die Biographie des legendären Filmkomponisten.

»Naumanns eindrucksvolles Buch entstand nach vielen Stunden Interview mit Thomas und diversen anderen Zeugen jener versunkenen Zeit (…) und zeichnet dabei nicht nur akribisch Leben und Werk des Ur-Berliners nach, sondern in präziser Kontextualisierung auch ein zentrales Stück (west)deutscher Mediengeschichte. Überzeugender kann man Film-Historiographie kaum betreiben.« Splatting Image, Dezember 2009

»So nüchtern sich diese akribische Werkschau anliest, so peppig ist sie am Ende. Naumann würzt seine medienwissenschaftlichen Erkenntnisse über den Thomas-Sound (…) mit Zeitzeugenzitaten und lässt vor allem den Meister selbst zu Wort kommen. Und das ist – auch auf beiliegender Audio-CD – immer super unterhaltsam.« TV Spielfilm, Dezember 2009

»Naumann zeichnet Leben und Werk des Komponisten anschaulich nach und reflektiert dabei die eigene Aufgabe als Biograph. (…) Man erfährt, was den spezifischen 'Thomas Touch' ausmacht, zu dem wesentlich die vom Komponisten gesteuerte Ausdrucksfreiheit seiner Musiker gehört, mit denen er meist gut eingespielt ist.« Filmdienst, Ausgabe 10/2010

»Autor ist Gerd Naumann und er hat es geschafft, viele Kollegen und Freunde von Peter Thomas und natürlich Peter Thomas selbst zu befragen. Von diesen Zitaten ist das Buch voll und das macht es so locker und so gut lesbar.« WDR 4

256 Seiten
mit zahlreichen bislang unveröffentlichten Fotos
INKLUSIVE AUDIO-CD
Paperback, 2009, € 29,90
ISBN 978-3-8382-0003-3
Erschienen in der
Reihe Film- und Medienwissenschaft

***ibidem*-Verlag**

Melchiorstr. 15

D-70439 Stuttgart

info@ibidem-verlag.de

www.ibidem-verlag.de
www.ibidem.eu
www.edition-noema.de
www.autorenbetreuung.de